高等职业教育公共基础课通用教材

大学生职业规划与就业指导

主　编：沙　楠

副主编：宋　楠　贾玉慧　孙婷婷

参　编：张蓝予　张海静　刘丽梅　伍靖民
　　　　董政斌　李元鑫　闫恒滔　王　娟

北京理工大学出版社
BEIJING INSTITUTE OF TECHNOLOGY PRESS

版权专有　侵权必究

图书在版编目（CIP）数据

大学生职业规划与就业指导／沙楠主编．—北京：北京理工大学出版社，2021.6（2022.9重印）

ISBN 978-7-5682-9917-6

Ⅰ.①大…　Ⅱ.①沙…　Ⅲ.①大学生－职业选择　Ⅳ.①G647.38

中国版本图书馆CIP数据核字（2021）第112053号

出版发行 / 北京理工大学出版社有限责任公司	
社　　址 / 北京市海淀区中关村南大街5号	
邮　　编 / 100081	
电　　话 / (010) 68914775（总编室）	
（010) 82562903（教材售后服务热线）	
（010) 68944723（其他图书服务热线）	
网　　址 / http://www.bitpress.com.cn	
经　　销 / 全国各地新华书店	
印　　刷 / 唐山富达印务有限公司	
开　　本 / 787毫米×1092毫米　1/16	责任编辑 / 江　立
印　　张 / 13	文案编辑 / 江　立
字　　数 / 308千字	责任校对 / 周瑞红
版　　次 / 2021年6月第1版　2022年9月第2次印刷	责任印制 / 施胜娟
定　　价 / 39.80元	

图书出现印装质量问题，请拨打售后服务热线，本社负责调换

Preface 前言

当前如何有效解决我国高校毕业生的就业问题已成为社会关注的热点。2021年，高校毕业生将首次突破900万人，达到909万人，再创新高。面对连年攀升的高校毕业生人数，大学生就业形势不容乐观。

指导大学生进行职业规划，帮助其提前规划自己的职业生涯，掌握就业的知识和技巧，提升就业能力，是高校教育工作中的一项重要任务。职业生涯规划不可能做到精确无误，也不可能准确地预测将来要发生什么，它是一种用来思考和引领的工具——思考为了实现未来的发展目标现在该做些什么，引领自身今后一段时期的努力方向。大学生尽早地进行职业生涯规划，规划好大学阶段的学业、生活，合理地安排大学时间，避免学习的盲目性和被动性，并确定职业发展方向和实施策略，能有效地提升就业竞争力，使自己在大学期间和以后的人生发展道路上少走弯路。这对大学生的人生发展是至关重要的。

本书提供了一些实施职业生涯规划的技巧，注重实用性与可操作性，帮助学生在理解职业生涯规划内涵的同时，运用全新的视角、科学的方法在人生的关键阶段领跑未来职场发展。此外，本书从多个维度分析了大学生成长以及就业过程中面临的困境，提供了帮助其解决自身成长过程中诸多困惑的科学方法与创新思路，介绍了笔试、面试等相关知识和技巧。

本书既可作为高职院校大学生的职业生涯规划教材，亦可作为大学生家长更好地与孩子沟通交流、协助他们在校期间规划职业生涯、赢在未来职场的参考用书，还可作为大学生提升自我综合素质、摆脱迷茫的行动指南。

本书在编写过程中，参考了许多专家、学者的著作及研究成果，借鉴了部分网站的相关资料和案例，在此表示感谢。

由于时间问题和编者水平有限，书中难免有疏漏和不妥之处，真诚希望广大读者多提宝贵意见，以便更好地修订和完善。

编 者
2021年3月

Contents 目录

第一篇　职业规划

第一章　职业认知 —— 3
第一节　职业概述 —— 4
第二节　职业的分类与职业发展趋势 —— 6
第三节　国家职业资格证书制度 —— 13

第二章　认识职业生涯规划 —— 17
第一节　职业生涯规划概述 —— 19
第二节　职业生涯规划的作用及意义 —— 22
第三节　职业生涯规划常用指导理论 —— 24
第四节　职业生涯规划的步骤与方法 —— 40

第三章　实施职业生涯规划 —— 45
第一节　自我评估 —— 46
第二节　环境评估 —— 61
第三节　职业生涯目标确立 —— 66
第四节　职业生涯决策 —— 74
第五节　撰写职业生涯规划书 —— 79

第四章　提升职业素养 —— 89
第一节　职业素养 —— 90
第二节　提高职业道德 —— 92
第三节　塑造通用职业技能 —— 95

第二篇　就业指导

第五章　就业准备 ... 103
- 第一节　就业形势与政策分析 ... 104
- 第二节　就业信息的收集与使用 ... 110
- 第三节　求职就业问题与心理调适 ... 116
- 第四节　求职材料的准备 ... 122

第六章　求职策略 ... 131
- 第一节　自荐的方法与技巧 ... 132
- 第二节　面试技巧 ... 137
- 第三节　笔试与技能考核 ... 145

第七章　就业权益与法律保障 ... 150
- 第一节　就业协议书 ... 151
- 第二节　劳动合同制度 ... 156
- 第三节　劳动争议的解决 ... 160

第八章　职业适应与发展 ... 164
- 第一节　角色转换与职业适应 ... 165
- 第二节　初入职场的人际沟通 ... 174
- 第三节　职业发展 ... 179

附　录 ... 184
- 附录一　霍兰德职业性向测验量表 ... 184
- 附录二　大学生就业创业相关政策 ... 197

参考文献 ... 201

第一篇　职业规划

第一章 职业认知

※ 学习目标

(1) 了解职业的基本概念与内涵。
(2) 明确职业的分类方法。
(3) 把握职业发展趋势。
(4) 了解我国的职业资格证书制度。

※ 案例引入

小林即将于某高职院校艺术设计专业毕业，身边有的同学被设计公司录取从事设计助理工作，有的同学被幼儿园录取从事幼教工作，有的同学选择专升本继续深造，有的同学选择了非设计类专业的岗位……其实，小林从大二开始，就通过网络直播的形式，经营着一个网店，收入也很可观，但是在她的家人看来，这不是一份稳定的工作。面对家人的质疑、同学的多重选择，小林很茫然，到底什么样的职业适合自己？什么样的工作才能称得上是"职业"？

小林为什么有这样的困惑？我们在求职过程中，应该从哪几个方面对工作进行评估和比较？一个具体职位所涉及的信息方方面面，哪些是核心因素，不同的人有不同的看法。不过通常来讲，入职以后要做什么，有多少报酬，未来发展怎么样，这些因素是大学生普遍关心的。实际上要了解一个职位，首先要对职业有一些基本的认知。

※ 思考问题

(1) 什么是职业？
(2) 我们应该如何选择自己的职业？
(3) 目前，我国的职业是如何分类的？
(4) 为了毕业后顺利就业，我们应该考取哪些职业资格证书？

第一节 职业概述

我国职业教育的奠基人，著名的职业教育实践家黄炎培先生说："一方为己治生，一方为群服务，人类间凡此确定而有系统的互助行为，皆是也。"也就是说，职业是人们在社会中所从事的有稳定、合法收入的活动，既是人们为社会做贡献、实现人生价值的舞台，也是人们谋生的手段。

一、职业的概念

职业是人类社会发展到一定阶段的产物。职业是指人们从事相对稳定的、有收入的、专门类别的社会劳动。职业既是人的一种社会活动和生活方式，又是一种经济行为，也是人们从社会中谋取多种利益的资源。它对每个人都极为重要，是一个人社会地位的一般性表现，也是一个人的权利、义务、职责。根据中国职业规划师协会的定义：职业是性质相近工作的总称，通常指个人服务社会并作为主要生活来源的工作。

人们从不同的角度出发，对职业的概念有不同的论述。

中国自古就有"职业"一词，从词义的角度解释，"职"有"社会责任""权利与义务"的含义，而"业"是以某种特殊的技能"从事某种业务""完成某种事业"。

美国社会学家塞尔兹认为，职业是一个人为了不断地取得收入而连续从事的具有市场价值的特殊活动。这种活动决定着从事它的那个人的社会地位。

美国哲学家杜威从实用主义哲学观点出发，认为职业是人们可以从中得到利益的一种生存活动。日本职业专家保谷六郎认为，职业是有劳动能力的人，为了生活所得而发挥个人能力，向社会做贡献而连续从事的活动。

我国学者姚裕群认为，职业是一个中性的概念。从社会的角度而言，职业是指人们为了谋生和发展而从事的相对稳定的、有收入的、专门类型的社会劳动。从个人的角度而言，职业则是指个人扮演的一系列工作角色。

在现实生活中，人们无不与职业活动发生着紧密的联系，职业活动几乎贯穿每个人的一生。人们在生命的早期阶段接受教育与培训，是为将来的职业活动做准备。人们从青年时期走入职业生涯，到老年时期最终离开职业岗位，长达几十年，即使退休以后，还继续参与职业活动，因此，职业活动是每个人社会生活中的重要组成部分。

在社会生活中，每个有劳动能力的人都要从事一定的生产劳动或工作，用以维持生活，承担社会义务，促进社会发展。人的社会生活和工作领域是非常广阔的，职业门类极其繁多，但每个社会成员却只能在某个领域做某种具体工作，以其有限的生命在有限的空间内占有一席位置，这就是他的职业。从社会生产的角度来看，职业是社会分工的结果，一定的社会分工或社会角色的持续实现，就形成了职业。

二、职业的特征

一般来说，职业具有以下几方面特征。

（1）目的性：职业以获得现金或实物等报酬为目的。

（2）社会性：职业是从业者在特定社会生活环境中所从事的一种与其他社会成员相互

关联、相互服务的社会活动。

（3）经济性：职业活动是以获得谋生的经济来源为目的的。

（4）技术性：从某种意义上说，职业的技术特性表示了职业的专业色彩。

（5）稳定性：职业在一定的历史时期内形成，并具有较长的生命周期。

（6）群体性：职业的存在常常和一定的作业人数密切相关。

（7）规范性：职业主体所从事的职业活动必须符合国家法律规定和社会伦理道德准则；从业者本身应遵守法律法规。

（8）动态变化性：任何一种职业都将随着时间的推移、环境的变化而变化。

随着社会的发展，职业也在发生着变化，并表现出了不同的特征，具体如表1-1所示。

表1-1 职业特征的变化

旧职业的特征	新职业的特征
·全是永久性合同 ·保障就业 ·从一而终的职业选择 ·终身职业 ·终身的组织 ·有规律的提升 ·多种水准的等级制度 ·可预测工作移动方向 ·内部劳动力市场 ·组织管理职业 ·组织开发员工 ·国内职业	·兼职临时合同 ·不保障就业 ·不断变化的职业选择 ·多个职业 ·多个或没有组织 ·可雇佣性的维持 ·层次减少的金字塔 ·不可预测工作移动方向 ·外部劳动力市场 ·员工自己开发自己 ·个人管理职业 ·国际职业

三、职业的作用

众所周知，职业是人们生存和发展的基本途径，是实现人生价值的主要舞台，探究职业对每个从业者的作用，主要有以下三个方面。

（一）职业是人们得以生存的手段

这一作用主要表现在人们必须通过参加社会劳动来获取生存必需的生活资料。职业生活构成了人生的重要部分，在现实社会中，劳动的目的是取得一定的报酬来作为生活资料的来源。人们通过参加一定职业岗位的劳动，换取劳动报酬，满足谋生的需要，积累个人的财富，人类社会的生存与发展都是基于劳动创造实现的。没有社会中每个人的劳动创造，个人会失去生活来源，也就没有人类社会今日的进步与发展。

（二）职业是塑造个性和实现自我价值的舞台

每种职业都有其独特的劳动成果，对从业者在生理和心理等方面都有特定的要求。人们通过参加职业活动，就是不断地让一个自然人变成一个职业者，逐步形成并不断发展、完善自我的个性。随着从业时间的增加，从业者的智力、体力、知识与技能水平都有长足的发展与提高，从而满足了其自我价值实现的需要。

（三）职业是实现社会价值的重要途径

现代社会的从业者有着十分明显的分工。一个人只能从事某种具体的劳动，不可能同时从事直接生产其所需的全部生活资料的各种劳动，从业者只有通过各自劳动成果的交换，才能满足各自的需要。在这种平等的相互交换劳动成果的过程中，既体现了从业者为他人服务的程度，又可衡量从业者对社会和国家所做贡献的大小，从而实现其社会价值。职业的本质是劳动力与生产资料的结合，它体现着人与人之间的社会关系。所以说，职业劳动在为个人获得谋生的生活资料的同时，也为社会创造了财富。

第二节 职业的分类与职业发展趋势

职业的分类是以工作性质的同一性为基础原则，对社会职业进行系统划分与归类。所谓工作性质，是指一种职业区别于另一种职业的根本属性，一般通过职业活动的对象、从业方式等的不同予以体现。职业分类的目的是要将社会上纷繁复杂、数以万计的现行工作类型，划分成类系有别、规格统一、井然有序的层次或类别。对从事工作性质的同一性所作的技术性解释，要视具体的职业类别而定。而职业分类体系则通过职业代码、职业名称、职业定义、职业所包括的主要工作内容等，描述每个职业类别的内涵与外延。

一、职业的分类

（一）按劳动的性质和层次分类

按脑力劳动和体力劳动的性质、层次进行分类，可将从业者分为白领、蓝领、灰领和金领四类。

"白领"一词最早出现在20世纪20年代初的美国，是指受过良好的教育，受雇于人而领薪水的非体力劳动者，如政府公务员、各种机构里坐办公室的职员、教师、商业销售人员、企业管理人员等。他们在工作上能独当一面，上班时懂得把自己打扮得体，穿着白领衬衣和西装，因而有人称之为"白领"。

"蓝领"一词初见于20世纪40年代的美国，是指以实际动手能力为判定标准，具有丰富的操作经验，高超的操作技能，能够传授操作技巧的人员，如工矿工人、建筑工人、码头工人、仓库管理员等。他们干活所穿的工作服一般为蓝色，因此称之为"蓝领"。

"灰领"一词也源于美国，原指负责维修电器、上下水道、机械的技术工人。而现在的"灰领"被赋予了新的定义，即掌握一定现代科学知识的有较高操作技能水平的复合型人才。

"金领"是指受过良好的教育，有丰富的工作经验、经营策划能力、专门技能和一定的社会关系资源的人员，是社会的精英。他们不一定拥有生产资料所有权，但拥有一个公司或企业最重要的技术和经营权。

（二）按产业和行业分类

产业是指生产具有同类性质产品的生产单位所构成的生产群体，或是有同类社会经济职能的社会经济单位所组成的群体。产业是国民经济活动最基本的类型，国家统计局1985年根据联合国的划分标准，把我国的产业分为三大产业：第一产业、第二产业和第三产业。三大产业的特点如表1-2所示。

表1-2 三大产业的特点

产业类别	行业
第一产业	农业、林业、牧业、渔业、水利业
第二产业	工业、建筑业
第三产业	服务业：包括生产服务、文化科学教育、社会公共服务 流通业：包括批发、零售、餐饮和物流业四个大的流通分支

行业是指从事相同性质的经济活动的所有单位的集合。采用经济活动的同质性原则划分国民经济行业，即每个行业类别都按照同一种经济活动的性质划分，而不是依据编制、会计制度或部门管理等划分。我国于1984年颁布的《国民经济行业分类和代码》，把我国国民经济分为13个门类，1994年进行了修订。2002年颁布的新的《国民经济行业分类》国家标准中20个行业门类及其代码，如表1-3所示。

表1-3 2002年颁布的《国民经济行业分类》国家标准中20个行业门类及其代码

代码	门类	代码	门类
A	农、林、牧、渔业	K	房地产业
B	采矿业	L	租赁和商业服务业
C	制造业	M	科学研究、技术服务和地质勘查业
D	电力、燃气及水的生产和供应	N	水利、环境和公共设施管理业
E	建筑业	O	居民服务和其他服务业
F	交通运输、仓储和邮政业	P	教育
G	信息传输、计算机服务和软件业	Q	卫生、社会保障和社会福利业
H	批发与零售业	R	文化、体育和娱乐业
I	住宿和餐饮业	S	公共管理和社会组织
J	金融业	T	国际组织

（三）按职业分类

1999年我国正式颁布第一部《中华人民共和国职业分类大典》（以下简称《大典》）。《大典》参照国际标准职业分类，从我国实际出发，按照工作性质同一性的基本原则，对我国社会职业进行了科学划分和归类，全面客观地反映了现阶段我国社会职业结构状况。国家职业分类客观地反映了国家经济、社会、科技等领域的发展和结构变化，为国民经济信息统计和人口普查规范化提供依据，是劳动力科学化、规范化、现代化管理的基础，同时为职业教育与培训和就业服务提供条件，是完善国家职业资格证书制度的重要基础工作。

21世纪以来，随着经济社会的发展、科技的进步和产业结构的调整升级，我国的社会职业构成发生了很大变化，一些传统职业开始衰落甚至消失，新的职业不断涌现并发展起来。针对这一情况，2010年年底，我国启动《大典》修订工作，于2015年7月经国家职业大典修订工作委员会全体会议审议并表决通过2015年版《大典》。2015年版《大典》在分类上更加科学规范，在结构上更加清晰严谨，在内容上更加准确完整。2015年版《大典》职业分类体系如表1-4所示。

表1-4 2015年版《大典》职业分类体系

大类	含中类数	含小类数	含细类数
第一大类：党的机关、国家机关、群众团体和社会组织、企事业单位负责人	6	15	23
第二大类：专业技术人员	11	120	451
第三大类：办事人员和有关人员	3	9	25
第四大类：社会生产服务和生活服务人员	15	93	278
第五大类：农、林、牧、渔业生产及辅助人员	6	24	52
第六大类：生产制造及有关人员	32	171	650
第七大类：军人	1	1	1
第八大类：不便分类的其他从业人员	1	1	1
合计	75	434	1481

二、职业的发展

职业是人类社会发展到一定阶段的产物。人类社会在不断向前发展，必然引领职业的不断发展，职业的发展具有以下特征。

（一）产业结构不断调整影响职业的发展

随着社会生产力的发展，社会分工不断扩大，产业部门日益分化，产业结构日趋复杂，产业结构状况反映着生产力发展水平和生产社会化程度。在传统农业社会，农业人口比重最大；在工业化社会，工业领域中的职业数量和就业人数显著增加；在科学技术高度发达和经济发展迅速的社会，第三产业职业数量和就业人员显著增加。

一个国家，一个社会，从大的方面看，可以分为第一产业、第二产业、第三产业三大类。从经济发达国家的发展历史可以发现，三类产业结构是在不断发展变化的。在工业化初期，第一产业的产值和劳动力的比重不断下降，劳动力数量绝对减少，大部分流向第二产业，小部分流向第三产业，第二产业的比重迅速上升，第三产业的比重也稳步提高；在工业化后期，第一产业的产值和劳动力的比重继续下降，减少的劳动力大部分流向第二产业，第二产业的比重由上升转入稳定，第三产业的比重迅速上升；进入后工业化时期，第一、第二产业的产值比重同时下降，劳动力同时减少，减少的劳动力流向第三产业，第三产业的比重继续提高。

在三次产业结构的变化中，最突出的是第三产业，世界各国的统计资料说明，近半个世纪以来，第三产业普遍得到了发展。20世纪70年代以来，世界上绝大多数国家的第三产业的发展迅速超过了第一、第二产业。现在，在经济发达国家，第三产业的产值和劳动力的比重已达到60%~70%；在中等发达国家第三产业的比重已达到50%左右；发展中国家第三产业的比重较低，为20%~30%。

近年来，我国的产业结构也在不断调整优化。2020年11月，新华社受权发布了《中共中央关于制定国民经济和社会发展第十四个五年规划和2035年远景目标的建议》（以下简称《建议》）。《建议》明确指出，发展战略性新兴产业。加快壮大新一代信息技术、生物技术、新能源、新材料、高端装备、新能源汽车、绿色环保以及航空航天、海洋装备等产业。

《建议》还提到，推动互联网、大数据、人工智能等同各产业深度融合，推动先进制造业集群发展，构建一批各具特色、优势互补、结构合理的战略性新兴产业增长引擎，培育新技术、新产品、新业态、新模式。未来五年，战略性新兴产业增加值占GDP比重预计将达到20%左右，成为"十四五"时期推动经济高质量发展的支柱性产业。产业结构不断调整必然影响职业的发展。

（二）社会生产力的进步促进职业的发展

职业自产生以来，就随着社会生产力的进步和社会分工的发展而处于不断发展变化之中，主要表现为职业分类在数量上由少到多，职业分工由简单到精细，职业内容不断弃旧更新，职业结构不断调整，新型职业不断产生，职业对从业者的素质要求不断提高。

1. 职业分类在数量上由少到多

新职业出现的频率逐渐加快。在职业产生初期，种类少，发展缓慢；随着社会的发展，职业种类增加的速度逐渐加快。据有关资料统计，我国封建社会初期（周朝），社会职业只分为6大类，即五公（发号施令的统治者）、士大夫（负责执行的官吏）、百工（各种手工业工匠）、商旅（商人）、农夫（种田人）、妇工（纺织、编织的妇女）。所谓"百工"，是技艺匠人的总称，当时有木工7种，金工6种，皮工、染工各5种，还有其他各种工科，加起来不过三四十种。到了隋朝，增加到100个职业，比周朝多了一倍，到了宋朝达220个，到了明朝已增至300多个。中华人民共和国成立后，全国各种工种岗位的总和已发展到10000种左右。

同样，在国外也存在类似的情况。现代社会职业兴衰演化迅速。据苏联于1986年统计，在1986年前的15年时间里，共出现207种新职业，而有232种职业"消失"了。美国在1986年以前的20年时间里，有数千种职业发生了兴衰变化。

2. 职业分工从简单到精细

职业的产生是社会分工的结果。社会发展具有三个层次，一般分工区分出第一产业、第二产业和第三产业；特殊分工出现了不同行业；个别分工划分出职业岗位。

例如农业，最早是指种植业。农民所从事的劳动包括各种作物从播种到收获的一系列活动。后来随着生产力的发展，出现了粮食作物种植与经济作物种植的区分。经济作物种植又分为棉花种植、果树种植、茶桑种植等，于是产生了棉农、果农、茶农等。现代农业的发展使种植活动本身也产生了社会化服务体系，体现了职业的进一步分化，标志着农业专业化的形成。

再如建筑业，从原始的单一职业发展到现代化的建材生产、建筑设计、土建、装修等几十个职业构成的庞大的建筑职业群。

在现代生产条件下，科学技术与生产的关系日益密切，引起生产社会化和专业化的进一步发展，推动新材料、新设备、新工艺的运用。以第三产业为例，当人类社会进入知识经济时代的时候，工业部门采用日益先进的新技术，逐步实现了生产自动化，知识和技术取代资金决定性的地位，成为工业发展最重要的生产要素。电子、航空、光纤通信、计算机等新兴工业部门迅速发展，随着新兴工业部门的迅速发展，出现了比传统的工业经济时代更复杂的职业岗位。如计算机出现以后，有了硬件、软件、程序员等多种职业岗位。这些职业岗位比以往的职业岗位具有更多知识性和专业技能性的要求，不经过专门的学习，无法进入这些复杂的职业岗位。

3. 职业活动内容不断地弃旧更新

同一职业，随着社会的发展和科学技术的进步而具有截然不同的内容，对职业者的素质提出了更高的要求。如设计院的工程师们，原来设计是用图板、丁字尺和画笔画出图纸。随着计算机的广泛运用，工程师再也不用这些工具了，运用CAD（计算机辅助设计）画出的图纸不仅美观、准确，而且速度快，大大提高了工作效率。同样是做设计的，因为所凭借的工具而发生了革命性的变化。工程师如此，教师、会计、商场售货员也是如此，虽然职业岗位没有变化，但职业活动的内容发生了重大的变化。

现代的农民不同于刀耕火种时代的农民，农业劳动已不是仅仅依靠体力的劳动，它还要求掌握现代生物学知识、育种知识、栽培原理、土壤肥料知识、气象知识、农业机械知识与技能等现代农业科学技术知识，所采用的工具同原始农业相比更是有了天壤之别。社会发展了，职业内容也在不断地发生变化，从业者的观念、知识、技能也必须随之更新。

4. 新型职业不断产生

新科学技术的不断运用是新型职业不断产生的动力和源泉。每次新的技术革命，都必然有大批新型职业产生，同时，有部分传统职业被淘汰。如蒸汽机的使用，使整个机械制造业、运输业、纺织业发生了巨大变化。铁路的出现促使成百上千种新的职业产生。石油和电力的应用，导致了城市电气、汽车、飞机、电报、电话、无线电、化学工业、塑料工业等一大批新型行业与新型职业的产生。以原子能、计算机、空间技术和现代生物科学为标志的新技术革命，正在开辟着许许多多高新科技产业及一大批新的职业领域。据统计，现在每年平均有600多种新型职业产生，同时有500多种传统职业被淘汰。旧职业消失的同时，催生许多新职业，一些闻所未闻的新型职业正在悄然兴起。

※ 拓展阅读

18个新职业上线

2021年3月18日，人社部、国家市场监督管理总局、国家统计局联合发布新职业信息，包括集成电路工程技术人员、企业合规师、公司金融顾问、易货师、二手车经纪人、汽车救援员、调饮师、食品安全管理师、服务机器人应用技术员、电子数据取证分析师、职业培训师、密码技术应用员、建筑幕墙设计师、碳排放管理员、管廊运维员、酒体设计师、智能硬件装调员、工业视觉系统运维员等18个新职业。

这是《中华人民共和国职业分类大典》（2015年版）颁布以来发布的第四批新职业。此次在发布新职业信息的同时，还调整变更了"社区事务员"等有关职业工种信息。

此次发布的新职业信息主要有以下特点。

数字化技术发展催生出新职业。随着互联网技术发展，2012年，"电子数据"作为新的证据形式被纳入《中华人民共和国刑事诉讼法》，电子数据取证作为一种全新的取证技术广泛应用于刑事诉讼活动中。电子数据调查分析服务也由司法机关逐渐延伸至其他行政执法部门和大型企事业单位。"电子数据取证分析师"纳入职业分类目录，将有效推进该职业规范化、专业化建设，为公共环境健康安全提供有力科技保障。

密码技术被公认为保障网络与信息安全最有效、最可靠、最经济的技术。随着数字经济快速发展，密码服务也扩展到物联网、智慧城市等多方面，呈现出智联智融的特征，催生出隐私保护、零信任、多方安全计算等新型密码技术。为规范密码应用和管理，2019年，十三届全国人大常委会第十四次会议审议通过《中华人民共和国密码法》，提出"国家加强密码人才培养和队伍建设"。"密码技术应用员"作为密码技术应用供给侧、用户侧、监管侧的主力军，将为数字经济的安全、融通、监管等方面保驾护航。

近年来，随着我国人口老龄化程度持续加深，劳动年龄人口减少以及人力成本上升，各行业、产业对服务机器人的需求快速增加，服务机器人已广泛应用在教育、娱乐、物流、安防巡检等领域。特别是新冠肺炎疫情发生后，服务机器人在医疗、餐饮等方面的应用迎来爆发式增长。"服务机器人应用技术员"直接负责服务机器人的需求反馈、应用与推广，是推动服务机器人产业发展的重要人才支撑。

此外，"集成电路工程技术人员""智能硬件装调员""工业视觉系统运维员"等都是数字化技术发展和变革催生出的新职业，这些新职业对于促进数字经济的健康发展具有重要意义。

企业高质量发展孕育出新职业。扎实推动经济高质量发展和提升企业国际竞争力，对企业合规建设提出了更高要求。企业合规管理是对企业法律、财务、审计、进出口、劳动环境、社会责任等多方面进行合规管控，具有较强的综合性、独立性和技术性。近年来，政府出台了一系列企业合规管理政策及指引，如《企业海外经营合规管理指引》《中央企业合规管理指引（试行）》等。"企业合规师"将在规范企业投资经营行为、注重环境保护、履行社会责任、提高企业竞争软实力等方面发挥积极作用。

融资是企业生存发展的重要业务，企业通过"公司金融顾问"对接金融机构和金融市场，可有效避免投融资信息不对称等问题，还可在实现金融结构调整的同时，培育出新的业务和商机。银行等金融机构也可通过"公司金融顾问"拓展多元化业务，平抑经济周期波动带来的风险，提升服务实体经济效能。

借助现代信息技术手段，通过高效实用的以物易物平台，对剩余资产进行有效整合，实现资源快速互通和对接，已成为企业突破地域限制、实现自由对接，解决资金短缺、产品积压的重要手段。专业"易货师"能系统运用资源整合理论，促进产、供、销和谐分配和优化资源，有效解决产品迟销、滞销、停销问题，是易货企业所急需的新兴复合型人才。

绿色发展理念和食品安全要求涌现出新职业。党的十九大报告提出，"建立健全绿色低碳循环发展的经济体系"。2020年年底，生态环境部出台《碳排放权交易管理办法（试行）》，推动经济发展方式绿色低碳转型。碳排放管理是一个技术性、综合性较强的工作，需要掌握相关碳排放技术，熟悉政策和标准，做好碳排放规划、核算、核查和评估等。"碳排放管理员"新职业应运而生。这一职业从业人员将在碳排放管理、交易等活动中发挥积极作用，有效推动温室气体减排。

食品安全关系人民群众身体健康和生命安全，关系社会和谐稳定，是重大的民生问题。随着生活水平的不断提高，食以安为先的要求更为迫切。国家在加强食品安全监管的同时，也需要引导食品生产经营单位自主开展食品生产、流通、销售、服务等全流程的安全控制，全面提高食品安全质量。"食品安全管理师"作为食品生产、餐饮服务和食品流通等活动中从事食品安全风险控制和管理的人员，未来会有巨大的市场需求。

人民日益增长的美好生活需要派生出新职业。汽车更新换代带来大量二手车交易需求，且交易方式呈现出复杂化、多样化和专业化的趋势。二手车交易涉及品牌认证、拍卖交易、委托交易及各种金融服务、质保等业务，从而催生出专业的"二手车经纪人"，通过提供专业化的交易咨询和交易服务，维持公平、公开、透明的交易秩序，提高交易效率，满足公众对汽车的个性化需求。

随着生活模式改变及生活节奏加快，原先单一的茶叶、牛奶或酸奶等饮品，已难以满足消费者多样化需求，近年来出现了将茶叶、奶、果蔬等融合开发出的新式可口健康饮品，广受群众特别是年轻人的喜爱。"调饮师"作为新兴职业，不仅有利于促进灵活就业，还可带动茶叶、奶类及果蔬等产业的发展。

（资料来源：中国新闻网，2021-03-18）

三、未来职业的发展趋势

（一）国内外职业发展的新趋势

（1）职业周期缩短，职业本身的变化也在加速，许多旧的职业在消失，新的职业不断涌现，更新的速度不断加快。从业者就业选择权越来越得到承认和落实，就业实现自主化。

（2）不同类别的职位数量比例不断变化，第三产业中的职位数量不断增加。社会经济组织数量增多，形式多样，劳动关系、劳动内容、劳动形式也随之多样化和灵活化。

（3）现在职业对从业者的知识、经验、技能、能力的要求越来越全面，职业综合化趋势明显。职业对从业者的要求不断提高，学习行为不断融入职业活动，随着技术进步和知识更新的加速，人们需要不断地进行"职场充电"，补充工作岗位对新知识、新技能的要求，防止"人才折旧和贬值"。

（4）科技的高速发展使专业分工越来越细、越来越专，职业岗位对专业技术水平的要求也越来越高。职业劳动的知识含量大大增加，要求从业者具有相当高的知识水平。体力劳动比重下降，脑力劳动比重增加，出现体力劳动脑力化、知识智能化的特点。

（5）职场竞争加剧，职业危机加剧，员工在一个企业里"从一而终"的现象将再难出现。从业者一生中更换多个岗位和更换多家单位已成常态，职业的流动性呈加速趋势。

（6）全球经济一体化是大势所趋，发达国家的职业管理模式、职业种类、职业劳动技能、工具、手段会大量渗入我国，外商独资企业、合资企业会大量出现，并提供许多国际规范的职业岗位。出国就业有更广阔的发展前景，就业岗位与国际接轨。

（二）职业的发展形式

经济的全球化和科学技术日新月异的发展不断改变整个世界的面貌，更改变了人们的工作和生活方式，并对职业的发展产生了巨大的影响，很多职业的工作方式也在改变。多样的经济形式、快速的高科技发展，为现代社会带来了多样的工作方式和生活模式。

（1）全职工作。这是传统的工作观念，是指在一个或大或小、稳定的单位里面为同一雇主连续工作。每周工作40小时或以上的永久性、全职性工作，周末和节假日休息，有长远的职业发展和稳定的收入待遇。工作稳定、有保障，一般情况下，不会失业，安全感较强，并享有各种奖金、福利、保险。很多人认为单位有责任照顾他们，但是这种认识正受到强劲的挑战。

（2）兼职工作。一个人同时兼有两个或以上的独立的工作角色。工作环境具有多样性、灵活性和变化性，但是工作需要不断地更新自我技能。

（3）自由职业者。一种个人的经营模式，不属于某个固定的组织，可以自由地决定工作时间和服务对象，根据工作成果来获得报酬。工作自由、开放，风险性相对较大，从业者需要有良好的心理安全感、自我管理能力和自信心。

（4）自我创业。做企业家，雇用其他人经营企业，具有高风险、高回报的特点。企业家重视独立、刺激和成功，具有控制内在因素的特质，很能容忍不确定的状态。

不同职业的工作时间也出现了多种形式。有的是传统的每天 8 小时（周末和节假日休息）的固定工作时间制；有的是员工根据工作的具体情况，对工作时间加以改变的弹性工作时间制；需要 24 小时有人工作的企业和行业则采用轮班工作制；有的是流动工作制；有的是远程办公；还有独立签约者、自由职业者随意的自由工作时间制。

第三节 国家职业资格证书制度

《中华人民共和国劳动法》第八章第六十九条规定：国家确定职业分类，对规定的职业制定职业技能标准，实行职业资格证书制度，由经过政府批准的考核鉴定机构负责对劳动者实施职业技能考核鉴定。还规定，改革旧的用工制度，实施就业"准入制"，推行学历文凭和职业资格证书并重的制度。《中华人民共和国职业教育法》第一章第八条明确指出：实施职业教育应当根据实际需要，同国家制定的职业分类和职业等级标准相适应，实行学历文凭、培训证书和职业资格证书制度。这些法规确定了国家推行职业资格证书制度和开展职业技能鉴定的法律依据。

开展职业技能鉴定，推行职业资格证书制度，是落实党中央、国务院提出的科教兴国战略方针的重要举措，也是中国人力资源开发的一项战略措施。这对于提高劳动者素质，促进劳动力市场的建设及深化国有企业改革，促进经济发展都具有重要意义。

一、职业资格

某一职业对必备知识与技能的基本要求就叫职业资格。职业资格包括从业资格与执业资格。从业资格是指从事某一专业（职业）的学识、技术和能力的起点标准。执业资格是指政府对某些责任较大，社会通用性强，关系国家、社会公共利益的专业（职业）实行的准入控制。它是依法独立开业或从事某一特定专业（职业）的学识、技术和能力的必备标准。以前大学生只要有学历就可以就业，现在不仅要有学历，而且要获得从事相关工作的职业资格，才能进入人力资源市场，例如，当医生必须有医师资格证书，做律师要有律师资格证书，做教师要有教师资格证书等。

职业资格证书与学历文凭不同，学历文凭是一个人接受教育的年限、文化程度和学业程度的证明，是由教育部门颁发的；而职业资格证书是一个人能否胜任某一职业的证明，是由劳动人事部门或其委托的部门颁发的。它反映了劳动者为适应职业劳动需要而运用特定的知识、技术和技能的能力,它与职业劳动的具体要求密切结合,更直接、更准确地反映了特定职业的实际工作标准和操作规范,以及劳动者从事该职业所达到的实际工作能力水平。它是劳动者进入劳动市场,实施劳动监察、劳动合同签证的有效证件。

国家劳动人事行政部门通过学历认定、资格考试、专家评定、职业技能鉴定等方式对职业资格进行评价,对合格者授予国家职业资格证书。

大学生有条件参加以下三大系列的职业资格评定。

(一)人事部门认定的国家公务员职业资格

公务员是指各级国家行政机关除工勤人员以外的工作人员。公务员的职务分为领导职务和非领导职务,级别分成十五级,一级为最高级。国家公务员的录用考试采取笔试和面试相结合的方式,主要测试公共基础知识、专业知识水平,以及其他适应职位要求的业务素质和工作能力。

(二)人事部门认定的专业技术人员职业资格

在专业技术工作领域,实行专业技术人员职业资格许可制度。人事部门负责专业技术人员的职业资格评价和证书的核发与管理,专业技术人员的从业资格通过学历认定或考试取得。专业技术领域在普遍实施从业资格许可制度的基础上,不少职业还实行执业资格许可制度。比如,注册土木工程师、注册建筑师、造价工程师、注册结构工程师、注册律师、注册会计师、注册拍卖师等。执业资格考试由国家定期举行,采取全国统一的考试形式。专业技术职称有四级:初级、中级、副高级、正高级。

(三)劳动部门认定的技术工作职业资格

劳动保障部门负责以技能为主的职业资格鉴定和证书的核发与管理。《中华人民共和国劳动法》规定,对从事技术复杂、通用性广、涉及国家财产、人民生命安全和消费者利益职业的人员,必须经过培训并取得职业资格证书后,方可就业上岗。国家实行的持职业资格证书就业的以技能为主的职业有:农、林、牧、渔、水利业生产人员,如动物检疫检验员、动物疫病防治员、沼气生产工等;生产、运输设备操作人员,如汽车修理工、汽车驾驶员、食品检验工、维修电工、焊工、高低压电器装配工等;商业、服务业人员,如家用电器产品维修工、医药商品购销员、美容师、家政服务员等;办事人员和有关人员,如制图员、计算机操作员、秘书、公关员等。

以技能为主的职业资格鉴定,由劳动保障部门委托职业资格鉴定站(所)组织,是一项基于职业技能水平的考核活动,分为知识要求考试和操作技能考核两部分,采用笔试和现场操作形式。颁发的职业资格证书一般分为五个等级:初级、中级、高级、技师、高级技师。有些涉及人身安全的工作,需要有关行业主管部门核发"上岗证",如汽车驾驶员、电工等。

二、国家职业资格证书与其他证书的区别

国家职业资格证书同行业、协会等其他机构组织颁发的证书最大区别在于:国家职业资格证书是通过国家法律、法令和行政法规的形式,按照国家制定的职业技能标准或任职资格条件,以政府的力量来推行,由政府认定的考核鉴定机构——河北省行政区域内是由河北省劳动保障厅职业技能鉴定中心来组织实施的,对劳动者的技能水平或职业资格进行客观公正、科学规范的评价和鉴定,对合格者颁发相应的国家职业资格证书。职业资格证书是劳动

者具有从事某一职业所必备的学识和技能的证明。它是劳动者求职、任职、开业的资格凭证,是用人单位招聘、录用劳动者的主要依据,也是境外就业、对外劳务合作人员办理技能水平公证的有效证件,是在全国范围内通用的国家证书,而行业、协会等其他机构组织颁发的证书则不具备上述特点。

※ 拓展阅读

专业技术人员职业资格是对从事某一职业所必备的学识、技术和能力的基本要求。2021年1月,我国调整了专业技术人员职业资格(准入类),如表1-5所示。

表1-5 专业技术人员职业资格(准入类)

职业资格名称		实施部门(单位)	资格类别
教师资格		教育部	准入类
注册消防工程师		应急管理部、人力资源社会保障部	准入类
法律职业资格		司法部	准入类
中国委托公证人资格(香港、澳门)		司法部	准入类
注册会计师		财政部	准入类
民用核安全设备无损检验人员资格		生态环境部	准入类
民用核设施操纵人员资格		生态环境部、国家能源局	准入类
注册核安全工程师		生态环境部、人力资源社会保障部	准入类
注册建筑师		全国注册建筑师管理委员会及省级注册建筑师管理委员会	准入类
监理工程师		住房城乡建设部、交通运输部、水利部、人力资源社会保障部	准入类
房地产估价师		住房城乡建设部、自然资源部、人力资源社会保障部	准入类
造价工程师		住房城乡建设部、交通运输部、水利部、人力资源社会保障部	准入类
建造师		住房城乡建设部、人力资源社会保障部	准入类
勘察设计注册工程师	注册结构工程师	住房城乡建设部、人力资源社会保障部	准入类
	注册土木工程师	住房城乡建设部、交通运输部、水利部、人力资源社会保障部	
	注册化工工程师	住房城乡建设部、人力资源社会保障部	
	注册电气工程师	—	
	注册公用设备工程师	—	

续表

职业资格名称		实施部门（单位）	资格类别
注册验船师		交通运输部、人力资源社会保障部	准入类
船员资格（含船员、渔业船员）		交通运输部、农业农村部	准入类
执业兽医		农业农村部	准入类
拍卖师		中国拍卖行业协会	准入类
演出经纪人员资格		文化和旅游部	准入类
医生资格	医师	国家卫生健康委	准入类
	乡村医生		
	人体器官移植医师		
护士执业资格		国家卫生健康委、人力资源社会保障部	准入类
母婴保健技术服务人员资格		国家卫生健康委	准入类
注册计量师		市场监管总局、人力资源社会保障部	准入类
广播电视播音员、主持人资格		广电总局	准入类
新闻记者职业资格		国家新闻出版署	准入类
注册安全工程师		应急管理部、人力资源社会保障部	准入类
执业药师		国家药监局、人力资源社会保障部	准入类
专利代理人		国家知识产权局	准入类
导游资格		文化和旅游部	准入类
航空人员资格	空勤人员、地面人员	中国民航局	准入类
	民用航空器外国驾驶员、领航员、飞行机械员、飞行通信员		
	航空安全员		
	民用航空电信人员、航行情报人员、气象人员		
特种设备检验、检测人员资格认定		市场监管总局	准入类

第二章 认识职业生涯规划

※ 学习目标

（1）了解职业生涯规划的相关概念，加深对职业生涯规划的认识。
（2）了解职业生涯规划的意义，提高职业生涯规划意识。
（3）掌握职业生涯规划的基本理论。
（4）了解职业生涯规划的步骤和方法。

※ 案例引入

美国的一位小伙子立志做一名优秀的商人。他中学毕业后考入麻省理工学院，没有去读贸易专业，而是选择了工科中最普通、最基础的专业——机械专业。大学毕业后，这位小伙子没有马上投入商海，而是考入芝加哥大学，攻读为期三年的经济学硕士学位。

出人意料的是，获得硕士学位后，他还是没有从事商业活动，而是考了公务员。在政府部门工作了五年后，他辞职下海经商。又过了两年，他开办了自己的商贸公司。二十年后，他的公司资产从最初的20万美元发展到2亿美元。

这位小伙子就是美国知名企业家比尔·拉福。

1994年10月，比尔·拉福率团来中国进行商业考察，在北京长城饭店接受《中国青年报》的记者采访时，他谈到他的成功应感激父亲对自己的指导，他们共同制定了一个重要的职业规划。最终这个职业生涯设计方案使他功成名就。

我们来看一下这个成功的简图：

工科学习→工学学士→经济学学习→经济学硕士→政府部门工作→锻炼处世能力，建立广泛的人际关系→大公司工作→熟悉商务环境→开公司→事业成功。

第一阶段：工科学习

中学时代，比尔·拉福就立志经商。他的父亲是洛克菲勒集团的一名高级职员，他发现儿子有商业天赋，机敏果断，敢于创新，但经历的磨难太少，没有经验，更缺乏必要的知识。于是，父子俩进行了一次长谈，并描绘出职业生涯的蓝图。因此，升学时他没有像其他人一样直接去读贸易专业，而是选择了工科中最基础、最普通的机械制造专业。

评价：做商贸必须具备一定的专业知识。在商品贸易中，工业品占绝对多数，不了解产品的性能、生产制造情况，就很难保证在贸易中获得收益。学习工科不仅能培养知识技能，而且能帮助他建立一套严谨求实的思维体系。清楚的推理分析能力，脚踏实地的工作态度，正是经商所需要的。

收获：比尔·拉福在麻省理工学院的四年，除了本专业的课程，还广泛接触了其他课程，如化工、建筑、电子等，这些知识在他后来的商业活动中发挥了举足轻重的作用。

第二阶段：经济学学习

大学毕业后，比尔·拉福没有立即进入商海而是考进芝加哥大学，开始了为期三年的经济学硕士课程学习。

评价：在市场经济下，一切经济活动都通过商业活动来实现，不了解经济规律，不学习经济学知识，就很难在商场立足。

收获：比尔·拉福掌握了经济学的基本知识，弄清了影响商业活动的众多因素，还认真学习了有关法律和微观经济活动的管理知识。几年下来，他对会计、财务管理也较为精通，在知识上已完全具备了经商的素质。

第三阶段：政府部门工作

比尔·拉福拿到经济学硕士学位后考取了公务员，在政府部门工作了五年。

评价：经商必须有很强的人际交往能力，要想在商业上获得成功，必须深知处世规则，善于与人交往，建立诚信合作关系。这种开拓人际关系的能力只有在社会工作中才能得到提高。

收获：在环境的压迫下，比尔·拉福养成了强烈的自我保护意识，由稚嫩的热血青年成长为一名老成、处事不惊的公务员，并结识了各界人士，建立起一套关系网络，为后来的发展提供了大量的信息和便利条件。

第四阶段：通用公司锻炼

五年的政府工作结束之后，比尔·拉福完全具备了成功商人所需的各种素质，于是辞职下海，去了通用公司。

评价：通过各种学习获得足够的知识，但知识要通过实践的锻炼才能转化为技能。

收获：在国际著名的通用公司进行锻炼，比尔·拉福不仅为实践所学的理论找到了一个强大平台，而且学到了丰富的管理经验，完成了原始的资本积累。这也是大学生创业应该借鉴的地方，除了激情，还应该考虑更多的现实因素。

第五阶段：自创公司

大展拳脚两年后，他已熟练掌握了商情与商务技巧，便婉言谢绝了通用公司的高薪挽留，开办了拉福商贸公司，开始了梦寐以求的商人生涯，实现多年前的计划。

评价：时机成熟后，应果断决策，切忌浪费时间，应抓住契机实现计划。

收获：比尔·拉福的准备工作，几乎考虑到了每个细节。拉福公司的成长速度出奇地快，二十年后，拉福公司的资产从最初的20万美元发展为2亿美元，而比尔·拉福本人也成为一个奇迹。

比尔·拉福的职业生涯设计脉络清晰，步骤合理，充分考虑了个人兴趣、个人素质，并着重职业技能的培养，这种生涯规划在他坚持不懈地努力下，终于变为现实。

※ 思考问题

（1）什么是职业生涯规划？大学生进行职业生涯规划有什么意义？
（2）职业生涯规划有哪些指导理论？其主要内容是什么？
（3）职业生涯规划的步骤是什么？
（4）职业生涯规划有哪些主要方法？

第一节 职业生涯规划概述

职业生涯是人生发展过程中最重要的环节之一。对于大学生而言，大学里有专业的知识技能，丰富的教学资源，有各种展现自己的机会……但在大学阶段如果缺乏职业规划，不清楚自己的目标，即使在校期间成绩优秀、知识丰富，也可能一生碌碌无为。

所以，大学生从步入大学校门开始，就要对自己的职业生涯进行规划，确定职业奋斗目标。

※ 案例启示

李某是某职业院校软件专业的学生，临近毕业，工作的事情仍然没有着落。毕业初始，他想做本专业工作，但是他了解到做程序设计不仅累，而且吃青春饭，35岁以后可能面临淘汰，工作不稳定。于是他想自己创业，但因为家里的反对，无奈放弃。后来他又尝试求职应聘，分别做过销售员、培训讲师等，但是都没有坚持下来。毕业后的这几年，他找了很多工作，做了很多尝试，都失败了，变得非常迷茫、焦虑，他对自己非常失望，于是他开始沉迷上网和玩游戏，以暂时缓解焦虑的情绪。

（1）李某的求职选择变动很大，没有做好职业生涯规划；最后因为求职的失败，还产生了焦虑情绪。由此可见，我们需要进行职业测评和职业生涯规划，只有这样才能清楚适合自己的工作。

（2）大学生应该了解职业生涯规划的基本要求，掌握职业生涯规划的具体方法，这样有助于成功选择适合自己的职业。

一、职业生涯规划的概念

一般而言，职业生涯规划是一个人尽其可能地规划未来生涯发展的历程，在考虑个人的智能、兴趣、价值观，以及阻力、助力的前提下，做好妥善的安排，并借此调整、摆正自己在人生中的位置，以期自己能适得其所。

从定义可以看出，职业生涯规划是一个人主动的、有意识的行为。"尽其可能地规划未来"的意义在于：对于我们所能做到的，要全力以赴；至于生命中诸多个人无法掌握的因素，如飓风、地震等突如其来的天灾人祸，我们必须冷静面对。简单地说，职业生涯规划就是找到引领自己坚定前进的方向。

大学生职业生涯规划可以定义为：大学生在大学生活阶段通过对自身和外部环境的了解，为自己确立职业方向、职业目标，选择职业道路，确定教育计划（特别是大学阶段的学习计划)、发展计划,为实现职业生涯目标而确定行动时间和行动方案。

二、职业生涯规划的起源与发展

职业指导是以1908年美国的帕森斯在波士顿开设职业咨询所为开端的。之后,作为职业指导的创立者,帕森斯于1909年撰写《职业的选择》一书。在这本书中,他系统地论述了有关职业咨询的理论与实践方法,并且在世界范围内第一次运用了"职业指导"(Vocational Guidance)这一专门学术用语。此后,在帕森斯的理论和实践的影响下,职业指导开始在美国各地蔓延开来,职业指导的概念不断扩大和发展,从人们在不同的历史时期和不同的运用领域所习惯的称呼方式(职业指导、生涯教育、职业咨询、职业发展、职业规划、生活规划……)可见一斑。今天,这门有着百年发展史的学问正以"职业生涯规划"的崭新姿态被越来越广泛地传播和运用。

20世纪70年代以后,一些资本主义国家先后陷入周期性经济危机,萧条的产业现状迫使他们对战后为适应高速发展的经济而制定的教育政策开始作反省、修正。当时在一些资本主义国家的教育界,一般普通教育与职业教育的分流已成定局。但是,由于一般教育过于强调以教养主义为中心,偏离社会的倾向十分严重,为此,美国联邦政府教育局在20世纪70年代初提出了在青年学生中推行生涯教育的教育改革构想。所谓生涯教育,也叫生计教育,就是将普通教育与职业教育一体化,让学生在接受学校一般知识教育的同时,为了毕业后能顺利地步入职业社会而进行的综合性的职业生涯教育。生涯教育的本质意味着职业指导不只是对青年学生提供就业指导与服务,还提倡一种新的教育方式,尤其是强调对在校学生要抓紧进行社会实践体验的学习活动。美国学者海尔曾这样解释生涯教育的概念:它是美国教育改革运动的一部分,是援助个人获得选择、形成自己的职业生活,进而选择、形成自己的生活模式所必要的生活技术,以及自身与劳动的知识和态度这样一个综合性的教育程序。美国联邦政府教育局的这一教育思想,很快引起一些经济发达国家职业指导工作者的重视,作为研究本国职业规划与生涯教育的参照或资料。

三、职业生涯规划的类型

职业生涯规划按照时间维度进行划分,可分为短期规划、中期规划、长期规划和人生规划。短期规划是指2年以内的职业生涯规划。规划目的主要是确定近期目标,制订近期应完成的任务计划。中期规划是指2~5年的职业生涯规划,是最常用的一种职业生涯规划。长期规划是指5~10年的职业生涯规划,目的主要是设定较长远目标。人生规划是指对整个职业生涯的规划,时间跨度可达40年左右,其规划的目的是确定整个人生的发展目标。

结合大学生职业生涯规划的特点以及一般职业生涯规划的时间维度划分方法,我们可以把大学生的职业生涯规划大致分为两种类型。

(一)大学生职业生涯规划的远期规划

远期规划时间年限在5年以上,即一般分类中的长期规划和人生规划。

对职业生涯进行远期规划,能够使大学生明晰各个阶段的职业目标,保持整个职业生涯发展的连贯性和持续性,使总体目标更容易循序渐进地达成和实现,进而产生最大的职业动力。大学生如果有条件,应该进行这种远期的职业生涯规划,激励自己为达到各个阶段的目标而不懈努力。

不过，时间跨度较长的职业生涯规划要求对自我、对职业有比较充分的认识，同时对社会形势和客观环境有敏锐的观察力和超前的预测能力，需要花费较长的时间对职业目标和职业要求进行深入的研究、调查、论证，并制定比较切实可行的完整性实施方略。同时，由于远期规划的时间跨度较长，实施过程中会受到个人和环境不断变化的影响，规划目标的实现难度非常大。大学生尚处于职业生涯的探索阶段，对社会、对职业的了解都相对有限，因此远期规划可以先以简略的职业理想和职业目标为主，具体的远期规划要建立在近期规划的基础之上，根据职业发展的实际情况进行调整和修改。

（二）大学生职业生涯规划的近期规划

近期规划是规划时间年限与大学生涯年限基本符合的大学生职业生涯规划，即一般职业生涯规划中的短期规划和中期规划，这种规划一般在5年以内。

大学时期正处于职业准备和选择阶段，职业生涯探索阶段的主要目的，就是通过选择、尝试与磨合，找到最适合自己的职业，大学生职业生涯的近期规划，就是大学生根据这个阶段的主要特点和任务要求，在确立总体目标之后，以实现就业为阶段目标，对自己的大学生涯制订相应的行动计划和实施方略。

近期规划的特点主要是以大学学制为阶段进行目标分解和策略实施，其最根本的是为了实现总体目标而在学业上做好准备、顺利毕业并进入目标职业。近期规划的侧重点以就读期间的职业学习和职业准备为主要内容，规划期限基本以大学生涯的终止为结束。

对于大学生而言，近期规划更具针对性，也更具可操作性。通过近期规划，大学生可以在认识自我、了解职业的基础上，从自身的条件和社会的需求出发，确定职业发展方向，明确职业目标，制订大学期间的学习、培训、实践计划，不断挑战自我、超越自我，为将来迈出校门、走向社会做好准备，为总体目标的实现打下良好的基础。由于规划的时间跨度不长，因此近期规划也比较易于评估与修正。由于近期规划能与大学阶段的学习和生活紧密联系，因此，大学生在规划自己的职业生涯时可采用这种目的和策略极为明确可行的规划类型。

※ 课堂互动

请各位同学在一张纸上写下自己的远期规划和近期规划，并在课堂上分享自己的职业生涯规划。

四、职业生涯的分期

在我国，有些学者提出了适合我国国情的职业生涯的分期模式。一般认为，人的职业生涯可分为五个时期。

（一）职业准备期

一般从15、16岁开始直到面临就业时止。职业准备期是形成了较为明确的职业意向后，从事职业的心理、知识、技能的准备以及等待就业机会时期。每个择业者都有选择一份理想职业的愿望与要求，准备充分的择业者就能够很快地找到自己理想的职业，顺利地进入职业角色。

（二）职业选择期

一般集中在17、18岁到30岁左右。这是实际选择职业的时期，也是由潜在的劳动者变为现实劳动者的关键时期。人们在这一时期，根据社会需要、自己的能力、愿望选择职业。

职业选择不仅仅是个人挑选职业的过程，也是社会挑选劳动者的过程，只有个人与社会成功结合、相互认可，职业选择才会成功。

（三）职业适应期

择业者刚刚踏上工作岗位，存在一个适应过程，要完成从一个择业者到一个职业工作者的角色转换。要尽快适应新的角色及新的工作环境、工作方式、人际关系等。这个阶段是对人的职业能力进行实际检验的时期。在这一时期，许多人能在一两年内顺利适应某种职业（适应期有长有短，因人而异）或难以适应又重新选择。

（四）职业稳定期

成年、壮年时期。这一时期，个人的职业活动能力处于最旺盛时期，是创造业绩、成就事业的黄金时期。这一时期占据人的职业生活的绝大部分，是人的劳动效果最好的时期。当然职业稳定是相对的，在科学技术发展迅速、人才流动加快的今天，就业单位与职业岗位发生变化是很正常的。

（五）职业结束期

由于年龄或身体状况的原因，逐渐减弱职业活动能力与职业兴趣，从而结束职业生涯。

五、职业生涯规划的特性

（1）可行性。规划要有事实依据，目标不能是美好幻想或不切实际的梦想，而应是经过努力能够实现的，否则将会延误生涯良机。

（2）适时性。规划是预测未来的行动，确定将来的目标，因此各项主要活动，何时实施、何时完成，都应有时间和时序上的妥善安排，以作为检查行动的依据。

（3）适应性。规划未来的职业生涯目标，涉及多种可变因素，因此规划应有弹性，以增加其适应性。

（4）连续性。规划要考虑到生涯发展的整个历程，人生每个发展阶段应能持续连贯性衔接。

（5）清晰性。保证目标与措施的清晰和明确，可以按部就班地具体实施计划以达到目标。

（6）长远性。规划应该从大方向着眼，尽可能确立远期目标。

（7）挑战性。如果目标在原地踏步不前，则失去了原本的意义，也无法激励自己前进，因此，目标应是"跳一跳能够得着"的，应富有一定的挑战性。

（8）动态性。职业生涯规划不是一成不变的，而是一个动态变化的过程。内、外部环境的变迁，个人条件的变化，都会对职业生涯规划产生影响，职业生涯规划需要根据环境和条件的变化而不断地进行评估和调整。

第二节 职业生涯规划的作用及意义

每个有追求的人都会考虑：我打算怎样过我的人生？正如歌德所说，人生重要的在于确立一个伟大的目标，并有决心使其实现，一个人如果不知道自己要往哪里去，他就哪里也去不了。要实现目标，首先得确立目标，职业生涯规划是大学生确立目标和找到实现目标方法的步骤，是减少遗憾，使自己的人生过得成功和有意义的必然要求。

一、职业规划的作用

（一）树立远大目标

中国传统文化中孕育着丰富的生涯智慧。中国教育的开山始祖、至圣先师孔子可以被看作职业生涯规划的典范。孔子生活的时代是春秋乱世，他的成长背景是平凡而穷困的，他不畏人生的艰难，突破社会种种不利因素的影响，激发了自己生命的潜能，展现了作为一个"人"的完美形象。

《论语·为政》有云："吾十有五而志于学，三十而立，四十而不惑，五十而知天命，六十而耳顺，七十而从心随欲，不逾矩。"这句话是孔子对自己一生各阶段的总结，同时也是中国本土化生涯发展理念的高度概括，对我们的职业生涯规划具有高屋建瓴的指导作用。人无志不立，十有五而志于学是孔子最终成为圣人到七十岁时能做到"从心随欲，不逾矩"的首要原因。十几岁正是人读书学习的大好时节，知识的积淀能使我们站得更高、看得更远。在掌握基础知识、培养基本生存技能的前提下，人生目标也在此阶段初步形成。通过职业生涯规划的学习、探索和思考，可以帮助我们尽早明确人生发展的大方向或目标，并愿意为之付出长久的努力。这样，即使成不了圣人，也不至于成为"剩人"。正如古训所讲的"志当存高远"，目标对人生具有巨大的导向作用，可以说，有什么样的目标就会有什么样的人生。

（二）合理掌握时间

《认知盈余》的作者克莱·舍基说，全美国人一年花在看电视上的时间大约为2000亿个小时！如果我们将每个人的自由时间看成一个集合体，一种认知盈余，那么，这种盈余会有多大？我们已经忘记了我们的自由时间始终属于我们自己，我们可以凭自己的意愿来消费它们、创造它们和分享它们，可以通过积累将平庸变成卓越。在我们没有仔细规划自己的时间以前，我们的时间是"公共资源"，任何人、任何事都可以随意占用，而我们却没有感觉。我们不是时间的主人，我们的时间是为别人服务的或在毫无价值地流逝着。因此，在当前这个后物欲的互联网时代，在拥有更多自由的大学阶段，大学生们也要反思自己时间的主人是谁。

（三）发展个人潜能

《大学》开篇有云："大学之道，在明明德，在亲民，在止于至善。知止而后有定，定而后能静，静而后能安，安而后能虑，虑而后能得。物有本末，事有终始，知所先后，则近道矣。"这句话的核心就是知止而定，有了目标才能够思想坚定，思想坚定才能有所思考，有所收获。正如古语所讲"人定胜天"，通常理解就是人一定会胜天，其实这种解释未必对。人"定"，这个"定"就是"坚定、安定"的意思。人有目标、有规划，才能内心坚定，内心坚定了才能宁静致远，才能处理好人与自然、人与人之间的关系。可以说大学生正处于人生的探索期，大学里不仅要学知识，锻炼技能，更要注重学术的交流和精神上的交往，在主体性基础上思索未来，寻求人生的奋斗目标并向着目标努力提升自己，最终达到自我实现。

二、大学生进行职业生涯规划的意义

职业生涯规划不仅具有很大的理论价值，而且具有很强的现实意义。大学生进行职业生涯规划的现实意义体现在以下几个方面。

（一）帮助大学生充分认识自我

很多大学生能够充分了解自己的个性、兴趣和能力，而对自己喜欢的职业和不喜欢的职业也很少有人能够清楚知道。通过职业生涯规划，大学生能够充分认识自我，正确合理地认识自身，通过科学的方法对自己进行评估，从而实现自我定位和职业定位，选择自己喜欢并适合自己的职业。

（二）进一步增强大学生应对社会竞争的能力

当今社会，在市场经济条件下，各种竞争日益激烈，要想在竞争中占据有利的位置，就需要找到一个适合自己发展的平台。

（三）激励大学生合理安排大学学业

大学生的学业规划应该以职业为导向，也就是说，你选择什么样的职业，就应该有一种模式的学业规划，每个人的学业规划都不是完全相同的，多多少少会存在一些差异。

（四）合理配置就业市场中的各种人才

大学生的盲目就业往往会使本已混乱的人才市场雪上加霜。职业生涯规划可以把毕业生导向人职匹配的良性择业道路上，为人才市场的供求理顺秩序，从而为社会发展带来勃勃生机。

（五）提升大学生的职业能力

进入职场系统的职业生涯规划教育可以使大学生找到适合自己的就业方向，还能有意识地提高自己的综合素质，锤炼自身的综合能力，进而对相关的社会实践活动进行不断的尝试，提高自己的社会责任感和受挫能力，最终使自己的综合职业能力得到较大的提升，得到用人单位的认可并顺利地进入职场，完美地实现自己的人生价值。

第三节 职业生涯规划常用指导理论

不同的人，其生涯发展与经历的事件和所走的道路不尽相同，会呈现多样的规划方案和成长轨迹，尽管每个人有各种不同的经历，但仍有一些普遍适用的基本准则和规律，科学的方法是需要我们每个人遵循的。

关于职业生涯规划的基本理论，目前大致可以分为以下几种类型：职业选择理论、职业生涯发展理论和职业决策理论。它们从不同的角度对个人职业选择和职业发展的问题进行了研究和阐述。职业选择理论从静态的角度来探讨个人特质与职业之间的匹配问题，重视个人的需要、能力、兴趣和人格等内在因素在职业选择中的作用。职业发展理论从动态的角度探讨个人职业生涯的成长历程，强调自我概念、自我职业决策能力的发展。职业决策理论主要探讨个人应该如何做出职业选择的问题。

对于大学生来说，初步了解和掌握这些理论是很重要的，这些理论是后面几章内容的基础，而且这些理论本身对于我们了解自我，了解职业生涯发展的阶段和规律、职业抉择本质以及职业决策的方法和步骤等都很有帮助。

一、职业选择理论

职业选择是指人们从对职业的评价、意向、态度出发，依照自己的职业期望、兴趣、爱好、能力等，从社会现有的职业中挑选其一的过程。职业选择的目的在于使自身能力素质和职业需求特征相符合。选择职业是人生大事，因为职业决定了一个人的未来。选择职业就是选择将来的自己。选择什么样的工作，很大程度上就等于选择了什么样的人生。为什么有些人本该在事业上获得成功，却事与愿违，这并不完全是他们能力不够，而主要是他们选择了不适合自己特征的职业。那些事业有成的人，并不一定比别人聪明，他们成功的关键在于找到了适合自己特点的职业。合适的职业使他们的个人才能得到充分发挥，为他们带来了无限的创造机会，也带来了事业的成功。因此，在选择什么样的职业之前，一定不要先"为五斗米折腰"，急于根据工资待遇等物质条件做决定。最重要的是，要先问问自己，自己究竟有哪些特征，究竟想要过一种什么样的人生。比如，你充满热情和抱负，喜欢接受新鲜事物和工作挑战，却选择了一份十分安逸清闲的工作，那你每天的工作都成为你理想与现实的痛苦拉锯战，其结果也只能是两种：一是你妥协了，热情渐渐被消磨，志气一点点被减弱；二是你经过复杂的心理斗争，最终还是选择继续为自己的理想而奋斗。

在职业选择理论中有几个著名的理论，如帕森斯特质因素理论、霍兰德人格类型理论和施恩的职业锚理论。

（一）帕森斯特质因素理论

特质因素理论是美国职业指导专家帕森斯提出的，是最早的职业指导理论，也是用于职业选择的经典理论之一。1909年帕森斯在《职业的选择》一书中，第一次系统阐述了科学的职业指导理论，即特质因素理论。特质就是人的生理、心理特质或总称为人格特质，因素是指客观工作标准对人的要求。

特质因素理论主要以个性心理学和差异心理学为基础，承认人的个性结构存在客观差异，强调心理因素在职业选择中的匹配作用，重视心理测量技术的运用和问题的诊断，认为职业选择就是使职业兴趣、职业能力与职业所需要的素质相匹配。

1. 职业选择的三步骤

（1）探究个人。即评价求职者的生理和心理特点（特质）。通过心理测量及其他测评手段，获得有关求职者的身体状况、能力倾向、兴趣爱好、气质与性格等方面的个人资料。这些测验包括如下几种。

①成就测验：用以了解一个人究竟学会了多少东西，有哪些是对工作有价值的；

②能力测验：测试个人的最佳状态，并展现他在多大程度上能胜任某项工作；

③人格测验：测试个人未来最适合从事哪类工作，并可能实现多大的发展程度。

而后，通过会谈、调查等方法获得有关求职者的家庭背景、学业成绩、工作经历等情况，并对这些资料进行评价。

（2）分析各种职业对人的要求（因素），并向求职者提供有关的职业信息，如职业描述、工作条件、薪水等。它包括：

①职业的性质、工资待遇、工作条件以及晋升的可能性；

②求职的最低条件，如学历要求、所需的专业训练、身体要求、年龄、各种能力以及其他心理特点的要求；

③为准备就业而设置的教育课程计划，以及提供这种训练的教育机构、学习年限、入学资格和费用等；

④就业机会。

（3）人职匹配。即整合个人和工作领域的信息，这是特性因素理论的核心。在职业指导过程中，他提出了职业设计的三要素模式。

其一，清楚地了解自己，包括性向、能力、兴趣、自身局限和其他特质等资料，以便做到特性匹配，即不同的人去干适合自己的"活"；

其二，了解各种职业必备的条件及所需的知识，在不同工作岗位上所占有的优势、不足和补偿、机会、前途，以便做到因素匹配，即要知道某类的"活"适合什么样的人；

其三，上述两者的平衡，即指导人员在了解求职者的特性和职业的各项指标的基础上，帮助求职者进行比较分析，以便选择一种适合其个人特点又有可能得到并能在职业上取得成功的职业。

2. 人职匹配的类型

帕森斯认为职业与人的匹配，分为两种类型。

（1）条件匹配。如所需专门技术和专业知识的职业与掌握这种特殊技能和专业知识的择业者相匹配；或者脏、累、险等劳动条件很差的职业，需要吃苦耐劳、体格健壮的劳动者与之匹配。

（2）特长匹配。即某些职业需要具有一定的特长，如具有敏感、易动感情、不守常规、有独创性、个性强、理想主义等人格特性的人，宜于从事审美性、自我感情表达的艺术创作类型的职业。

3. 特质因素理论的局限性

特质因素理论自产生以来经久不衰，其中，三要素模式被认为是职业设计的至理名言。但该理论也有其局限性：其一，按照帕森斯特质因素理论的观点，社会上不同的职业都具有不同的因素，它们要求工作人员都具有一定的个人特质。在长期的实践中，人们发现尽管一些职业的录用标准得以确定，心理测量的工具日臻完善，技术水平不断提高，但因职业种类繁多，并且职业发展演化迅速，难以确定各种职业所需要的个人特质。其二，心理测量工具的信度和效度也不尽如人意，受多种因素的影响，以此为基准的人职匹配过于客观化，而对人本身的如态度、期望、人格、价值观等择业主体的主观因素重视不够，这样的人职匹配是粗疏的，尤其是毕业生在择业环节上完全实现人职匹配更是难以实现的。其三，理论中的静态观点和现代社会的职业变动规律不相吻合，它只是强调了什么样的个人特质适合做什么工作，却忽视了社会因素对职业设计的影响和制约作用。而且就目前我国的毕业生来说，由于受应试教育及统一培养模式的影响，个人特质不明显、个性不突出，同时社会发展还未达到人职匹配的要求。

尽管该理论存在着以上的一些局限性，但该理论在职业选择过程中的指导作用是不容否认的。我们在职业选择过程中，要充分分析自己的特质情况，并充分了解相关职业的各种要求，在全面了解自我、了解职业的情况下努力做到人职匹配，只是不能过于机械。

（二）霍兰德人格类型理论

约翰·霍兰德是美国约翰·霍普金斯大学心理学教授，是美国著名的职业指导专家。他于1959年提出了具有广泛社会影响的人格类型理论，认为人的人格类型、兴趣与职业密切相关。兴趣是人们活动的巨大动力，凡是具有使人产生兴趣的职业，都可以提高人们的积极性，促使人们积极地、愉快地从事该职业，而且，职业兴趣与人格之间存在很高的相关性，每一特殊类型人格的人，便会对相应职业类型中的工作或学习感兴趣。霍兰德人格类型理论大概可以归纳为以下几个方面。

1. 个人与环境之间的关系

大多数社会学家都认为，一个人生理和社会环境的特征都会影响个体的行为。这些环境特征不仅中和了个体的行为，而且在相当长的一段时间内还中和了亚文化以及社会环境。我们在分析一个人的时候，不仅要分析他或她先天的个性特征，而且要分析这个人成长或生活的环境特征。霍兰德对"个人与环境之间的匹配"有如下一些代表性观点。

（1）个人做出职业选择的依据就是寻找那些能够满足自己成长的环境。

（2）对自己的工作环境知道得越多，就越容易做出正确的职业选择。

（3）职业的选择应该是慎重的，它反映了这个人的动机、知识、个性和能力。职业代表了一种生活方式，它是一种环境而不是一系列相互孤立的工作项目和技能。一种职业不仅意味着要有某种特定的形象（社会角色），而且意味着要有某种特殊的生存方式。从这层意义上来讲，一种职业的选择代表着一系列信息：某人的工作动机、对职业的看法，以及对自身能力的认识。

2. 四项核心假设

人格类型理论是建立在以下四项核心假设的基础上的。

假设一：在我们生活的社会文化环境中，大多数人的人格类型可以归纳为六种人格类型中的一种：现实型（Realistic）、研究型（Investigative）、艺术型（Artistic）、社会型（Social）、企业型（Enterprising）、传统型（Conventional）。每种特定人格类型的人，会对相应职业类型中的工作或学习感兴趣。

假设二：现实生活中存在与上述人格类型相对应的六种环境类型：现实型、研究型、艺术型、社会型、企业型以及传统型。

假设三：人们总是在积极寻找适合他们的职业环境。在其中他们能够充分施展自己的技能和能力，表达他们的态度和价值观；并且能够完成那些令人愉快的使命和任务。

假设四：一个人的行为表现是由其个性特征和环境特征交互作用决定的。

3. 人格类型与职业类型匹配模型

在上述假设的基础上，霍兰德进一步提出了人格类型与职业类型的匹配模型。霍兰德认为，同一类型的劳动者与职业互相结合，便能够达到适应状态，其结果是劳动者找到适宜的职业岗位，职业岗位获得了合适的人才，劳动者的才能与积极性便会得以很好发挥。

霍兰德提出六种人格类型的特征及其适合的职业，如表2-1所示。

表2-1 霍兰德六种人格类型特征及其适合的职业

类型	人格特征	适合的职业
现实型（R型）	坦率、正直、诚实、谦逊。喜欢从事规则明确的活动及技术性工作，甚至热衷于亲自动手创造新事物。他们的身体技能及机械协调能力较强，希望工作任务是明确而具体的。另外，这类人不喜欢言谈，对于人际交往及人员管理、监督等活动不感兴趣	喜欢使用工具、机器，需要基本操作技能的工作。对要求具备机械方面才能、体力或从事与物件、机器、工具、运动器材、植物、动物相关的职业有兴趣，并具备相应能力。如技术性职业（计算机硬件人员、摄影师、制图员、机械装配工），技能性职业（木匠、厨师、技工、修理工、农民、一般劳动者）

续表

类型	人格特征	适合的职业
研究型（I型）	谨慎、严格、严肃、内向、谦虚、独立性强。他们通常喜欢理论思维或数理统计工作，对于解决抽象问题具有极大热情，对于人员的领导及人际关系兴趣不大	喜欢智力的、抽象的、分析的、独立的定向任务，要求具备智力或分析才能，并将其用于观察、估测、衡量，形成理论，最终解决问题的工作，并具备相应的能力。如科学研究人员、教师、工程师、计算机编程人员、医生、系统分析员
艺术型（A型）	感情丰富、内心充满热情、善于表达且富有想象力。善于通过语言动作、色彩和形状来表达审美原则，比较喜欢独立行事，不太合群。他们具备艺术性的、独创性的表达和直觉能力，创造倾向明显，对于机械性及程式化的工作不感兴趣	喜欢的工作要求具备艺术修养、创造力、表达能力和直觉，并将其用于语言、行为、声音、颜色和形式的审美、思索和感受，具备相应的能力。如艺术方面的职业（演员、导演、艺术设计师、雕刻家、建筑师、摄影家、广告制作人），音乐方面的职业（歌唱家、作曲家、乐队指挥），文学方面的职业（小说家、诗人、剧作家），不善于事务性工作
社会型（S型）	善良、热情、灵活、有耐心和毅力，语言能力通常优于数理能力，慷慨大度，善于劝说，乐于与人相处，乐于给人提供帮助，具有人道主义精神，热情助人，责任心强	喜欢要求与人打交道的工作，能够不断结交新的朋友，从事提供信息、启迪、帮助、培训、开发或治疗等事务，并具备相应能力。如教育工作者（教师、教育行政人员），社会工作者（咨询人员、公关人员）
企业型（E型）	乐于冒险、雄心勃勃，具有外向、易冲动、乐观、自信的个性特征，喜欢影响、管理、领导他人，具备劝说、管理、监督、组织和领导等能力。不喜欢具体精细或需长时间集中心智的工作	喜欢要求具备经营、管理、劝服、监督和领导才能，以实现机构、政治、社会及经济目标的工作，并具备相应的能力。如项目经理、销售人员、营销管理人员、政府官员、企业领导、法官、律师
传统型（C型）	注重细节，讲求良心和精确性，通常体现出有序、有恒心、有效率、服从安排的个性特征，喜欢高度有序、要求明确的工作，对于规则模糊、自由度大的工作不太适应，不喜欢主动决策，一般较为忠诚可靠，偏保守，与人交往会保持一定距离	喜欢要求注意细节、精确度高、有系统、有条理，具有记录、归档、据特定要求或程序组织数据和文字信息的职业，并具备相应能力。如秘书、办公室人员、记事员、会计、行政助理、图书馆管理员、出纳员、打字员、投资分析员

上述六大类型并非各自独立，每种类型与其他类型之间存在一定程度的关联，不同人格类型的人之间可能有较大的共同点，也可能兴趣差异悬殊。

在现实生活当中，人们往往迫于各种社会条件的限制，并非都能按照各自的人格特征和职业兴趣来进行职业选择。然而，只要现实条件允许，大多数人总是倾向于选择与自己的人格特征、兴趣爱好相符的职业。然而，上述提到的六种人格类型及其对应的典型职业选择是一种理想化的划分，由于人的社会性和多样性，个体的人格类型并不是单一和绝对的，大多数人并非只有一种性向（如一个人的性向中很可能同时包含着社会性向、现实性向和研究性向）。霍兰德认为，这些性向越相似，相容性越强，则一个人在选择职业时所面临的内在冲突和犹豫就会越少。为了帮助描述这种情况，霍兰德建议将这六种性向分别放在一个正六角形的每一角，如图2-1所示。

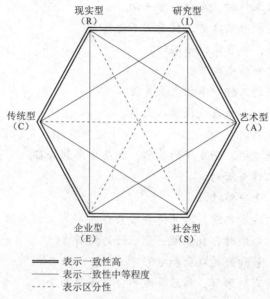

图 2-1　霍兰德人格类型六角形模型

在六角形模型上，两种职业类型之间的距离越近，其职业环境及人格特质的相似度越高，即相似度较高的职业性向是相邻关系，其次是相隔关系，那些极不相关的则是位于六角形中对角线位置的相对关系。比如，现实型与传统型和研究型相关性较强，而与社会型相关性很弱。两种类型的职业相关系数越大，人的适应程度就越高。如果统一在一个点上，表明劳动者类型与职业类型高度相关，即同一类型的劳动者从事了相应类型的职业，此种情况下，人员配置最适宜，是最好的职业选择。霍兰德认为，求职者在进行职业选择时应尽量选择与自己人格特质相一致的工作环境模式，这样比较容易获得职业上的成功以及心理上的愉悦感。

※ 课堂互动

什么职业适合我

以下有60道题目，如果你认为是符合自己情况的选项，便在题目后面的表2-2中相应的序号上画个圈，反之则不必做记号。答题时不需要反复思考。

1. 我喜欢自己动手干一些具体的、能直接看到效果的活。
2. 我喜欢弄清楚有关做一件事情的具体要求，以明确如何去做。
3. 我认为追求的目标应该尽量高些，这样才可能在实践中多获得成功。
4. 我很看重人与人之间的友情。
5. 我常常想寻找独特的方式来表现自己的创造力。
6. 我喜欢阅读比较理性的书籍。

7. 我喜欢生活与工作场所布置得朴实些、实用些。
8. 在开始做一件事情以前，我喜欢有条不紊地做好所有准备工作。
9. 我善于带动他人，影响他人。
10. 为了帮助他人，我愿意做些自我牺牲。
11. 当我进入创造性工作时，我会忘却一切。
12. 在找到解决问题的办法之前，我通常不会罢手。
13. 我喜欢直截了当，不喜欢说话婉转。
14. 我比较善于注意和检查细节。
15. 我乐于在所从事的工作中承担主要责任。
16. 在解决个人问题时，我喜欢找他人商量。
17. 我的情绪容易激动。
18. 一接触到有关新发明、新发现的信息，我就会感到兴奋。
19. 我喜欢在户外工作与活动。
20. 我喜欢有规律、干净整洁。
21. 在我要做重要的决定之前，总觉得异常兴奋。
22. 当别人叙述个人烦恼时，我能做一个很好的倾听者。
23. 我喜欢观赏艺术展和好的戏剧和电影。
24. 我喜欢先研究所有的细节，然后再做出合乎逻辑的决定。
25. 我的手工操作和体力劳动永远不会过时。
26. 我不大喜欢由我一个人负责来做重大决定。
27. 我善于和能为我提供好处的人交往。
28. 我善于调节他人之间的矛盾。
29. 我喜欢别致的着装，喜欢新颖的色彩和与风格。
30. 我对各种大自然的奥秘充满好奇。
31. 我不怕干体力活，通常还知道如何巧干。
32. 在做决定时，我喜欢保险系数比较高的方案，不喜欢冒险。
33. 我喜欢竞争与挑战。
34. 我喜欢与人交往，以丰富自己的阅历。
35. 我善于用自己的工作来体现自己的情感。
36. 在动手做一件事情之前，我喜欢先在脑中仔细思索几遍。
37. 我不喜欢购买现成的物品，希望能购买材料自己做。
38. 只要我按照规则做了，心里就会踏实。
39. 只要成果大，我愿意冒险。
40. 我通常能比较敏感地察觉到他人的需求。
41. 音乐、绘画、文字，任何优美的东西都特别容易给我带来好心情。
42. 我把受教育看成是不断提高自我的过程。
43. 我喜欢把东西拆开，然后再使之复原。
44. 我喜欢每一分钟都过得很充实。
45. 我喜欢启动一项项工作，而具体的细节让其他人去负责。

46. 我喜欢帮助他人，提高他人的学习能力。
47. 我很善于想象。
48. 有时候我能独坐很长时间来阅读。
49. 我不怎么在乎干活时弄脏自己。
50. 只要能仔细地、完整地做完一件事情，我就感到十分满足。
51. 我喜欢在团体中担当主角。
52. 如果我与他人有了矛盾，我喜欢采取平和的方式加以解决。
53. 我对环境布置比较讲究，哪怕是一般的色彩、图案，都希望能赏心悦目。
54. 哪怕我明知道结果会与我的期盼相悖，我也要深究到底。
55. 我很看重拥有健壮灵活的身体。
56. 如果我说了我来干，我就会把这件事情彻底干好。
57. 我喜欢谈判，喜欢讨价还价。
58. 人们喜欢向我倾诉他们的烦恼。
59. 我喜欢尝试有创意的新主意。
60. 凡事我都喜欢问一个"为什么"。

评分标准

在表2-2中将每一列画圈的数量加起来填在每一列最下面的空白处，哪一列分数高，便倾向于哪种类型。

表2-2 分值表

R	C	E	S	A	I
1	2	3	4	5	6
7	8	9	10	11	12
13	14	15	16	17	18
19	20	21	22	23	24
25	26	27	28	29	30
31	32	33	34	35	36
37	38	39	40	41	42
43	44	45	46	47	48
49	50	51	52	53	54
55	56	57	58	59	60

自我评析

R：现实型。喜欢做使用工具、实物、机器或与物有关的工作，具有手工、机械、农业、电子方面的技能，爱好与建筑、维修有关的职业，脚踏实地，实事求是。适合做机械师、工程师、司机、电工、木匠等。

C：传统型。喜欢做系统的整理信息资料一类的事情，具有办公室工作和数字方面的能力、爱好记录、整理文件、打字、复印及操作计算机等职业，尽职尽责，忠实可靠。适合做会计师、银行出纳、计算机操作员、打字员、书记员等。

E：企业型。喜欢领导和左右他人，具有领导能力、说服能力及其他一些与人打交道所需的重要技能，爱好商业或与管理人有关的职业，雄心勃勃，友好大方，精力充沛，信心十足。适合做公司经理、电视制作人、广告部长、销售、个体工商业者等。

S：社会型。喜欢参加自学、培训、教学和各种理解、帮助他人的活动，具有与他人相处共事的能力，爱好教师、护士、律师一类的职业，乐于助人，友好热情。适合做教师、医生、教练、导游、公务员等。

A：艺术型。喜欢不受常规约束，以便利用时间从事创造性的活动，具有语言、美术、音乐、戏剧、写作等方面的技能，爱好能发挥创造才能的职业，天资聪慧，创造性强，不拘小节，自由放任。适合做音乐家、作家、记者、演员、主持人等。

I：研究型。喜欢各种与生物科学、物理科学有关的活动，具有极好的数学和科学研究能力，爱好科学或医生领域里的职业，好奇心强，勤奋自立。适合做学者、科学家、编辑、医学实验室的技术人员等。

（资料来源：高校教材编委会. 大学生心理健康教育导论［M］. 沈阳：辽宁大学出版社，2007：234-237）

（三）施恩的职业锚理论

职业锚理论产生于在职业生涯规划领域具有"教父"级地位的美国麻省理工学院斯隆商学院、美国著名的职业指导专家埃德加·H. 施恩教授领导的专门研究小组。职业锚，又称职业系留点。锚，是使船只停泊定位用的铁制器具。职业锚，是指当一个人不得不做出选择时，他无论如何都不会放弃的职业中的那种至关重要的东西或价值观，实际上就是人们选择和发展自己的职业时所围绕的中心。

职业锚可分为八种类型，具体如表2-3所示。

表2-3 施恩八种职业锚类型

类型	人格特征
技术/职能型	技术/职能型的人，追求在技术/职能领域的成长和技能的不断提高，以及应用这种技术/职能的机会。他们对自己的认可来自他们的专业水平，他们喜欢面对来自专业领域的挑战。他们一般不喜欢从事一般的管理工作，因为这将意味着他们放弃在技术/职能领域的成就
管理型	管理型的人追求并致力于工作晋升，倾心于全面管理，独自负责一个部分，可以跨部门整合其他人的努力成果，他们想去承担整个部门的责任，并将公司的成功与否看成自己的工作。具体的技术/职能工作仅仅被看作是通向更高、更全面管理层的必经之路
自主/独立型	自主/独立型的人希望随心所欲安排自己的工作方式和生活方式。追求能施展个人能力的工作环境，最大限度地摆脱组织的制约。他们宁愿放弃提升或工作扩展机会，也不愿意放弃自由与独立
安全/稳定型	安全/稳定型的人追求工作中的安全与稳定感。他们可以预测将来的成功从而感到放松。他们关心财务安全，例如，退休金和退休计划。稳定感包括诚信、忠诚，以及完成老板交代的工作。尽管有时他们可以达到一个较高的职位，但他们并不关心具体的职位和具体的工作内容

续表

类型	人格特征
创业型	创业型的人希望利用自己的能力去创建属于自己的公司或创建完全属于自己的产品（或服务），而且愿意去冒风险，并克服面临的障碍。他们想向世界证明公司是他们靠自己的努力创建的。他们可能正在别人的公司工作，但同时他们在学习并评估将来的机会。一旦他们感觉时机到了，便会走出去创建自己的事业
服务型	服务型的人是指那些一直追求他们认可的核心价值，例如，帮助他人，改善人们的安全，通过新的产品消除疾病。他们一直追寻这种机会，即使这意味着变换公司，他们也不会接受不允许他们实现这种价值的工作变换或工作提升
挑战型	挑战型的人喜欢解决看上去无法解决的问题，战胜强硬的对手，克服无法克服的困难障碍等。对他们而言，参加工作或选择职业的原因是工作允许他们去战胜各种不可能。新奇、变化和困难是他们的终极目标。如果事情非常容易，它马上变得非常令人厌烦
生活型	生活型的人喜欢允许他们平衡并结合个人的需要、家庭的需要和职业的需要的工作环境。他们希望将生活的各个主要方面整合为一个整体。正因为如此，他们需要一个能够提供足够的弹性让他们实现这一目标的职业环境。甚至可以牺牲他们职业的一些方面，如提升带来的职业变换。他们将成功定义得比职业成功更广泛。他们认为自己在如何生活，在哪里居住，如何处理家庭事情，以及在组织中的发展道路等方面是与众不同的

职业规划实际上是一个持续不断的探索过程。在这一过程中，每个人都根据自己的天资、能力、动机、需要、态度和价值观等慢慢地形成较为明晰的与职业有关的自我概念，逐渐形成一个占主导地位的职业锚。在实际工作中，个人往往会重新审视自我动机、需要、价值观以及能力，逐步明确个人需要与现阶段的差距，明确自己所擅长的及发展的重点，并且针对符合个人需要和价值观的工作，以及适合于个人特质的工作，自觉或不自觉地改善、增强和发展自身的才干，达到自我满足和补偿。经过这种整合（也许是多次的选择和比较），个体便寻找到自己的职业锚。

二、职业生涯发展理论

职业生涯发展理论是西方国家职业指导理论之一，主要代表人物有金斯伯格和舒伯。他们从20世纪40年代初就提出了发展性职业咨询和指导概念及其原则，并长期进行实验研究。职业生涯发展理论的中心论点是：职业发展在个人生活中是一个连续长期的过程，可分为几个阶段，每个阶段都有一定的特征和任务。

（一）金斯伯格的职业生涯发展理论

金斯伯格的职业生涯发展理论是美国著名的职业指导专家、职业生涯发展理论的先驱和典型代表人物——金斯伯格提出的理论，研究的重点是从童年到青少年阶段的职业心理发展过程。他将职业生涯的发展分为幻想期、尝试期和现实期三个阶段。

1. 幻想期

处于11岁之前的儿童时期。儿童们对大千世界，特别是对于他们所看到或接触到的各类职业工作者，充满了新奇、好玩的感觉。此时期职业需求的特点是：单纯凭自己的兴趣爱好，不考虑自身的条件、能力水平和社会需要与机遇，完全处于幻想之中。

2. 尝试期

11～17岁，这是由少年儿童向青年过渡的时期。此时期，人的心理和生理在迅速成长、发育和变化，有独立的意识，价值观念开始形成，知识和能力显著增长和增强，初步懂得社会生产和生活的经验。在职业需求上呈现出的特点是：有职业兴趣，但不仅限于此，更多地和客观地审视自身各方面的条件和能力；开始注意职业角色的社会地位、社会意义，以及社会对该职业的需要。

3. 现实期

17岁以后的青年时期。即将步入社会劳动，能够客观地把自己的职业愿望或要求，同自己的主观条件、能力，以及社会现实的职业需要紧密联系和协调起来，寻找适合于自己的职业角色。此时期所希求的职业目标不再模糊不清，已有了具体的、现实的职业目标，表现出的最大特点是客观性、现实性、讲求实际。

（二）舒伯的职业生涯发展理论

舒伯是美国一位有代表性的职业管理学家。他的职业生涯发展理论是一种纵向职业指导理论，重在对个人的职业倾向和职业选择过程本身进行研究，是建立在一种生涯整合观念之上的，强调的是主客观的互相作用，这种互相作用实际上系统地阐述了一种生涯发展的模式，并被视为一种独立的理论流派。他把职业生涯的发展看成是一个持续渐进的过程，一直伴随一个人的一生。其主要理论观点有如下几方面。

1. 自我概念

自我概念是舒伯职业生涯发展理论中的核心概念。自我概念是指个人对自己的兴趣、能力、价值观及人格特征等方面的认识。一个人的自我概念在青春期以前就开始形成，至青春期较为明朗，并于成人期由自我概念转化为职业生涯概念。工作与生活满意与否，就在于个人能否在工作和生活中找到展现自我的机会。用舒伯的话说，"职业生涯就是对自我的实践"。

2. 生涯发展阶段

舒伯认为人的职业生涯发展可分为五个阶段。

（1）第一个阶段：成长阶段（0～14岁）。

这个阶段是认知阶段。在这一阶段，儿童开始辨认他们周围的事物，并逐渐意识到自己的兴趣所在以及和职业相关的一些最基本技能。

这个阶段的特征是：个人开始考虑自己的将来，逐渐具备一定的生活控制能力，获得胜任工作的基础，并且在该阶段末期，越来越意识到和关心长远的未来。个人所要做的，是通过学校学习、社会活动来认识自我，理解世界以及工作的意义，初步建立起良好的人生态度。

主要任务：认同并建立起自我概念，对职业好奇占主导地位，并逐步有意识地培养职业能力。

舒伯将这一阶段具体分为三个成长期。

①幻想期（10岁之前）：儿童从外界感知到许多职业，对于自己觉得好玩和喜爱的职业充满幻想并进行模仿。

②兴趣期（11～12岁）：以兴趣为中心，理解、评价职业，开始做职业选择。

③能力期（13～14岁）：开始考虑自身条件与喜爱的职业相符与否，有意识地进行能力培养。

(2)第二阶段：探索阶段（15～24岁）。

这个阶段是职业认同阶段。青少年开始通过个人尝试一些自己感兴趣的职业活动，对自我能力及角色、职业进行探索。在这一阶段，个人有了初步的职业选择范围，并且为之准备培训或实践。

这个阶段的特征是：深化对职业和工作的认识，将学习成果和实践经验沉淀结晶，具体化自己的职业倾向，并初步实施。

主要任务：通过学校学习进行自我考察、角色鉴定和职业探索，完成择业及初步就业。

这一阶段也可分为三个时期。

①试验期（15～17岁）：综合认识和考虑自己的兴趣、能力与职业社会价值、就业机会，开始进行择业尝试。

②过渡期（18～21岁）：正式进入劳动力市场，或者进行专门的职业培训，明确某种职业倾向。

③尝试期（22～24岁）：选定工作领域，开始从事某种职业，对职业发展目标的可行性进行实验。

(3)第三阶段：建立阶段（25～44岁）。

这个阶段是职业稳定阶段。个人通过不断努力来获得职业生涯的发展和成就，逐渐能在自己的领域中占有一席之地，并开始增加作为家庭照顾者的角色。有些时候，个人在这期间（通常是希望在这一阶段的早期）能够找到合适的职业并随之全力以赴地投入有助于自己在此职业中取得永久发展的各种活动之中。人们通常愿意（尤其是在专业领域）早早地就将自己锁定在某一已经选定的职业上。然而，在大多数情况下，在这一阶段人们仍然在不断地尝试与自己最初的职业选择所不同的各种能力和理想。

主要任务：获取一个合适的工作领域，并谋求发展。这一阶段是大多数人职业生涯周期中的核心部分。

这个阶段大致经过两个时期。

①选择期（25～30岁）。为改善工作职位或状态而不断进行调整，以求早日立业。对最初就业选定的职业不满意，可以再选择、变换职业，也可能满意初选职业而无变换。

在这一阶段，个人确定当前所选择的职业是否适合自己，如果不适合，就需要准备做一些调整。

②稳定期（31～44岁）。最终确定职业，开始致力于稳定工作。

在这一阶段，人们往往已经定下了较为坚定的职业目标，并制订较为明确的职业计划，以确定自己晋升的潜力、工作调换的必要性以及为实现这些目标需要开展的教育活动等。

需要注意的是，在这一阶段的30多岁到40多岁的某个时间段上，有的人可能会进入一个职业中期危机阶段。在职业中期危机阶段，人们往往会根据自己最初的理想和目标对自己的职业进步情况做一次重要的重新评价。他们有可能会发现，自己并没有朝着自己所梦想的目标靠近，或者已经完成了他们自己所预定的任务之后才发现，自己过去的梦想并不是自己想要的全部东西。在这一时期，人们还有可能会思考，工作和职业在自己的全部生活中到底具有多大的重要性。通常情况下，处于这一时期的人们第一时间不得不面对一个艰难的抉择，即判定自己到底需要什么，什么目标是可以达到的以及为了达到这一目标自己需要做出多大的牺牲。

（4）第四阶段：维持阶段（45~64岁）。

在这一阶段，个体已经找到了适合的领域，并努力保持在这个领域的成就。与前一阶段相比，这个阶段发生的变化主要是职位、工作和单位的变化，而不是职业的变化。个人力求维持已取得的成就和社会地位。

主要任务：在这一时期内开发新的技能，维持已获得的成就和社会地位，维持家庭和工作两者间的和谐关系，寻找接替人选。

（5）第五阶段：衰退阶段（65岁以上）。

这个阶段是退休阶段。由于生理、心理机能和工作能力日益衰退，个人职业角色的分量逐渐减少，重心逐步由工作向家庭和休闲转移，个人开始安排退休或开始退休生活，发展新的角色，从精神上寻求新的满足点，以替代和满足需求。

主要任务：逐步退出职业和结束职业，开发社会角色，减少权利和责任，适应退休后的生活。

舒伯提出在一个人一生的职业发展过程中，职业发展的五个阶段是一个循环、再循环的过程。职业发展的五个阶段并不完全和年龄相关，而且各阶段之间并不存在严格的界限，可能有交叉，在人生中的不同时期，都可以经历由这五个阶段构成的一个"小循环"。职业生涯发展是一个循环往复的过程。

3. 职业循环发展理论

在上述舒伯的职业生涯发展阶段中，每个阶段都有一些特定的发展任务需要完成，每个阶段都要达到一定的发展水准或成就水准，而且前一阶段发展任务的达成与否关系到后一阶段的发展好坏。舒伯认为生涯发展的各个阶段同样要面对成长、探索、建立、维持和衰退的问题，因而形成"成长—探索—建立—维持—衰退"的循环，具体如表2-4所示。

表2-4 循环式发展任务

阶段	青年（15~24岁）	成年早期（25~44岁）	中年（45~64岁）	老年（65岁以上）
成长	发展适宜的自我观念	学习与他人间的关系	接纳个人的限制	发展非职业性的角色
探索	寻找更多的工作机会	寻找机会，做自己喜欢做的事	辨识新问题并设法解决	寻找合适的退休后活动场所
建立	开始创业	安于现职	学习新的技能	从事向往已久的事
维持	验证当前的职业选择	设法保持工作的安定	巩固自己，面对竞争	保持仍有兴趣的事
衰退	减少用于嗜好的时间	减少运动时间	集中于主要活动	减少工作时间

举例来说，一个大一的新生，必须适应新的角色与学习环境，经过"成长"和"探索"，一旦"建立"了较固定的适应模式，同时"维持"了大学学习生活之后，又要开始面对一个新的阶段——准备求职。原有的已经适应了的习惯会逐渐衰退，继而对新阶段的任务又要进行成长、探索、建立、维持与衰退，如此循环往复。

4. 生涯彩虹图

※ 案例启示

李某是某职业院校的学生，刚入校时，李某想在学习好专业知识的同时在兼职实践中历练自己，但因为大学课程较多，兼职时间和上课时间经常发生冲突。李某总是在两种选择中徘徊，因为协调不好，经常出现旷课或兼职迟到等情况。第一学期期末考试，李某多门课程不及格，兼职的地方也因为他经常迟到、旷工将其辞退。李某对此非常困扰，关于如何协调好兼职和学习的时间显得毫无办法。

（1）每个人在不同的年龄阶段，都会扮演很多不同的角色，每个角色的投入程度不尽相同，李某就是没有协调好学生角色和兼职者角色，给自己带来了困扰。

（2）大学生应该了解自己每个阶段所扮演的不同角色，并分配好自己的精力和时间，兼顾好每个角色的投入程度。

舒伯认为一个人在一生当中必须扮演九种主要的角色，依次是儿童、学生、休闲者、公民、工作者、夫妻、家长、父母和退休者。人在某一阶段对某种角色投入得多，会导致这一角色的成功，同时也可能导致另一角色的失败。他将发展的各个阶段称为生活广度，将个人扮演的角色称为生活空间。生活广度和生活空间交汇成为生涯彩虹图（图2-2），它描绘出了生涯发展阶段与角色彼此间交互影响、多重角色生涯发展的状况。

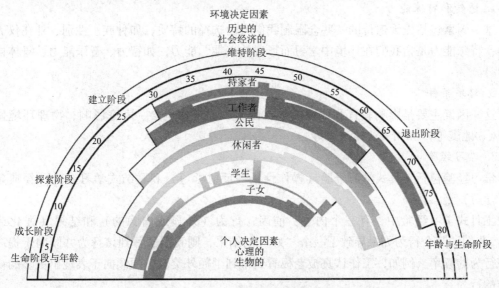

图2-2 生涯彩虹图

图中，最外面的一层代表横跨一生的"生活广度"，即生涯发展的各阶段。内部各层由一系列生涯最基本的角色组成，代表纵观上下的"生活空间"。阴影代表在各个阶段对角色的投入程度，阴影越厚代表角色投入越多。生涯彩虹图简单精确地告诉我们各阶段该如何调配角色安排，有利于帮助我们独立设计自己的生涯。

通过这个形象的图片，我们可以发现舒伯把人生分为三个层面：第一是时间层面，就是一个人的生命历程；第二是广度层面，就是一个人终其一生所扮演的各种不同角色；第三是深度层面，就是扮演每个角色时所投入的程度。这三者的结合，就是舒伯所理解的生涯。

※ 课堂互动

根据舒伯的生涯彩虹图，请写下在你人生的各个阶段，你所扮演的各种不同角色。你在每个角色上的投入程度如何？你觉得哪个角色你扮演得最好？哪个角色还需要适应？邀请同学上台分享。

三、职业决策理论

职业决策是职业生涯规划中的重要内容，决策是否科学、可行，直接决定着职业生涯规划是否成功。目前在职业生涯规划实践中应用得比较广的职业决策理论是克朗伯兹社会学习理论和认知信息加工理论。

（一）克朗伯兹社会学习理论

克朗伯兹及其同事首先将班杜拉的社会学习理论用于职业领域。这个理论形成于1976年，1979年进行了修订。其基本假设是：一个人的人格和行为的全部组成部分可以最有效地用他独特的学习经验加以解释，这些经验受先天因素和发展过程的影响。这一理论认为，人是有智慧的、解决问题的生命体，他们努力了解其周围环境的各种可能性，并反过来控制环境以适应人类的目的和需要。

克朗伯兹认为，有四类因素会影响我们的生涯决定。

1. 遗传和特殊能力

这一因素包括先天遗传的一些会限制我们自由选择的特质，如种族、性别、外在仪表特征等；特殊能力是指我们在环境中学习而形成的兴趣、能力，如智力、音乐能力、身体协调能力等。

2. 环境条件

这一因素主要是影响教育和职业的外在因素，如工作机会、家庭影响、物理环境影响（台风、地震等）和相关法律政策等。

3. 学习经验

学习经验包括工具式学习经验（操作性条件反射学习）和联结式学习经验（经典条件反射学习）。

工具式学习经验中，有三个内容：前因、行为（外显或内隐的）和结果（强化或惩罚）。我们的某个行为如果导致了一个"好"的结果，则我们学习到该行为并倾向于提高发生该行为的频率。例如，工作认真被老板看到得到了额外奖金，便倾向于表现出更多的认真工作的行为。

联结式学习经验，是原本是中性的刺激和那些社会使个人产生积极或消极情绪反应的刺激同时出现而产生的联结，使中性的刺激也获得了意义。如，孩子第一次在爸爸面前展示他的画作（展示画作是中性刺激），而爸爸当天因为在公司受气就对孩子发火（使孩子产生消极情绪反应的刺激），孩子自此不敢再在爸爸面前展示他画的画（中性刺激被"赋予"了消极意义）。

4. 工作取向技能

这类因素包括个人解决问题的能力、工作习性、工作或行为的价值与标准、知觉和认知的历程。这一因素受到上面三个因素的影响，同时也会影响上面的三个因素（相互影响）。

这几个因素交互作用，会产生一系列的结果，具体包括如下几点。

（1）自我观察推论，即对自我的评估和定位。通过学习经验的积累，我们获得了有关于某事的兴趣（在这里，兴趣是学习经验的结果），知道了我们能否在某个方向上持续发展。

（2）世界观推论，即我们对环境和未来的评估和推论，这也与自我观察推论一样，很大程度上和个人的学习经验有关。

（3）工作取向的能力，即个人学习到的各种认知与表现的能力。

（4）行动，即个人在实际中付诸的实现目标的行动。

社会学习理论认为在生涯中，不单单是人在选择职业，职业也会选择人；生涯选择不是偶发事件，其前导事件具有复杂性使任何对个人职业的预测都不大可靠。这个理论主张，我们应该在社会变迁中学习，增加我们适应变化的能力；我们必须扩展能力与兴趣，生涯决策不能仅仅依赖当下的特质；我们必须随时培养职业应变能力（因为各行各业的工作总是会有所变动的）；我们应当从发生的意料之外的事件中发掘机会，然后抓住机会去学习成长。

（二）认知信息加工理论

认知信息加工理论认为生涯发展就是看一个人如何做出生涯决策以及在生涯问题解决和生涯决策过程中是如何使用信息的。

1. 基本假设

（1）生涯选择源于认知过程和情感过程的交互作用。

（2）进行生涯选择是一个问题解决过程。

（3）生涯问题解决者的能力取决于知识和认知操作的可利用性。

（4）生涯问题解决是一项记忆负担很重的任务。

（5）生涯问题解决要有动机。

（6）生涯发展包括知识结构方面的持续发展和变化。

（7）生涯认同取决于有关自我的知识。

（8）生涯成熟取决于一个人解决生涯问题的能力。

（9）生涯咨询的最后目标是通过促进信息加工技能的发展而达到的。

（10）生涯咨询的最终目的是提高当事人作为生涯问题解决者和决策制定者的能力。

2. 认知信息加工金字塔模型

认知信息加工理论按照信息加工的基本流程构建了一个信息加工金字塔模型，如图2-3所示。

图2-3 认知信息加工金字塔模型

（1）知识领域。

①职业知识。职业知识是指一个人对职业世界的认识，共分两类：个别职业的知识与职业之间结构关系的知识。

②自我知识。自我知识包含了个人经验，个人对自我兴趣、能力、价值与需求有关的知识。这些自我知识的统合就形成了一个人对自我的认知推论。

（2）决策制定领域。

认知信息加工金字塔模型的中间层是决策制定领域。它把基本的决策制定能力分为五个步骤：沟通、分析、综合、评价与执行。

①沟通。这是"意识到我需要做出一个选择"的阶段。在这个阶段，我们从认知上和情绪上充分地与问题"接触"。当我们充分意识到这些信息沟通时，说明存在一个问题或差距并且已不容忽视，接着我们才能开始分析问题的根源，探索它的成因。

②分析。这是"了解我自己和我的各种选择"的阶段。在这一阶段，生涯问题解决者通常会提高自我认知，尤其是在兴趣、价值观和技能领域，还要不断了解职业、学习领域、休闲领域、工作组织和工业的类型、地理位置等各种选择的信息。简而言之，分析涉及了在第一阶段造成差距的所有因素，并在自我知识和选择这两个领域之间建立联系。分析还涉及更多地了解个人平时是如何做重要决策的，以及对待生涯问题解决和决策制定过程的态度如何。通过分析阶段，我们可以得出一个生涯问题及其成因的心理模型。

③综合。在这一阶段综合和加工分析阶段提供的信息，从而制定消除问题或差距的行动方案。这是一个"扩大或缩小我的选择清单"的阶段。先尽可能多地找到消除差距的各种选择，然后将选择的范围缩小。

④评价。评价阶段是当事人面临价值取舍的冲突阶段。其第一步是评估每种选择对问题解决者和他人的影响，而第二步是对综合阶段得出的各种选择进行排序。

⑤执行。执行阶段是将认知转换为有计划、有策略的行动。行动之前有目标，目标之后有具体行动步骤，解决理想状况与现实状况的落差。

（3）执行过程领域。

认知信息加工金字塔模型的最上层是执行过程。它主宰着对认知策略的选择与排序，所扮演的是一种综合性监督的角色，被称为"后设认知"。它的技术主要有三类：一是自我语言；二是自我觉察；三是控制与监督。

第四节 职业生涯规划的步骤与方法

一、职业生涯规划的步骤

要做好职业生涯规划就必须按照职业生涯规划的流程，认真做好每个环节。职业生涯规划的实施步骤概括起来主要有以下几个方面，实施细节将在下一章详细讲述。

（一）自我评估

我们所选择的职业能否成功，一个很重要的因素是选择前对自我的了解程度。要选择适合自己的职业，必须对自己有一个全面、客观和深入的评估。自我评估包括对个人的需求、能力、兴趣、性格、气质等的分析，以确定什么职业比较适合自己和自己具备哪些能力，从而认识自己的优势和劣势。

（二）环境评估

每个人都处于一定的社会环境之中，或多或少与各种组织有着这样那样的关联。因此，职业生涯规划也就离不开对这些环境因素的了解、分析和评估。所谓环境评估，一是分析和评估自己职业发展的宏观环境及其发展变化趋势，二是分析和评估各种环境因素对自己职业生涯发展的影响。环境评估的主要目的，是通过对环境特点及其发展趋势的分析，评估自己职业生涯发展的机会，包括自己与环境的关系、自己在这个环境中的地位、环境对自己提出的要求以及环境对自己有利的条件与不利的影响等等。只有充分了解这些情况，才能做到在复杂的环境中趋利避害，使自己的职业生涯规划具有实际意义。

（三）目标确立

职业生涯目标的确定，即职业的选择，包括人生目标、长期目标、中期目标与短期目标的确定，它们分别与人生规划、长期规划、中期规划和短期规划相对应。首先要根据个人专业、性格、气质和价值观以及社会的发展趋势确定自己的人生目标和长期目标，然后再把人生目标和长期目标细化，根据个人的经历和所处的组织环境制定相应的中期目标和短期目标。通过自我评估、生涯机会的评估，认识自己、分析环境，在此基础上对自己的职业做出选择。也就是在选择职业时，要充分考虑自身的特点，即自己的性格、兴趣和特长；要充分考虑环境因素对自己的影响。分析自我、了解自己、分析环境、了解职业世界，使自己的性格、兴趣、特长与职业相吻合。这一点对即将步入社会初选职业的大学生非常重要。

（四）选择路线

选择路线就是选择职业生涯发展路线，是指一个人在选定职业类型之后，为了实现职业目标和职业理想所选择的路径。每个人都有适合自身发展的路径，但每个人都彼此不同，谁也不能完全复制别人的成功之路。每个人的现实状况与理想目标之间都存有多种可供选择的路径，可以选择不同的行业，选定了行业还可以选择不同的企业，选定了企业还能选择不同的职位起点等。不同的职业发展路径，可能导致到达目标的时间不同，进而造成今后可能达到的目标高度不同。有些路线有可能使人迷失其中而丧失目标，有些路线可能过于艰辛而使目标难以顺利实现。而一个好的职业发展路线，能够使人较快的实现目标，更大程度上实现人生价值。

（五）制订计划

在选择了职业生涯路线后，行动便成了关键的环节。如果没有可以达成目标的行动，目标就难以实现，更谈不上事业的成功。但要行动，必须有行动的计划和措施。

行动计划和措施一般包括工作、训练、教育、轮岗等方面的措施。比如在工作方面，你计划采取什么措施，如何提高你的工作效率？在业务素质方面，你计划学习哪些知识，掌握哪些技能，如何提高你的业务能力？在潜能开发方面，采取什么措施开发你的潜能？等等。所有这些方面，都必须有具体的计划与明确的措施，并且这些计划要特别具体，以便于定时检查。

（六）评估与修订

在职业规划确定之后可根据实际需要在小范围内进行调整，使其更加符合现实情况和自己的实际情况，以促使职业生涯的顺利发展。

职业生涯规划的科学性是基于对被设计者自身及其所处外部环境的科学分析。随着时间的推移，当个体自身条件和外部环境发生改变时，就需要及时修正所设定的发展路径，甚至调整职业目标。因此，职业生涯规划不是一劳永逸的，它在个体的职业发展过程中需要不断调整和完善。成功的职业生涯规划需要时时审视内、外部环境的变化，不断对自己的设计进行评估和修订，并调整自己的前进步伐，这样才能适应社会和环境的发展变化，真正做到与时俱进。

二、职业生涯规划的方法

（一）"5W"归零思考法

"5W"归零思考法是一种简单易行的职业生涯规划方法。从问自己是谁开始。然后一路问下去，共有五个问题，每个问题的前面都有一个英文字母"W"。

（1）Who am i?（我是谁？）

（2）What will i do?（我想做什么？）

（3）What can i do?（我能做什么？）

（4）What does the situation allow me to do？（环境支持我做什么？）

（5）What is the plan of my career and life?（我的职业与生活规划是什么？）

回答了上述五个问题，找到它们的共同点，就有了自己的职业生涯规划。

接下来，我们一起来试一下。首先取出五张白纸、一支铅笔、一块橡皮；在每张纸的最上边分别写上以上五个问题；然后，静下心来，排除干扰，按照顺序，独立地仔细思考每个问题。

对于第一个问题"我是谁？"回答的要点是：面对自己，真实地写出每个想到的答案；写完了再想想有没有遗漏，认为确实没有了，按重要性进行排序。

（1）我是谁？

我的性格是：

我的能力是：

我的理想是：

我的未来是：

别人认为我是：

对于第二个问题"我想干什么？"可将思绪回溯到孩童时代，从人生初次萌生第一个想干什么的念头开始，然后随年龄的增长，回忆自己真心向往过想干的事，并一一地记录下来，写完后再想想有无遗漏，确实没有了，再进行排序。

（2）我想做什么？

我小时候想做的工作是：

我中学时想做的工作是：

我现在想做的工作是：

我父母希望我做的工作是：

对于第三个问题"我能做什么？"是对自己能力与潜力的全面总结，一个人职业的定位最根本的还要归结于自己的能力，而自己职业发展空间的大小则取决于自己的潜力。一个人对自己潜力的了解可从以下几方面入手：对事情的兴趣、做事的韧性，以及知识结构是否全面等。

（3）我能做什么？

我小时候曾做成的事情是：

我中学时曾做成的事情是：

我大学时曾做成的事情是：

我认为我还能做成的事情是：

别人认为我能做成的事情是：

对于第四个问题"环境支持我做什么？"的回答则要稍做分析。环境，包括本学校、本市、本省，自小向大，只要认为自己有可能借助的环境，都应在考虑范畴之内。在这些环境中，认真想想自己可能获得什么支持和允许，弄明白后一一写下来，再以重要性排列。

（4）环境支持我做什么？

我所在的班级支持我做的事情是：

我所在的院系支持我做的事情是：

我所在的学校支持我做的事情是：

我所在的城市支持我做的事情是：

如果能够成功回答第五个问题"我的职业与生活规划是什么"，我们就有了最后答案。做法是：把前四张纸和第五张纸一字排开，然后认真比较第一至第四张纸上的答案，将内容相同或相近的答案用一条横线连起来，我们会得到几条连线，而不与其他连线相交又处于最上面的线，就是我们最应该去做的事情，我们的职业生涯就应该以此为方向，并在此方向上以三年为单位，提出近期、中期与远期的目标；再在近期的目标中提出今年的目标；将今年的目标分解为每季度目标、每月目标、每周目标、每天目标。这样，我们每天睡前就可以对照自己的目标进行反省，总结当日成就与失误、经验与教训，修正明天的目标与方法，第二天醒过来后稍加温习就可以投入行动了！这样日积月累，规划总有一天能够实现。

（二）"三角模式"法

美国伊利诺伊大学的斯威恩教授为帮助大学生对自己的生涯做出良好的规划，提出了职业生涯规划的三角模式，他认为职业生涯目标的决策来自三个方面的依据："自我""环境"和"教育与职业"。职业生涯规划的过程就是通过价值观、个人兴趣、个人风格的自我评估，结合来自家庭和环境等社会背景的助力或阻力的分析，再根据在教育和职业的实践、考察中树立起来的榜样，逐渐发展对自己职业生涯的认同，最终建立起自己的职业生涯目标。"三角模式"职业生涯规划如图2-4所示。

图2-4 "三角模式"职业生涯规划示意

（三）PPDF法

PPDF的英文全称是Personal Performance Development File，即个人职业表现发展档案，也可译成个人职业生涯发展道路。发达国家的很多企业都使用PPDF来将自己的员工形成一种合力，提升团队凝聚力，使他们为了自己的单位目标去努力实现自我价值，实现双赢。

PPDF是两本完整的手册。员工将PPDF的所有项目都填好后，交给自己的直接领导一本，自己留下一本。员工要告诉领导自己想在什么时间内，以什么方式来达到自己的目标。他会同员工一起研究、分析其中的每一项，给员工指出哪一个目标设计得太远，应该再近一点儿；哪一个目标设计得太近，可以将它往远处推一推。他也可能告诉员工，在什么时候应该和培训学校联系，他也可能会亲自为员工设计一个更适合于员工的方案。总之，不管怎样，员工将单独地和自己相信的领导一同探讨自己该如何发展、奋斗。

PPDF 主要由以下几方面内容组成。

1. 个人情况

个人简历：包括个人的生日、出生地、部门、职务、现住址等。

文化教育：中学以上的校名、地点、入学时间、主修专题、课题等。所修课程是否拿到学历，在学校负责过何种社会活动等。

学历情况：填入所有的学历、取得的时间、考试时间、课题以及分数等。

曾接受的培训：曾接受何种与工作有关的培训（如在校、业余还是在职培训）、课题、形式、开始时间等。

工作经历：按顺序填写你以前工作过的单位名称、工种、工作地点等。

有成果的工作经历：写上你认为以前有成绩的工作是哪些，不要写现在的。

以前的行为管理论述：写你对工作进行的评价，以及关于行为管理的事情。

评估小结：对档案里所列的情况进行自我评估。

2. 现在的行为

现时工作情况：应填写你现在的工作岗位、岗位职责等。

现时行为管理文档：写上你现在的行为管理文档记录，可以在这里加一些注释。

现时目标行为计划：设计一个目标，同时列出和此目标有关的专业、经历等。这个目标是有时限的，要考虑到成本、时间、质量和数量的记录。如果有什么问题，可以立刻同你的上司探讨解决。

如果你有了现时目标。它是什么？

怎样为每个目标设定具体的期限？此处写出你和上司谈话的主要内容。

3. 未来的发展

职业目标：在今后的 3～5 年里，你准备在单位里做到什么位置。

所需要的能力、知识：为了达到你的目标，你认为应该拥有哪些新的技术、技巧、能力和经验等。

发展行动计划：为了获得这些能力、知识等，你准备采用哪些方法和实际行动。其中哪一种是最好、最有效的，谁对执行这些行动负责，什么时间能完成。

发展行动日志：此处填写发展行动计划的具体活动安排，所选用的培训方法。如听课、自学、所需日期、开始的时间、取得的成果等。这不仅仅是为了自己，也是为了了解工作、了解行为。同时，你还要对照自己的行为和经验等，写上自己从中学到了什么。

※ **课后作业**

请各位同学按照本节课所讲的职业生涯规划的步骤与方法，做好自己的职业生涯规划。后续课程将邀请同学分享。

第三章
实施职业生涯规划

※ **学习目标**

(1) 掌握自我评估的方法。
(2) 了解外部环境对职业发展的影响和作用。
(3) 了解职业生涯目标确立的原则和意义。
(4) 掌握职业生涯决策的模型与技术。
(5) 学会撰写职业生涯规划书。

※ **案例引入**

美国惠普公司是世界知名的高科技大型企业,聚集了大量素质优秀且具有良好技术的人才,他们是惠普最宝贵的财富。惠普能吸引来、保留住和激励起这些高级人才,不仅靠丰厚的物质待遇,更重要的是靠向这些员工提供成长和发展的机会,帮每位员工制定令他们满意的、有针对性的职业发展规划。

惠普开发了一门职业发展自我管理的课程,这门课程主要包含两个环节:首先是让参加者用各种信度业绩考验的测试工具及其他手段进行个人特点的自我评估;然后将评估中的发现结合其工作环境,编制出自己的一份发展路径图。

惠普从哈佛大学获得六种工具,将其用在这门课程的学习中,以获取个人的特点资料。这些工具是:

(1) 一份书面的自我访谈记录。给每位参加者发一份提纲,其中有11道问题涉及他们自己的情况,要他们提供有关自己生活(有关的人、地、事件)、经历过的转折以及未来的设想的材料,并让他们在小组中互相讨论。这篇自传摘要体裁的文件将成为随后自我分析所依据的主要材料。

(2) 一份"斯特朗·坎贝尔个人兴趣调查问卷"。这份包含有325个问题的问卷填完后,就能据此确定他们对职业、专业领域、交往的人物类型等的喜恶倾向,为每个人与各种不同职业中成功人物的兴趣进行比较并提供依据。

(3) 一份"奥尔波特·弗农·林赛价值观问卷"。这份问卷中列有多种相互矛盾的价值观,每个人需对之做出45种选择,从而测定这些参加者对多种不同的理论、经济、美学、社会、政治及宗教价值观接受和同意的相对强度。

(4) 一篇24小时活动日记,参加者要把一个工作日及一个非工作日全天的活动如实而无遗漏地记下来,用来对照其他来源所获同类信息,看它们是否一致或相反。

(5) 对两位"重要人物"(指跟他们的关系对自己有较重要意义的人)的访谈记录。每位参加者要对自己的配偶、朋友、亲戚、同事或其他重要人物中的两个人,就自己的情况提出一些问题,看看这些旁观者对自己的看法。这两次访谈过程需要录音。

(6) 生活方式描述。每位参加者都要用文字、照片、图像或其他手段,把自己的生活方式描绘一番。

这项活动的关键之处就在于所用的方法是归纳式的而非演绎式的。一开始就让每位参加者总结出有关自己的新资料,而不是先从某些一般规律去推导出每个人的具体情况。这个过程是从具体到一般,而不是从一般到具体。参加者只有观察和分析了自己总结出的资料,才能从中认识到一些一般性规律。他们要把六种活动所获得的资料,一种一种分批研究,分别得出初步结论,再把六种活动所得资料合为一体,进行综合分析研究。

※ 思考问题

(1) 大学生在择业前应如何进行自我评估?
(2) 外部环境对职业生涯规划有何影响?
(3) 如何确立自己的职业生涯目标?

第一节 自我评估

所谓自我评估,就是"知己"的过程,实质上就是自我认识的过程。自我认识是职业生涯规划的基础,关系到职业生涯发展的成功与否。我们要通过自我评估,正确认识自己在性格、意志、知识水平、技术能力、工作经历与经验等方面的优势与劣势,为确定职业目标和选择职业路线提供依据。

一、自我评估的方法

(一) 橱窗分析法

认识自我、了解自我是一件非常不容易的事,心理学家将对个人的了解比作橱窗,可大可小。为便于理解,我们把橱窗放在直角坐标中加以分析。坐标横轴正向表示别人知道,横轴负向表示别人不知道;坐标纵轴正向表示自己知道,纵轴负向表示自己不知道。坐标橱窗如图3-1所示。

橱窗1:自己知道,别人也知道的部分,称为"公开我";属于个人展现在外、无所隐藏的部分。

橱窗2:自己知道,别人不知道的部分,称为"隐私我",属于个人内在的私有秘密部分。

橱窗3:自己不知道,别人也不知道的部分,称为"潜在我",是有待开发的部分。

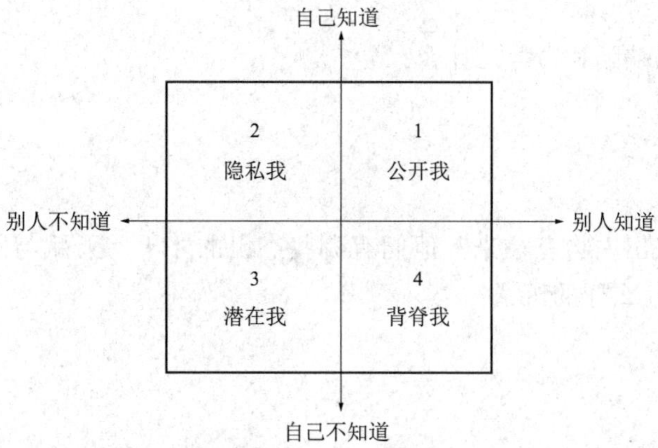

```
            自己知道
    ┌───────┬───────┐
    │   2   │   1   │
    │ 隐私我 │ 公开我 │
别人不知道 ←──────┼───────→ 别人知道
    │   3   │   4   │
    │ 潜在我 │ 背脊我 │
    └───────┴───────┘
            自己不知道
```

图 3-1　坐标橱窗

橱窗4：自己不知道，别人知道的部分，称为"背脊我"，犹如一个人的背部，自己看不到，别人却看得很清楚。

通过四个橱窗可知，需要加强了解的是橱窗3"潜在我"和橱窗4"背脊我"。如果自己诚恳地、真心实意地征询他人的意见和看法，就不难了解"背脊我"。我们可以采取同自己的家人、朋友交流的方式了解"背脊我"，借助录音、录像设备，尽量开诚布公。要做到这一点，需要有开阔的胸怀、正确的态度，有则改之，无则加勉。否则，别人是不会说实话的。可以利用这一方法对自己的性格特征、知识与能力等方面进行分析。

对于橱窗3，我们可以采取撰写自传或24小时日记的方式来了解自我。撰写自传，可以了解我们自身成长的大致经历和自我计划情况等，而24小时日记通过对我们一个学习日和一个休息日经历的对比，也可以了解一些侧面的信息。大学生需要对此予以重视，尽管我们还年轻，不需要什么自传，但是这是了解自我的一种比较不错的途径。

（二）自我询问法

用一段休闲的时间，找一个安静的处所，认真、深刻地思考以下六个问题，想清楚、想透彻，然后再写下来。

（1）我究竟有什么才干和天赋？什么事情我能做得最出色？与我所认识的人相比，我的长处是什么？

方方面面的优势都要想到，然后请写下来：

（2）我的激情在哪些方面？有什么事情是我内心特别向往的，是我分外有冲劲去完成的，而且做起来不仅不觉得累，反而感到其乐无穷？

一定有，请仔细想，然后写下来：

（3）我的经历有什么与众不同之处？它能给我什么特别的洞察力、经验和能力？运用它我能做出什么与众不同的事？

请写下来：

(4) 我最明显的缺陷和劣势是什么？
请写下来：

(5) 我与什么杰出人物有往来？他们有哪些杰出的才干、天赋与能力？与之合作（或跟随他们），能找到什么样的机遇？
请写下来：

(6) 我有哪些具体的需求要得到满足？
请写下来：

如果要获得职业生涯的成功，一定要面对、思考、回答这些问题。思考不成熟，一时不好回答的问题，可以放一放，想好了再回答。这些问题肯定是有明确答案的，而且是与别人截然不同的答案。我们的阅历、兴趣、理想不可能与其他人一模一样，因此，我们的答案一定要与众不同——找出自己的差别性。

这些问题的答案，就是我们成功的能源库，要定期或不定期的重新思考、检讨所有的资源是否用够，还有没有可开发的资源，原来的思考是否有遗漏。久而久之，我们会发现，随着心态和社会关系的发展，我们的能源库不断扩大，变成一座取之不尽、用之不竭的"金矿"。

二、自我评估的内容

一般而言，自我评估主要包括四个方面的内容。
(1) 生理自我。即自己的相貌、身材、穿着打扮等。
(2) 心理自我。即自己的性格、兴趣、能力、气质、意志等。
(3) 理性自我。即自己的思维方式、思维方法、道德水准、情商等。
(4) 社会自我。即自己在社会上所扮演的角色，自己在社会中的责任、权利、义务、名誉，他人对自己的看法以及自己对他人的看法。

这四个方面涉及的因素很多，重点应该评估自己的性格、能力等内容。

三、探索职业性格

（一）职业性格

职业性格，是指人们在长期特定的职业生活中所形成的与职业相联系的、稳定的心理特征。职业心理学的研究表明，不同的职业有不同的性格要求。虽然每个人的性格都不能百分之百地适合某项职业，但却可以根据自己的职业倾向来培养、发展相应的职业性格。不同性格特征的人，对企业而言，决定了其工作岗位和工作业绩；对个人而言，决定了自己的事业能否成功。

(二)运用 MBTI 进行职业性格探索

MBTI(Myers – Briggs Type Indicator,迈尔斯布里格斯类型指标),是一种迫选型、自我报告式的性格评估测试,用以衡量和描述人们在获取信息、做出决策、对待生活等方面的心理活动规律和性格类型。由美国的心理学家布里格斯和她的女儿迈尔斯根据瑞士著名的心理分析学家荣格的心理类型理论和她们对于人类性格差异的长期观察和研究发展而成。这套测试为人们提高自我认识、了解人际间的差异性与相似性提供了一种有效的方法。

布里格斯等人认为,大部分人在 20 岁以后会形成稳定的 MBTI 人格,从此便很难改变。MBTI 人格会随着年龄的增加、经验的丰富逐步发展、完善。对于 MBTI 人格中任何类型的人而言,均有相应的优点和缺点,有适合自己的工作环境和适合自己岗位的特质。

MBTI 共包括四个维度,每个维度均由对立的两级构成:外向—内向,感觉—直觉,思维—情感,判断—知觉。MBTI 人格类型如表 3 – 1 所示。

表 3 – 1 MBTI 人格类型

维度	类型	英文及缩写	类型	英文及缩写
注意力方向 (获得能量的途径)	外向	E(Extrovert)	内向	I(Introvert)
认知方式 (获取信息的方式)	感觉	S(Sensing)	直觉	N(iNtuition)
判断方式 (判断决策的方式)	思维	T(Thinking)	情感	F(Feeling)
生活方式 (采取行动的方式)	判断	J(Judgment)	知觉	P(Perceiving)

每个人的性格都在四个维度相应分界点的这边或那边,我们称之为"偏好"。例如,如果你落在外向的那边,称为"你具有外向的偏好";如果你落在内向的那边,称为"你具有内向的偏好"。

我们为了弄清自己的偏好,首先要做的是明白每个维度的含义,并且能估计出自己在每个维度上的偏好。

1. 内向与外向(获得能量的途径)

如果只能用一个维度将人群区分开的话,那么,这个维度应该是内外倾向,它是区分个体的最基本的维度。我们以自身为界,可以将世界分为自身以外的世界和自我的世界两个部分,也可称为外部世界和内部世界。外向的人倾向于将注意力和精力投注在外部世界,外在的人、外在的物、外在的环境等;而内向的人则相反,较为关注自我的内部状况,如内心情感、思想。两种类型的个体在自己偏好的世界里会感觉自在、充满活力,而到相反的世界里则会不安、疲惫。因此,外向与内向的个体之间的区分是广泛而明显的,并不像我们平时讲的"外向者健谈、内向者害羞"那么简单,具体可以从表 3 – 2 中的几个方面进行分析。

表 3 – 2 内向型与外向型的特征比较

外向型(E)	内向型(I)
与他人相处时精力充沛	独处时精力充沛

续表

外向型（E）	内向型（I）
行动先于思考	思考先于行动
喜欢边想边说出声	在心中思考问题
易于"读"和了解；随意地分享个人情况	更封闭，更愿意在经挑选的小群体中分享个人的情况
说的多于听的	听的比说的多
高度热情地社交	不把兴奋说出来
反应快，喜欢快节奏	仔细考虑后，才有所反应
重于广度而不是深度（心理能量的获得途径和与外界相互作用的程度）	喜欢深度而不是广度（心理能量的获得途径和与外界相互作用的程度）

参照上述表格，你能确定自己的内、外倾向的偏好了吗？当然，不要期望每条标准都完全符合，大部分符合基本上就可以确定了。也不要要求每时每刻都以同样类型的方式行事。人毕竟生活在社会中，有时会顺应外在环境、生活的需要调整自己的行为，再外向的人，在权威人士面前或十分隆重、严肃的场合，也会是个好的倾听者，再内向的人，走上领导岗位，该发表意见的还得发表，如果准备充分，也会滔滔不绝。关键在于，我们需扪心自问：到底以什么样的方式行事，才是自己感觉最好的、最习惯的。

2．感觉与直觉（获取信息的方式）。

我们每个人都在不断接受信息，这是我们跟上外界节拍的必要前提。但不同类型的个体接受信息的方式不同，这便有了感觉型与直觉型之别。首先，面对同样的情景，两者的注意中心不同，依赖的信息通道也不同。感觉型的人关注的是事实本身，注重细节，而直觉型的人注重的是基于事实的含义、关系和结论；感觉型的人信赖五官听到、看到、闻到、感觉到、尝到的实实在在，以及有形有据的事实和信息，而直觉型的人注重"第六感觉"，注重"弦外之音"，直觉型的人的许多结论在感觉型的人眼里，也许是飘忽的、不实在的。注重细节的结果使感觉型的人擅长记忆大量事实与材料，他们有时候像本"词典"，能清晰地讲出大量的数据、人名、概念乃至定义，常使其他人感到吃惊。而直觉型的更擅长解释事实，捕捉零星的信息，分析事情的发展趋向。其次，感觉型的人对待任务，习惯于按照规则、手册办事，比如照着手册使用家电，看着地图辨认交通路线；而直觉型的人，习惯尝试，跟着感觉走，他们不习惯仔细地看完一大本说明书再动手，结果呢？可能比感觉型的人更快地完成了任务，也可能因为失败而必须重新开始。感觉型习惯于固守现实，享受现实，使用已有的技能；直觉型的人更习惯变化、突破现实。简而言之，感觉型注意"是什么"，实际而仔细；直觉型则更关心"可能是什么"。两者的具体区别如表3-3所示。

表3-3 感觉型与直觉型的特征比较

感觉型（S）	直觉型（N）
相信确定和有形的东西	相信灵感或推理
对概念和理论兴趣不大，除非它们有着实际的效用	对概念和理论感兴趣
重视现实性和常情	重视可能性和独创性

续表

感觉型（S）	直觉型（N）
喜欢使用和琢磨已知的技能	喜欢学习新技能，但掌握之后很容易就厌倦了
留意具体的、特定的事物；进行细节描述	留意事物的整体概况、普遍规律及象征含义；用概括、隐喻等方式进行表述
循序渐进地讲述有关情况	跳跃性地展现事实
着眼于现实	着眼于未来，留意事物的变化趋势，习惯于从长远角度看待事物
喜欢深度而不是广度（接受信息上）	重于广度而不是深度（接受信息上）

在我们的周围，两种类型的人都会存在，当然极端典型的比较少，大多数人兼有两种特质，但其中一种会更突出一些，成为本人的特色，也由此可以确定本人的类型。使用哪种方式接受信息都有利有弊。作为个体，往往只擅长一种，了解到这点，直觉型的人就不必在百科全书式的人物面前自叹弗如，感觉型的人也无须在灵动、敏感的直觉者面前不好意思了。当然，我们在享受自我性格类型所带来的优势的同时，也不妨逐渐有意识地弥补弱处，比如，直觉型的人可多关注一些细节，而感觉型的人可多留意蕴含的潜在信息。国外的研究表明，25岁以后，随着对于人生的反思，个体完善自我性格的倾向会更明确。试着确定自己的类型，看看这种类型的优势所在。

3. 思维与情感（判断决策的方式）

这是从做决策的方式来看。仅看这个维度的名称，也许我们会觉得，思维型的人是理性的，而情感型的人是非理性的，事实上并非如此。两类人都有理性思考的成分，但做决定或下结论的主要依据不一样。情感型的人常从自我的价值观念出发，变通地贯彻规章制度，做出一些自己认定是对的决策，比较关注决策可能给他人带来的情绪体验，人情味较浓。思维型的人则比较注重依据客观事实的分析，一以贯之、一视同仁地贯彻规章制度，不太习惯根据人情因素变通，哪怕做出的决定并不令人舒服。两者的具体区别如表3-4所示。

表3-4 思维型与情感型的特征区别

思维型（T）	情感型（F）
退后一步思考，对问题进行客观的、非个人立场的分析	超前思考，考虑行为对他人的影响
重视符合逻辑、公正、公平的价值；一视同仁	重视同情与和睦；重视准则的例外性
被认为冷酷、麻木、漠不关心	被认为感情过多，缺少逻辑性，软弱
认为坦率比圆通更重要	认为圆通比坦率更重要
只有当情感符合逻辑时，才认为它可取	无论是否有意义，认为任何感情都可取
被"获取成就"所激励	被"获得欣赏"所激励
很自然地看到缺点，倾向于批评	习惯于迎合他人，着重维护人脉资源

不同性别的个体在这个维度上的偏好有所差异，据研究，大约三分之二的女性偏好情感

型,三分之二的男性偏好思维型。这是什么原因造成的?也许社会本身对不同性别的人就给予了不同的期待,期待女性的同情心,期待男性的冷静、客观。其实,这两种类型无所谓好坏,重要的是理解和自己不同类型的人的做法,并且尽量避免走入极端,极端的思维倾向,可能会给人"冷酷"的感觉,而极端的情感倾向则给人"无原则"的感觉。

4. 判断与知觉(采取行动的方式)

这是从喜好的生活方式来看。如果我们看看人们的办公桌上、包内或柜子里摆放的物品,可以发现,有些人经常是井然有序,而有些人则不那么习惯于保持整齐,前者是判断型具有的特征,后者是知觉型的人经常有的状态。不仅如此,在处事方式上,判断型的人目的性较强,一板一眼,他们喜欢有计划、有条理的世界,更愿意以比较有序的方式生活。知觉型的人好奇心、适宜性强,他们会不断关注新的信息,喜欢变化,也会考虑许多可能的变化因素,更愿意以比较灵活、随意、开放的方式生活。在做决策时,判断型的人较为果断,而知觉型的人总希望获得更多信息后再决断。比如逛了两天商场,还决定不了买什么的人,多半是知觉型的。两者的具体区别如表3-5所示。

表3-5 判断型与知觉型的特征区别

判断型(J)	知觉型(P)
做了决定后最为高兴	当各种选择都存在时,感到高兴
有"工作原则":工作第一,玩其次(如果有时间的话)	"玩的原则":现在享受,然后再完成工作(如果有时间的话)
建立目标,准时地完成	随着新信息的获取,不断改变目标
愿意知道它们将面对的情况	喜欢适应新情况
着重结果(重点在于完成任务)	着重过程(重点在于如何完成工作)
满足感源于完成计划	满足感源于计划的开始
把时间看作有限的资源,认真地对待最后期限	认为时间是可更新的资源,而且最后期限也是有收缩的

大多数人兼具两种倾向,只是更偏向某一端。我们在日常生活、工作中,也会受其他因素影响,改变一贯的方式,如面临紧急的或期限明确的任务,知觉型的人也会果断起来。兴致所至,也会把物品收拾得整整齐齐,但这些并不是他们常有的行为方式,也不是他们内心感到真正自然、舒服的方式。作为个体,一方面根据内心的感受识别自我的偏好,发挥优势;另一方面,则要约束一下性格的弱点。如完全的判断型,比较容易走入刻板、教条的境地,完全的知觉型则容易使事情的进行没有限制。

(三)MBTI 类型及性格特征

通过对照四个维度的描述,你或许已经识别出自己在每个维度上的偏好,取每个维度上偏好类型的代表字母,即可以由四个字母构成你的性格类型,如ISFJ,即内向感觉情感判断型;ENFP,即外向直觉情感知觉型。四个维度、八个端点可组合成表3-6所示的16种性格类型,你必然属于其中的一种。

第三章　实施职业生涯规划

表 3-6　MBTI 类型

类型名称	英文字母简称	类型名称	英文字母简称
内向感觉思维判断	ISTJ	内向感觉情感判断	ISFJ
内向直觉情感判断	INFJ	内向直觉思维判断	INTJ
内向感觉思维知觉	ISTP	内向感觉情感知觉	ISFP
内向直觉情感知觉	INFP	内向直觉思维知觉	INTP
外向感觉思维判断	ESTJ	外向感觉情感判断	ESFJ
外向直觉情感判断	ENFJ	外向直觉思维判断	ENTJ
外向感觉思维知觉	ESTP	外向感觉情感知觉	ESFP
外向直觉情感知觉	ENFP	外向直觉思维知觉	ENTP

每种类型对应的性格特征如表 3-7 所示。

表 3-7　MBTI 各类型人格特征

ISTJ	安静、严肃，通过全面性和可靠性获得成功。实际，有责任感。决定有逻辑性，并一步步地朝着目标前进，不易分心。喜欢将工作、家庭和生活都安排得井井有条。重视传统和忠诚
ISFJ	安静、友好、有责任感和良知。坚定地致力于完成他们的义务。全面、勤勉、精确、忠诚、体贴，留心和记得他们重视的人的小细节，关心他人的感受。努力把工作和家庭环境营造得有序而温馨
INFJ	寻求思想、关系、物质等之间的意义和联系。希望了解什么能够激励人，对人有很强的洞察力。有责任心，坚持自己的价值观。对于怎样更好地服务大众有清晰的远景。在实现目标的过程中有计划而且果断、坚定
INTJ	在实现自己的想法和达成自己的目标时有创新的想法和非凡的动力。能很快洞察外界事物间的规律并形成长期的远景计划。一旦决定做一件事就会开始规划并直到完成为止。多疑、独立，对于自己和他人的能力和表现的要求都非常高
ISTP	灵活、忍耐力强，是个安静的观察者，知道有问题发生，就会马上行动，找到实用的解决方法。分析事物运作的原理，能从大量的信息中很快地找到关键的症结所在。对于原因和结果感兴趣，用逻辑的方式处理问题，重视效率
ISFP	安静、友好、敏感、和善，享受当前。喜欢有自己的空间，喜欢能按照自己的时间表工作。对于自己的价值观和自己觉得重要的人非常忠诚，有责任心。不喜欢争论和冲突，不会将自己的观念和价值观强加到别人身上
INFP	理想主义，对于自己的价值观和自己觉得重要的人非常忠诚。希望外部的生活和自己内心的价值观是统一的。好奇心重，很快能看到事情的可能性，能成为实现想法的催化剂。寻求理解别人和帮助他们实现潜能。适应力强、灵活、善于接受，除非是有悖于自己的价值观的
INTP	对于自己感兴趣的任何事物都寻求找到合理的解释。喜欢理论性的和抽象的事物，热衷于思考而非社交活动。安静、内向、灵活、适应力强。对于自己感兴趣的领域有超凡的集中精力深度解决问题的能力。多疑，有时会有点挑剔，喜欢分析
ESTP	灵活、忍耐力强、实际、注重结果，觉得理论和抽象的解释非常无趣。喜欢积极地采取行动解决问题。注重当前，自然不做作，享受和他人在一起的时刻。喜欢物质享受和时尚。学习新事物最有效的方式是通过亲身感受和练习

续表

ESFP	外向、友好、接受力强。热爱生活和物质上的享受。喜欢和别人一起将事情做成功。在工作中讲究常识和实用性,并使工作显得有趣。灵活、自然不做作,对于新的任何事物都能很快地适应。学习新事物最有效的方式是和他人一起尝试
ENTP	反应快、睿智,有激励别人的能力,警觉性强、直言不讳。在解决新的、具有挑战性的问题时机智而有策略。善于找出理论上的可能性,然后再用战略的眼光分析。善于理解别人。不喜欢例行公事,很少会用相同的方法做相同的事情,倾向于一个接一个的发展新的爱好
ESTJ	实际、现实主义。果断,一旦下决心就会马上行动。善于将项目和人组织起来将事情完成,并尽可能用最有效率的方法得到结果。注重日常的细节。有一套非常清晰的逻辑标准,有系统性地遵循,并希望他人也同样遵循。在实施计划时强而有力
ESFJ	热心肠、有责任心、合作。希望周边的环境温馨而和谐,并为此果断地执行。喜欢和他人一起精确并及时地完成任务。事无巨细都会保持忠诚。能体察他人在日常生活中的所需并竭尽全力给予帮助。希望自己和自己的所为能受到他人的认可和赏识
ENFJ	热情、为他人着想、易感应、有责任心。非常注重他人的感情、需求和动机。善于发现他人的潜能,并希望能帮助他们实现,能成为个人或群体成长和进步的催化剂。忠诚,对于赞扬和批评都会积极地回应。友善、好社交,在团体中能很好地帮助他人,并有鼓舞他人的领导能力
ENTJ	坦诚、果断,有天生的领导能力。能很快看到公司/组织程序和政策中的不合理性和低效能性,发展并实施有效和全面的系统来解决问题。善于做长期的计划和目标的设定。通常见多识广,博览群书,喜欢拓宽自己的知识面并将此分享给他人。在陈述自己的想法时非常强而有力

不过要注意的是,大学生的性格还在不断形成与发展中,在探索自我性格时,不能简单地贴标签,性格类型的划分只是一个参考,不能将其绝对化。

四、梳理职业能力

职业能力是人们从事其职业的多种能力的综合。任何一个职业都有相应的岗位职责要求,一定的职业能力则是胜任某种职业的必要条件。因此,在进行择业时,首先要明确自己的能力优势以及胜任某种工作的可能性。必要时可以将心理测试作为参考,在基本确定自己的职业能力和发展的可能性的基础上选择职业。

(一)能力对职业的影响

明尼苏达工作适应论认为:当工作环境能满足个人需要和个人能满足工作要求,并达到内在和外在"两个满意"时,个人与环境之间的关系就比较协调,个人的工作满意度会比较高,在这个工作领域也能持久发展。在这一过程中,个人的职业能力与"外在满意"的实现直接相关,个体只有具备了相关的职业工作能力,才能胜任相应的职业工作。

1. 职业能力影响职业的胜任

不同的职业对能力有不同的要求,每个人都有自己的优势和劣势,如有的人擅长形象思维,有的人擅长逻辑思维,还有的人擅长具体行动思维。如果根据思维能力类型来选择职业,形象思维的人比较适合从事文学艺术方面的工作,逻辑思维的人比较适合从事哲学、数学等理论性强的工作,具体行动思维的人比较适合从事机械修理方面的工作。如果不考虑能力类型,而让其从事与能力不匹配的职业工作,效果就不会好。因此,应弄清胜任职业所需要的职业能力。

2. 职业能力影响职业的选择

社会上任何一种职业对工作者的能力都有一定的要求。如从事会计、出纳、统计等职业的工作者必须有较强的计算能力；从事工程、建筑及服装设计等职业的工作者要具备空间判断能力；飞行员、外科医生、运动员、舞蹈演员等则要具备眼与手的协调能力。因此，在选择职业时，要特别注意能力与职业的匹配。

3. 职业能力影响职业的发展

职业能力是个人职业发展的基础，个体职业能力越强，各种能力越综合发展，就越能促进人在职业活动中的创造和发展，越能给个人带来职业成就感，使其在这个工作领域持久地发展。

（二）职业能力倾向测验

职业能力倾向作为潜在的心理特征，对它的了解和把握不能通过直接的测量来获得，就像不能使用直尺来测量记忆的长度一样，人的能力倾向所包含的各种心理特征都不能通过直接的测量来获得，只能通过间接的测量来获得。通常我们对人的职业能力倾向的测量都是通过对人的行为的测量来获得的，这也是心理学测量与其他学科测量的重要差异。

职业能力倾向测验有多种类型，其用途各不相同。下面简单介绍能力倾向成套测验（DAT）和一般能力倾向成套测验（GATB）。DAT 包含八个子测验，这些子测验是语言推理能力、数字能力、抽象推理能力、空间关系、机械推理、书写速度与准确度、语言使用、拼写句子。

GATB 主要是实现对许多职业领域中工作所必需的几种能力倾向的测定。它由十五种测验项目构成，其中十一种是纸笔测验，其余四种是操作测验。这两种测验可以测定九种能力倾向，分别是：

（1）一般学习能力（General Learning Ability）：对说明、指导语和原理的理解能力、推理能力和判断能力。

（2）言语能力（Verbal Aptitude）：对词语意义和词汇间关系的理解以及语言表达的能力。

（3）数理运算能力（Numerical Aptitude）：准确、快速地进行数学运算和推理的能力。

（4）空间知觉能力（Spatial Aptitude）：对立体图形及平面图形与立体图形之间关系的理解能力。

（5）文书知觉能力（Clerical Perception）：直观地比较、辨别数字和词语，具有对字词、印刷符号、票据的细微部分正确知觉的能力，具有发现和校正字词、印刷符号、票据的细微部分所含错误的能力。

（6）运动协调能力（Motor Coordination）：快速运动中的眼手协调能力。

（7）形状知觉能力（Form Perception）：对实物或图形细微部分正确知觉的能力。

（8）手指灵巧度（Finger Dexterity）：用手指快速操作细小物体的能力。

（9）手腕灵巧度（Manual Dexterity）：用双手放置或转动物体的能力。

※ 拓展阅读

职业能力倾向测验量表

下面包括九个方面的能力倾向测评，每种能力倾向都有五道题。"强""较强""一般"

"较弱""弱"五个等级的分值分别为1、2、3、4、5，选择分值对自己进行评定。

1. 一般学习能力倾向（G）　　　　　　　　　强　较强　一般　较弱　弱
　　　　　　　　　　　　　　　　　　　　　　1　　2　　3　　4　　5
　　（1）快而容易地学习新内容　　　　　　　□　　□　　□　　□　　□
　　（2）快而正确地解数学题　　　　　　　　□　　□　　□　　□　　□
　　（3）你的学习成绩处于　　　　　　　　　□　　□　　□　　□　　□
　　（4）对课文的字、词、段落、篇章的理解、分析和
综合能力　　　　　　　　　　　　　　　　　　□　　□　　□　　□　　□
　　（5）对学习过的知识的记忆能力　　　　　□　　□　　□　　□　　□

2. 言语能力倾向（V）　　　　　　　　　　　强　较强　一般　较弱　弱
　　　　　　　　　　　　　　　　　　　　　　1　　2　　3　　4　　5
　　（1）善于表达自己的观点　　　　　　　　□　　□　　□　　□　　□
　　（2）阅读速度和理解能力　　　　　　　　□　　□　　□　　□　　□
　　（3）掌握词汇量的程度　　　　　　　　　□　　□　　□　　□　　□
　　（4）你的语文成绩　　　　　　　　　　　□　　□　　□　　□　　□
　　（5）你的文学创作能力　　　　　　　　　□　　□　　□　　□　　□

3. 数理运算能力倾向（N）　　　　　　　　　强　较强　一般　较弱　弱
　　　　　　　　　　　　　　　　　　　　　　1　　2　　3　　4　　5
　　（1）做出精确的测量　　　　　　　　　　□　　□　　□　　□　　□
　　（2）笔算能力　　　　　　　　　　　　　□　　□　　□　　□　　□
　　（3）口算能力　　　　　　　　　　　　　□　　□　　□　　□　　□
　　（4）做算术应用题的能力　　　　　　　　□　　□　　□　　□　　□
　　（5）你的数学成绩　　　　　　　　　　　□　　□　　□　　□　　□

4. 空间知觉能力倾向（S）　　　　　　　　　强　较强　一般　较弱　弱
　　　　　　　　　　　　　　　　　　　　　　1　　2　　3　　4　　5
　　（1）解决立体几何方面的习题　　　　　　□　　□　　□　　□　　□
　　（2）画三维的立体图形　　　　　　　　　□　　□　　□　　□　　□
　　（3）看几何图形的立体感　　　　　　　　□　　□　　□　　□　　□
　　（4）想象盒子展开后的平面形状　　　　　□　　□　　□　　□　　□
　　（5）想象三维的物体　　　　　　　　　　□　　□　　□　　□　　□

5. 形状知觉能力倾向（P）　　　　　　　　　强　较强　一般　较弱　弱
　　　　　　　　　　　　　　　　　　　　　　1　　2　　3　　4　　5
　　（1）发现相似图形中的细微差别　　　　　□　　□　　□　　□　　□
　　（2）认识物体的形状差异　　　　　　　　□　　□　　□　　□　　□
　　（3）注意物体的细节部分　　　　　　　　□　　□　　□　　□　　□
　　（4）观察物体的图案是否正确　　　　　　□　　□　　□　　□　　□
　　（5）对物体的细微叙述　　　　　　　　　□　　□　　□　　□　　□

6. 文书知觉能力倾向（Q）　　　　　　　　　强　较强　一般　较弱　弱
　　　　　　　　　　　　　　　　　　　　　　1　　2　　3　　4　　5

(1) 快而准确地抄写资料（如姓名、日期、电话号码） ☐ ☐ ☐ ☐ ☐
(2) 发现错别字 ☐ ☐ ☐ ☐ ☐
(3) 发现计算错误 ☐ ☐ ☐ ☐ ☐
(4) 能很快查找编码卡片 ☐ ☐ ☐ ☐ ☐
(5) 自我控制能力（如较长时间抄写资料） ☐ ☐ ☐ ☐ ☐

7. 运动协调能力倾向（K） 　强　较强　一般　较弱　弱
　　　　　　　　　　　　　 1　　2　　3　　4　　5

(1) 玩电子游戏 ☐ ☐ ☐ ☐ ☐
(2) 篮球、排球、足球一类的活动 ☐ ☐ ☐ ☐ ☐
(3) 乒乓球、羽毛球运动 ☐ ☐ ☐ ☐ ☐
(4) 打算盘能力 ☐ ☐ ☐ ☐ ☐
(5) 打字能力 ☐ ☐ ☐ ☐ ☐

8. 手指灵巧度（F） 　强　较强　一般　较弱　弱
　　　　　　　　　　1　　2　　3　　4　　5

(1) 灵巧地使用很小的工具 ☐ ☐ ☐ ☐ ☐
(2) 穿针眼、编织等使用手指的活动 ☐ ☐ ☐ ☐ ☐
(3) 用手指做一件小工艺品 ☐ ☐ ☐ ☐ ☐
(4) 使用计算器的灵巧程度 ☐ ☐ ☐ ☐ ☐
(5) 弹琴 ☐ ☐ ☐ ☐ ☐

9. 手腕灵巧度（M） 　强　较强　一般　较弱　弱
　　　　　　　　　　1　　2　　3　　4　　5

(1) 用手把东西分类 ☐ ☐ ☐ ☐ ☐
(2) 推拉东西时手的灵活度 ☐ ☐ ☐ ☐ ☐
(3) 很快地削水果 ☐ ☐ ☐ ☐ ☐
(4) 灵活地使用手工工具 ☐ ☐ ☐ ☐ ☐
(5) 在绘画、雕刻等手工活动中的灵活性 ☐ ☐ ☐ ☐ ☐

评分标准

(1) 对九组能力倾向分别计算总计次数。

每组题目，都划分为"强""较强""一般""较弱"和"弱"五个等级（计算时把"强"定为第一项，以此类推，"弱"定为第五项。选择第一项次数之和就是选"强"的次数之和）。

每组五道题完成后，用下面公式计算出总计次数。

总计次数 =（选择第一项次数之和 ×1）+（选择第二项次数之和 ×2）+（选择第三项次数之和 ×3）+（选择第四项次数之和 ×4）+（选择第五项次数之和 ×5）

(2) 计算各组能力倾向的自评等级。

$$自评等级 = 总计次数/5$$

(3) 将每组的自评等级填入表3-8。

表3-8 职业能力倾向自评等级统计

职业能力倾向	自评等级	职业能力倾向	自评等级
G		Q	
V		K	
N		F	
S		M	
P			

自我评析

①自评等级分值应当介于1～5分。分值越接近1,说明在此项能力中你越具有天赋。反之,分值接近5,说明此项能力较弱。

②对照表3-9查看自己的职业类型。

表3-9 职业能力倾向对照

职业类型	职业能力倾向							
	G	V	N	S	P	Q	K	F	M
生物学家	1	1	1	2	2	3	3	2	3
建筑师	1	1	1	1	2	3	3	3	3
测量员	2	2	2	2	2	3	3	3	3
测量辅导员	4	4	4	4	4	4	3	4	3
制图员	2	3	2	2	2	3	3	2	3
建筑和工程技术专家	2	2	2	2	2	3	3	3	3
建筑和工程技术员	2	3	3	3	3	3	3	3	3
物理科学技术专家	2	3	3	3	3	3	3	3	3
物理科学技术员	2	2	2	4	3	3	3	2	3
农业/生物/动/植物学技术专家	2	3	2	2	4	3	3	3	3
数学家和统计学家	1	1	1	3	3	2	4	4	4
系统分析和计算机程序编制者	2	2	2	2	3	3	4	4	4
经济学家	1	1	1	4	4	2	4	4	4
社会学家、人类学家	1	1	3	2	2	3	4	4	4
心理学家	1	1	2	2	3	3	4	4	4
历史学家	1	1	3	4	3	4	4	4	4
哲学家	1	1	4	3	3	3	4	4	4
政治学家	1	1	3	4	3	4	4	4	4
经济政治学家	2	2	2	3	3	3	3	3	5
社会工作者	2	2	3	4	3	4	4	4	4
社会服务助理人员	3	3	3	4	4	3	4	4	4

续表

职业类型	职业能力倾向								
	G	V	N	S	P	Q	K	F	M
法官	1	1	3	4	3	3	4	4	4
律师	1	1	3	4	4	3	4	4	4
公证人	2	2	3	4	4	3	4	4	4
图书管理学专家	2	2	3	3	4	2	3	4	4
图书馆、博物馆和档案管理员	3	3	3	2	2	4	3	2	3
职业指导者	2	2	3	4	3	3	4	4	4
大学教师	1	1	3	3	2	3	4	4	4
中学教师	2	2	3	4	3	3	4	4	4
小学和幼儿园教师	2	2	3	3	3	3	3	3	3
职业学校教师（职业课）	2	2	2	3	3	3	3	3	3
职业学校教师（普通课）	2	2	3	4	3	3	4	4	4
内、外、牙科医生	1	1	2	1	2	3	2	2	2
兽医学家	1	1	2	1	2	3	2	2	2
护士	2	2	3	3	3	3	3	3	3
护士助手	2	4	4	4	4	2	2	3	2
工业药剂师	2	1	2	3	2	2	3	2	3
医院药剂师	2	2	2	4	5	2	3	2	3
营养学家	2	2	2	3	3	3	4	4	4
配镜师（医）	2	2	2	2	2	3	3	3	3
配眼镜商	3	3	3	3	3	4	3	2	3
放射科技术人员	3	3	3	3	3	3	3	3	3
药物实验室技术专家	2	2	2	3	2	3	3	2	3
药物实验室技术员	2	3	3	3	3	3	3	3	3
画家、雕刻家	2	3	4	2	2	5	2	1	2
产品设计和内部装饰者	2	2	3	2	2	4	2	2	3
舞蹈家	2	3	3	2	3	4	2	2	3
演员	2	2	4	3	4	4	4	4	4
电台播音员	2	2	3	4	4	3	4	4	4
作家和编辑	2	1	3	3	3	3	4	4	4
翻译人员	2	1	4	4	4	3	4	4	4
体育教练	2	2	2	4	4	3	4	4	4
运动员	3	3	4	2	3	4	2	2	2
秘书	3	3	3	4	3	2	3	3	3

续表

职业类型	职业能力倾向								
	G	V	N	S	P	Q	K	F	M
打字员	3	3	4	4	4	3	3	3	3
记账员	3	3	3	4	4	2	3	3	4
出纳员	3	3	3	4	4	2	3	3	4
统计员	3	3	2	4	3	2	3	3	4
电话接线员	3	3	4	4	4	3	3	3	3
一般办公室职员	3	4	4	4	4	3	3	4	4
商业经营管理	2	2	3	4	3	4	4	4	4
售货员	3	3	3	4	3	3	4	4	4
警察	3	3	3	4	3	3	3	4	3
门卫	4	4	5	4	4	4	4	4	4
厨师	4	4	4	4	3	3	3	3	3
招待员	3	3	4	4	4	4	3	4	3
理发员	3	3	4	4	5	4	2	2	2
导游	3	3	4	3	3	5	3	3	3
驾驶员	3	3	3	3	3	3	3	4	3
农民	3	4	4	4	4	4	4	4	4
动物饲养员	3	4	4	4	4	4	4	4	4
渔民	4	4	4	4	5	3	4	3	
矿工	3	4	4	3	4	5	3	4	3
纺织工人	4	4	4	4	3	5	3	3	3
机床操作工	3	4	4	3	3	4	3	4	4
锻工	3	4	4	3	4	4	3	4	4
无线电修理工	3	3	3	3	2	4	3	3	4
细木工	3	3	3	3	3	4	3	4	4
家具木工	3	3	3	3	3	4	3	4	3
一般木工	3	4	3	4	3	4	3	4	3
电工	3	3	3	3	3	3	3	3	3
裁缝	3	3	4	3	3	4	3	2	3

注：①在查找职业能力倾向对照表之前，先将自评等级中的数值按照四舍五入的方法化为整数（例如2.4化为2，2.8进到3），再对照进行查找。

②如果认为查找出的职业类型不是很符合，也可以把自评等级数值化为小于或大于它的整数再进行查找（例如把2.4分别化为2和3，再次进行查找）。

③如果计算出来的自评等级分值本来就是整数，则无须再改变。

第二节 环境评估

为了更好地进行职业生涯规划，必须对外部环境进行评估，通过分析外部环境弄清环境对职业发展的要求、影响及作用，对各种影响因素加以衡量、评估，并做出反应。环境评估主要包括评估家庭环境、学校环境和职业环境等内容。

一、家庭环境

任何人的性格和品质的形成及个人的成长都离不开家庭环境的影响，大学生在进行职业生涯规划时，应考虑家庭经济状况、家人期望、家族文化等因素对个人的影响。个人职业发展规划的确立，总是同自身的成长经历和家庭环境相关联的。个人在成长过程中，在不同时期也会根据自己的成长经历和所受教育的情况，不断修正、调整，并最终确立职业理想和职业计划。正确而全面地评估家庭情况才能有针对性地设计适合自己的职业规划。对家庭环境的分析主要包括以下几方面内容。

（1）家庭关系。父母关系、与父亲和母亲的关系是否和睦？和谐的家庭关系对我们有什么影响？

（2）家庭生活环境。家在城市还是农村？家庭成员的工作、爱好、性格、价值观等。家庭生活环境对我们选择职业有什么影响？

（3）家庭经济状况。父母的工作和家庭的收入。家庭经济状况对我们选择职业有什么影响？

（4）家庭成员的受教育状况。父母的文化程度和兄弟姐妹的受教育情况等，这些又会对我们选择职业产生哪些影响？

（5）家庭成员健康状况。在分析家庭环境时，要选择那些对自己职业选择有重要影响的因素，并主要分析这些因素对自己性格、价值观、能力等的影响，对自己选择职业的影响。

（一）原生家庭分析

美国著名家庭治疗师萨提亚认为，一个人和他的原生家庭有着千丝万缕的联系，而这种联系有可能影响他的一生。那个我们从小长大的家，有父亲母亲，也许还有兄弟姐妹的第一个家叫作原生家庭。我们的人格模式、行为模式都刻着原生家庭的烙印。可以说，家庭既是我们生涯发展的资源，又是我们生涯发展的限制。填写表3-10，分析自己的原生家庭关系。

表3-10 原生家庭分析

与自己的关系	自己认可的	自己不认可的	对自己的影响
父亲			
母亲			
兄弟			
姐妹			
……			

（二）家庭职业树

绘制家庭职业树第一步：访谈。罗列身边的亲属，依据表3-11的内容，对罗列的每位亲属分别进行访谈，访谈内容一定要涉及表3-11中的内容。

表3-11 访谈内容

亲属	职业名称与工作内容	入职资格及入职过程	是否胜任？是否愉快？	若再次选择选何职业？为什么？	对我的职业发展的期待
父亲					
妈妈					
爷爷					
奶奶					
外公					
外婆					
亲属1					
亲属2					

第二步：绘制家庭职业树。参考第一步表3-11中的内容，绘制自己的家庭职业树，如图3-2所示。

图3-2 家庭职业树

第三步：观察你的家庭职业树，探索职业世界，回答下列问题。

(1) 家庭成员从事的这些职业有哪些相似之处？
(2) 哪些成员的职业观念对你有重要的影响？是怎样的影响？
(3) 你本身的哪些兴趣或职业价值观念是来自家人的？
(4) 家人对你有些什么期待？你能否按照这些期待去发展？
(5) 这些家庭成员的职业对你的未来发展有什么影响？

（6）家人对各职业的评价往往表现了他们的好恶，你的家人最常提到有关职业的事情是什么？

（7）你觉得家人对你未来选择职业的影响是什么？

（8）哪些职业你绝对不考虑？

（9）哪些职业是你的选择范围？你目前的职业（专业）和这个范围的关系怎么样？

（10）选择职业时，你还重视哪些条件？

（11）通过对家庭职业的了解，你倾向考虑从事的职业是什么？

第四步：通过上面的绘制和探索，在这棵家庭职业树上，思考哪些是你生涯发展中的资源，哪些有可能成为限制。思考后建议与家长、老师或同学一起讨论，你一定会有新收获。

二、学校环境

学校是学生成长成才的重要环境，任何一个人都必须重视和充分利用好学校这个有利环境。经济社会发展的形势和越来越多的事实证明，一个人进入大学学习，不能仅仅是为了一张文凭，更需要利用这个环境，学知识、练技能、定观念、养习惯、建关系、图发展。

（一）学知识

学知识是每个学生的首要任务。一方面要利用一切机会尽可能多学习、掌握专业知识；另一方面要广泛学习国家政策法规，了解社会时事动态；还要深入吸收励志精华，加强自我修养，涉猎就业创业等方面的知识。

（二）练技能

练技能是大学生又一项基本任务。要充分利用学校的实验、实训活动以及社会实践活动，在学校老师及实训单位老师的指导下，练就一身过硬的专业技能，为实现"无缝就业"奠定基础。

（三）定观念

定观念，就是要求学生在学校专业老师、思想政治工作者以及就业指导老师的指导下通过了解国家政策方针、熟悉社会以及行业环境、加强自我修养等方式，逐步形成并修正自己的人生观、价值观、择业就业观。

（四）养习惯

养习惯，就是要求学生在学校学习期间，要借助学校这个良好的环境，重视并善于养成良好的习惯。一个良好的习惯可以使人受益终身。

（五）建关系

建关系，就是要充分利用学校这个大环境，建立起牢固的师生关系和稳定的同学关系。

（六）图发展

图发展，就是要求学生在奠定好以上几个方面基础的同时，提前介入，着手规划自己的前途，最有效的方法是：积极参与学校就业指导部门组织的各项职业生涯规划与就业指导活动，在老师的指导下，一步步完善自我职业生涯规划，为图谋发展，大展宏图，制定科学规范的行动指南。

我们可通过大学九宫格对学校环境进行探索，具体如表3-12所示。

表 3-12　大学九宫格

学习	专业	人际
（1）课程表上要求的课程有哪些？ （2）除了课程表的内容，你还需要学习什么？ （3）基于自己未来的目标职业你需要积累什么？ （4）你的学习习惯怎么样？	（1）你对自己的专业了解多少？ （2）你是否喜欢自己的专业？ （3）对自己专业的老师有何评价？ （4）你从他们身上学到了什么？	（1）你感觉难以应对的人有哪些？ （2）哪些场合让你感到不自在？ （3）为了更好地适应社会，你打算从处好与哪些人的关系开始？
（1）你怎么看待爱情、友情等？ （2）你建立并维系亲密关系的能力如何？ （3）他人对你的影响有哪些？	（1）你有没有坚持运动的习惯？ （2）适合你的运动方式有哪些？ （3）你如何保持自己的心情愉悦？ （4）你如何处理焦虑、压力、沮丧等不良情绪？	（1）你有哪些兴趣爱好？ （2）你业余时间会做哪些事情让自己感受那种创造和成就感？ （3）除了学习、工作，你还做什么来愉悦自己？
自我成长	学校环境	社会工作
（1）你的人生目标是什么？ （2）你为此可以做哪些准备？ （3）你现在做得怎么样？	（1）你如何评价学校的软件和硬件？ （2）你是否喜欢你所在大学的环境？ （3）你学习继承了哪些学校文化？	（1）你是否参加过一些志愿服务或学校活动？ （2）你怎样理解一个大学生的社会责任感？ （3）你怎样看待社会公益组织？从中，你有什么样的收获？

大学九宫格一共有九个模块，要求每个模块都写，并且每个问题至少有三个具体任务。在这九个格子中，每个格子都设计了相应的问题，在进行职业生涯规划时，我们可以对每个格子中的问题进行思考并为自己打分。满分100分，60分视为及格。前三格均60分以上为合格，前六格均60分以上为优秀，九格均超过60分为卓越，三层逐层递进。

（1）上表中有哪些内容让你意识到是曾经被自己忽略的？

（2）如果你希望在未来有所提升，主要想在哪些方面做出改变呢？（建议不多于三个格）

（3）如果从中选择一个格着手做到比今天更好一点，你会选择从哪里开始？

三、职业环境

职业环境分析是要我们认清所选定的职业在社会环境中的发展过程和目前所处的社会地位，以及社会发展趋势对此职业的影响。包括职业的发展趋势，职业内涵中的社会分工、专门知识技能、创造财富的方式、报酬水平、满足需求的程度等因素的发展趋势。职业环境分析主要包括社会环境分析、行业环境分析和企业环境分析。

（一）社会环境分析

所谓社会环境分析，就是通过对社会大环境的宏观分析与把握，了解所在国家或地区的社会、政治、经济、法治、文化环境及其发展趋势，既关心当前的社会运行状况，又关注未来的发展态势，以寻找有利的职业发展机会。

中国正处于近代以来经济社会发展最好的历史时期，经济繁荣，社会稳定，充满各种人才成长发展的机遇。大学生作为高端人力资源，有望获得更多更好的职业发展机会，但是我们也要看到，大学生就业形势依然严峻。

在高等教育大众化的背景下，为了应对严峻的就业形势，尽快找到一份工作，大部分高校毕业生能够适时地调整职业期望值。在以自我定位为基础，追求自我价值实现的转变中，高校毕业生既向往外资企业、国家公务员、事业单位、国有企业的体制性保障，也开始更多地把目光转向基层和中西部地区，以及体制外的民营企业，希望通过职业实践来提升自己的职业素养。"公务员热""考研热""先就业再择业""自主创业""逃离北上广""上岸""跳槽"等多种职业现象出现了。

（二）行业环境分析

行业环境分析就是一个人对目前所在行业和将来想从事的目标行业的环境进行分析，包括行业的运作现状，行业目前的优势与问题所在、行业发展的前景预测、国际国内重大事件对该行业生存与发展的影响等因素。行业环境分析包括以下两方面内容。

1. 目前从事行业的性质

你现在从事的是什么行业？是加工制造型行业，还是咨询服务型行业？这个行业在我们国家是怎样一种发展趋势？是一个逐渐萎缩的行业，比如资源耗费大、造成环境污染的小型采矿业，还是一个朝阳行业，比如旅游业、管理咨询业？这个行业是行政垄断行业、自然垄断行业，还是自由竞争行业？是暴利行业，还是薄利行业？是成熟型行业，还是新兴的成长型行业？是高端的科技型行业，还是中低端的传统型行业？

2. 国家产业政策解读

我们做职业生涯规划时，有必要研究国家在相关行业中的政策性规定。政府部门会根据国家宏观经济状况对一些行业发布政策法规，如对一些行业实行鼓励、扶持政策；对另一些行业则加以限制，使其缩小规模，乃至逐步淘汰，国家政策还可能扶持一些地区优先发展，对某些专业人才的培养给予鼓励支持，对某些职业人员给予限制政策，尤其是国家发展战略层面的产业政策，对企业和职业的发展会产生极其重大的影响。

（三）企业环境分析

企业是从业者赖以生存和发展的土壤。每个企业都有自己的发展目标、运作模式，了解企业的基本情况是成为企业一员的基础，便于自己以后迅速适应新环境。此外，为了生存和发展，企业本身也要随时关注和适应社会大环境的变化，并采取相应的变革措施，这必将影响其成员的个人生涯。科学的职业生涯规划一定要把个人的发展与组织的发展结合起来考虑，这样才会一帆风顺。

企业环境分析包括企业在本行业中的地位、现状和发展前景；所面对的市场状况，产品在市场上的发展前景；能够提供的岗位等，具体包括以下三方面内容。

1. 企业实力

企业实力体现在企业在社会中的地位和声望如何；企业目前的产品、服务和活动范围是什么；企业的发展领域在哪些方面，发展前景如何；战略目标是什么；技术力量和设施情况；企业在本行业中是否具备很强的竞争力，是发展、扩张，还是处于一个很快就被吞并的地位。

2. 企业领导人

很多成功的大企业都有一位出色的企业家掌舵领航。企业主要领导人的抱负及能力是企业发展的决定性因素。企业主要领导人是真心想干一番事业吗？他的能力足以带领员工开创新天地吗？企业领导人有没有战略的眼光和措施？企业领导人尊重员工吗？

3. 企业文化和企业制度

企业文化是全体员工在长期的生产经营活动中形成并共同遵循的最高目标、价值标准、基本信念和行为规范，企业文化是影响企业经营效益的重要因素，如果个人的价值观与企业文化有冲突，难以适应企业文化，在组织中就难以发展。求职者需要分析是否认同这个企业的文化，企业的文化是否与自己的价值观相符。

企业制度涉及的范围比较广，包括管理制度、用人制度、培训制度等。应尽可能多了解这些信息，了解企业在组织结构上的特征与发展变化趋势，分析这种安排对自己的未来可能带来什么样的影响。特别要注意企业的用人制度，能否提供教育培训机会，以及提供的条件。

※ 拓展阅读

根据实际情况，结合自己所学的专业，选择一个具体职业与一家具体企业，对其进行职业环境分析，并填入表3-13。

表3-13 职业环境调研

所选职业：		单位名称：	
序号	调研项目	调研结果	信息来源渠道
1	行业前景		
2	劳动力状况		
3	工作内容及性质		
4	从业者特征		
5	薪酬待遇		
6	工作环境及条件		
7	企业文化		
8	企业制度		
9	公司主要领导人能力		
10	培训机会		
11	其他		

根据以上收集到的信息，你能得出的结论是什么？

第三节 职业生涯目标确立

美国《无限的能力》一书中曾有一个例子：有人在1983年对美国耶鲁大学应届毕业生

进行了一次关于"你毕业后的目标是什么"的问卷调查，统计结果发现，有3%的学生有明确的目标，97%的学生基本上没有明确的目标。

20年后，有人去追踪所有参加了问卷调查的学生现状，结果令人吃惊，3%的人拥有的财富总和比97%的人的财富总和还多得多。20年前仅仅是目标的有和无，20年后却形成了如此大的差异。

无独有偶，美国哈佛大学也有一项关于目标对人生影响的跟踪调查。其调查对象为一群智力、学历、环境等条件大体相同的年轻人，结果显示：3%的人有清晰且长期的目标，25年中从未改变过目标，并总是朝一个方向不懈地努力，他们在25年后几乎都成为社会各界的顶尖成功人士，其中不乏创业者、行业领袖和社会精英。10%的人有清晰的短期目标，这些人大都生活在社会的中上层。他们的共同特点是：不断完成预定的短期目标，生活状态步步上升，25年后他们成为各行各业不可或缺的专门人才。60%的人目标模糊，他们能安稳地生活与工作，但却没有什么特别的成就。剩下的27%的人是那些25年来没有目标的人群，他们几乎都生活在社会的底层，常常失业，靠社会救济，生活很不如意，并且常常抱怨他人、抱怨社会、抱怨世界。

调查者因此得出结论：目标对人生有巨大的导向作用。所以，确定职业生涯目标是大学生职业生涯规划中最重要的一环。

一、确立职业生涯目标的原则

目标确立是在自我觉醒的基础上，对自己未来职业生涯的一个初步构想，在确立职业目标时，可遵循 PE – SMART 原则。

（一）P ——Positively Phrase：运用正面词语

目标多用正面的词语或肯定的语气来描绘期望的结果，说出我们希望的而非不希望的。

（二）E—— Ecologically Sound：符合整体平衡

目标需要考虑与我们关系密切者的关注点。我们的目标应该考虑是否损害我们周围的人，是否对社会有利，有没有违背法律。我们达成目标的过程中以及当目标实现的时候，所产生的结果是否符合"三赢原则"（你好、我好、大家好）。唯有当我们的目标能够对周围的人、事、物有利的时候，我们才会获得更多的支持，同时我们的内心也会有更多的平衡感和力量感。这些都是帮助我们达成目标的有力保证。

（三）S —— Specific：目标明确

目标要用具体的语言清楚地说明要达成的行为标准。明确的目标几乎是所有成功者的一致特点。

（四）M —— Measurable：可度量

目标，不能只是停留在思想上的口号。制定目标是为了取得进步，需把抽象的、无法实施的、不可衡量的大目标简化成为实际的、可衡量的小目标。

（五）A—— Achievable/Attainable：可完成/实现

目标要在现实条件下可以通过努力而达成。这包含两方面的含义：一是目标必须是合理的，是在个人的控制范围之内；二是目标要有一定的挑战性，执行者通过一定的努力提高目前的能力有希望实现。

（六）R —— Rewarding：成功时有足够的满足感

我们需要想象目标达成时我们的状态是什么：我们会在什么地方？与什么人在一起？做着哪些事情？充分调动自己的视觉、听觉、触觉、嗅觉等感官去感受未来目标达成时的样子。

（七）T —— Timebound：有时间期限

目标要规定开始时间和完成时间，以克服人的惰性。没有时间限制的目标是无法考核的，也会让执行者失去紧迫感，从而降低积极性，使目标的实现一拖再拖，但过分的紧张感会使人焦虑、疲惫，甚至放弃。把目标进行分解再界定时间，会让行动计划更有节奏和韵律。

二、确立职业生涯目标的方法

我们确立职业生涯目标的方法有目标分解法和目标组合法。

（一）目标分解法

职业生涯的实现过程可以用一系列的阶段来表示。目标分解是将目标清晰化、具体化的过程，是将目标量化成可操作的实施方案的有效手段。目标分解就是根据观念、知识、能力差距，将职业生涯的远大目标分解为有时间规定的长、中、短期目标，直至将目标分解为某个确定日期可以采取具体步骤。

我们可以采用按时间分解和按性质分解两种途径来分解目标。

1. 按时间分解

按时间分解是最常用也是很容易掌握的目标分解方法，可分解为人生目标、长期目标、中期目标、短期目标。

（1）应该区分最终目标与阶段目标。

在经过自我评估和环境评估后，求职者就会确定一个总体目标。这个总体目标是我们的最终目标，即人生目标。最终目标取决于一个人的价值观、知识储备、能力水平，是对自身条件、社会环境等主客观因素进行大量分析之后得到的结果。心理越成熟的人，就会越早地确定自己的最终目标，并朝这个目标努力前进。反之，有人直到退休，也不清楚自己到底要干什么。最终目标只有与自己的价值观相符才是有效的，并且一经确定就不要再频繁更改。

（2）最终目标分解为长期目标。

把最终目标分解为若干个长期（5~10年）目标，每个阶段都有一个具体的目标。它应该具备以下特征：有长远目的、非常符合自己的价值观、与社会发展需求相结合、富有挑战性和创造性、考虑风险、能够用明确的语言定性地描述、一定时间范围内可行、一经实现会带来巨大的成就感和易于分解操作等。

（3）长期目标分解为中期目标。

每个长期目标可以继续分解成若干个中期（3~5年）目标。它应该具备以下特征：与长期目标一致、具有全局眼光、基本符合自己的价值观、自我与组织环境相结合、创新性、灵活性、能够用明确的语言量化描述和环境支持等。

（4）中期目标分解为短期目标。

我们还可以继续将中期目标分解为若干个短期（1~2年）目标。与长期目标和中期目标相比，短期目标更要求有操作性和灵活性。它一般应具备以下特征：与最终目标和长期目标相一致、适应组织环境需求、灵活简单、未必与价值观相符但可以接受、具有可操作性、切合实际、确能实现、朝着长期目标以迂为直等。

具体分解方法如表 3-14 所示。

表 3-14 按时间分解职业生涯目标

目标	内容
人生目标	（1）你想成为什么样的人？ （2）你想做哪件大事或哪几件大事？ （3）你想成为哪一领域的佼佼者？ （4）你想发挥自己哪些方面的优势和特长？
十年计划	（1）今后十年你想成为什么样子的人？ （2）事业上有什么成就？ （3）收入达到多少？ （4）你的家庭及健康水平如何？ （5）你的生活状态和社会地位怎样？
五年计划	将十年计划进一步具体化，把目标进一步分解
三年计划	使五年计划更具体，制定自己的行动准则
明年计划	制定实现明年计划的步骤、方法和时间表，并确保这些是切实可行的
下月计划	包括下个月计划要做的工作，应完成的任务，质和量方面的要求，财务上的收支，学习计划，结识新朋友的计划等等
下周计划	在每周末提前制订好下周的行动计划，把下月的计划中的一部分分解在下周
明日计划	明天要做哪几件事？分清轻重缓急，制定执行的顺序和对应的时间

2. 按性质分解

按性质分解，职业生涯目标可分解为外职业生涯目标、内职业生涯目标。其中，外职业生涯目标包括工作内容目标、职务目标、工作环境目标、经济目标、工作地点目标等。内职业生涯目标则侧重于在职业生涯过程中的知识和经验的积累、观念和能力的提高以及内心的感受，主要包括观念目标、工作能力目标、工作成果目标、提高心理素质目标、掌握新知识目标等。

（1）外职业生涯目标。

外职业生涯是指经历一种职业（由教育开始，经工作期，直到退休）的道路，包括职业的各个阶段：招聘、培训、提拔、奖惩、解雇、退休等。具体来说，外职业生涯是指从事职业时的工作单位、工作地点、工作内容、工作职务、工作环境、工资待遇等因素的结合及其变化过程。许多人以为职业生涯发展就是换更好的工作，或是得到职位的提升，或是增加工资福利，其实这只是职业生涯发展的一部分形式。外职业生涯构成因素通常是由别人给予的，也容易被别人收回。

外职业生涯因素的取得往往与自己的付出不符，尤其是在职业生涯初期。有的人一生疲于追求外职业生涯发展的成功，但内心极为痛苦，因为他们往往不了解外职业生涯发展是以内职业生涯发展为基础的。外职业生涯目标具体包括以下目标。

①职务目标。大学生应该具体明晰的职务目标是"专业"加职务。

②工作内容目标。在现实生活中，能够达到高层职位的毕竟是少数，而且能否晋升很大程度上并不取决于我们自己。所以，建议大学生把外职业生涯目标规划的重点移到工作内容目标上来，即把在某一阶段，你计划完成怎样的工作内容详细列出来。工作内容目标对于选

择了专业技术型发展路线的人来说格外重要，因为这些人的发展体现在本专业技术领域取得的成果及相应的职称晋升上，所以具体可行的工作内容目标才是规划的重点。

③经济目标。获得经济收入是我们工作的一大目的，毕竟每个人都离不开生存的物质基础。大学生在职业生涯规划中列出收入期望无可非议，但要注意的是切合自己的能力素质和实际，大胆规划一个具体的数字，这个数字将在日后成为你的重要激励源，不要含糊不清或压根就不敢写。

④工作地点目标和工作环境目标。如果你对工作地点或工作环境有特殊要求，就要在规划中列出这两项内容。总之，尽可能根据个人喜好来规划，但切勿太过细琐，以免影响选择面。

（2）内职业生涯目标。

内职业生涯是指从事一项职业时所具备的知识、观念、心理素质、能力、内心感受等因素的组合及其变化过程。

内职业生涯更多地注重所取得的成功或满足的主观感情以及工作事务与家庭事务、个人消闲等其他需要的平衡。内职业生涯各项因素要靠自己的主观努力才能实现，是别人拿不走、收不回的个人财务。内职业生涯的发展是外职业生涯发展的前提，内职业生涯发展了，外职业生涯自然提升。因此，大学生应当充分重视内职业生涯的发展，认清它在个人职业生涯乃至整个人生发展中的关键性作用。尤其是在职业生涯的早期和中前期，一定要把对内职业生涯各因素的追求看得比外职业生涯更重要。

只追求外职业生涯目标，会让人遭受挫折感。如上级对自己不公，工作辛苦但赚钱不多，晋职晋级与自己无缘……经常会生活在抑郁之中。其实，我们还有一笔重要的财富不容忽视——丰富的知识经验积累，观念、能力的提高以及由此带来的快乐感、成就感。所以，我们在分解自己的职业生涯目标时，内职业生涯目标是应该重点把握的内容。

内职业生涯目标具体包括以下目标。

①工作能力目标。工作能力是对处理职业生涯中各种工作问题的能力的统称，如组织领导能力、策划能力、管理能力、研究创新能力、人际关系沟通能力、与同事协调合作的能力等。衡量一个人的职业生涯成功与否，不在于他是否当上高官、赚到多少钱这些外在表征，而在于他在工作的过程中，是否创造了富有实际意义的成果。很多时候，我们职业生涯发展是一个横向伸展的过程，可能是工作内容范围的扩大，也可能是专业领域的深入，这都需要我们不断提高个人的工作能力，否则我们的职业生涯将会停滞不前。同时，必要的工作能力积累是达到职务目标和收入目标的前提。所以，大学生在制定个人职业生涯规划时，工作能力目标应当优于职务目标。当然，工作能力目标应当切合实际，具有挑战性，并与该阶段的职务、职称目标所要求的条件相匹配。

②工作成果目标。工作成果是进行绩效考核的重要指标，优异的工作成果不仅带给我们荣誉感和成就感，也铺砌了通往晋升之途的道路。

③提高心理素质目标。心理素质在当今社会越来越受到人们的关注和重视。在职业生涯途中，只有心理素质合格的人才能正视现实、努力克服困难、追求卓越；而心理素质差的人只会怨天尤人、自暴自弃。为了使职业生涯规划蓝图能够变成现实，大学生就要不断提高自己的心理素质。提高心理素质目标包括抗挫折、包容他议，也包括在暂时的成功面前保持冷静清醒，做到能屈能伸、宠辱不惊。

④观念目标。观念是对人对事的态度、价值观。当今社会是一个强调观念的社会，各种

各样新的观念层出不穷。这些观念影响着我们的行动,也影响组织、领导、同事、客户对我们的态度。随时更新自己的观念,让自己总是站在前沿地带,也是我们规划个人职业生涯的重要一环。

(二) 目标组合法

目标组合是处理不同目标相互关系的有效措施。如果只看到目标之间的排斥性,就只能在不同目标之间做出排他性选择,而如果能看到目标之间的因果关系与互补性,就能够积极地进行不同目标的组合。目标组合有三种方法:时间组合、功能组合和全方位组合。

1. 时间组合

职业生涯目标在时间上的组合可以分为并进和连续两种情况。

(1) 并进。

职业生涯目标的并进,是指同时着手实现两个平行的工作目标,或者建立和实现与目前工作内容不相关的职业生涯目标。有时候,外部环境给予我们的机会很多,这让我们面临着多个选择,只要处理得好,又有足够的精力和能力来应对,在一定的范围内,是可以做到"鱼与熊掌兼得"的。

这里所说的"同时着手实现两个平行的工作目标",是指在同一期间内进行的不同性质的工作。如上级管理层兼任技术业务项目责任人;或中、高级管理层"双肩挑"的情况,就可以称作目标的并进,类似的情况在很多企业(组织)中也屡见不鲜。而"建立和实现与目前工作内容不相关的职业生涯目标"多发生在中、青年人身上,意在居安思危、未雨绸缪。例如,人们为了获得更大的发展空间,在做好本职工作的同时,进修自己感兴趣的其他课程等。并进,有利于开发我们的潜能,在相同的时间内迎接更大的挑战,发挥更大的价值。

(2) 连续。

连续是以时间坐标为节点,将多个目标前后连接起来,实现一个目标再进行下一个。一般来说,较短期目标是实现较长期目标的支持条件。

目标的期限性也是相对的。随着时间的推移,长期目标成为中期目标,中期目标成为短期目标,短期目标成为近期目标。只有完成好每个近期目标和短期目标,最终目标才有可能实现。

2. 功能组合

很多职业生涯目标在功能上存在着因果关系或互补关系。

(1) 因果关系。

有些目标之间存在着因果关系,如前面提到的工作能力目标与职务目标和收入目标,前者是因,后者是果,其表现为:工作能力提高→职务提升→收入增加。通常情况下,内职业生涯目标是原因,外职业生涯目标是结果。一般因果排序为:观念更新目标→掌握新知识目标→提高工作能力目标→职务晋升目标→经济收入提高目标。

(2) 互补关系。

职业生涯目标的互补关系是显而易见的,一般高校的老师往往同时肩负教学和科研两项任务。教学为进行科研提供了理论基础和方法指导,科研实践又促进了教学内容的丰富更新和教学质量的提高。

3. 全方位组合

全方位组合不仅是指职业的范畴,还涵盖了人生全部活动。全方位组合指职业生涯、家庭和个人事务的均衡发展、相互促进。事业不是生活的全部,任何一个人都不能离开家庭和休闲娱乐，完美的职业生涯规划不应把生活中的其他内容排斥在外，全方位组合可以超越狭隘的职业生涯范畴将全部人生活动联系、协调起来。

三、确立职业生涯目标的注意事项

一个人要获得事业的成功，应当按照人生成功的规律来制定行动的目标。也就是说，一个未来的成功者，必定是一个目标意识很强的人。所谓"目标意识"，就是头脑中始终有清晰的目的，就像是准确控制的导弹一样，一直"咬"着目标不放，直到击中目标为止。当这个目标实现以后，他又会盯住下一个目标，直到事业的成功。制定自己的职业目标并没有想象的那么难，只要考虑一下你希望在多少年之后达到什么目标，然后一步步往回算就可以了。人生要确立一个什么样的事业目标，这要根据主、客观条件和可能性来加以设计。每个人的条件不同，所以目标也不可能完全相同，但确定目标的方法是相同的。

（一）符合社会与组织需求

职业生涯目标，如同一种"产品"。这种"产品"有市场，才有"生产"的必要。因此，在确定职业生涯目标时，要考虑内、外环境的需要，特别是要考虑社会与组织的需要，有需求才有位置。

（二）适合自身特点

不同的人有不同的特点。将目标建立在个人优势的基础上，就能左右逢源，处于主动有利的地位。大学生要选择与自身长处相符或相近的目标。人之才能，各不相同。目标选择不能偏离自身长处，否则便是自己跟自己过不去，自己为自己设置前进道路上的障碍。有的人选择职业生涯目标时违背了以上原则，单凭爱好，但其往往并不能与特长画等号，或者盲目追逐世俗的热点，就容易误入歧途。

（三）高低恰到好处

职业生涯目标是高一些好，还是低一些好？总的来看还是高一些好。苏联的大文豪高尔基说过："我常常重复这样一句话，一个人追求的目标越高，他的才能就发展得越快，对社会就越有益；我确信这也是一个真理。这个真理是由我的全部生活经验，即是我观察、阅读、比较和深思熟虑过的一切确定下来的。"大学生的职业生涯目标，应追求符合实际的远大目标。在与实际相符合的范围内，自我确定的目标越高，发展前途就越大。做到"志存高远"，当前的行动要立足于现实，心中要有符合实际的崇高而远大的抱负，如此则前途无量。有了远大的目标，能起到激励作用，能促进学习，改进工作方法，为达到目标而发奋工作。所定目标如果仅限于自己能力范围之内，只求工作轻松省力，回避新的激励，结果就会使人陷入畏缩不前、消极保守的状态。

值得注意的一点是，目标不是理想，不是希望，而是理想与希望的具体化。理想是对未来事物的想象或希望，是一种崇高的精神境界，而目标是现实的、是具体的。目标与理想的关系是：目标指向理想，两者虽有联系，但不能相互替代。

（四）幅度不宜过宽

奋斗目标有高有低，专业面有宽有窄。在职业生涯规划目标选择中是宽一点好，还是窄一点好呢？一般来说，专业面越窄，所需的力量相对越少。也就是说，用相同的力量对不同的工作对象，专业面越窄的，其作用越大，其成功的机会越多。所以，职业生涯目标的专业面不要过宽，最好是选一个窄一点的题目，把全部身心力量投入进去，较易取得成功。例如，某人想成为一名管理专家，此目标确定得太宽，因为管理包括许多领域，一个人的精力有限，要想成为各方面的管理专家，有点不太现实。如果你想成为一名企业战略管理或品牌管理的专家，经过若干年的努力，就有可能实现。

（五）长短配合恰当

职业生涯目标是长期的好，还是短期的好？答案是应该长短结合。长期目标为人生指明了方向，可鼓舞斗志，防止短期行为。短期目标是实现长期目标的保证，没有短期目标，也就不会有长期目标。特别是在职业生涯发展过程中，通过短期目标的达成，能体验到达成目标的成就感和乐趣，鼓舞自己为了取得更大的成就，而向更高的目标前进。但是，只有短期目标，看不到远大的理想，也会影响理想的激励作用，还会使事业发展摇摆不定，甚至偏离发展方向。

（六）同一时期目标不宜多

就事业目标而论，同一时期目标不宜多，而应集中为一个。目标是追求的对象，你见过同时追逐五只兔子的猎手吗？所谓"一只手抓不起两条鱼"也是这个道理。

有的大学生年轻气盛，自认为高人一等，同时设下几个目标。我们的忠告是：那样的话可能一个目标也实现不了。这不是说你不能设立多个目标，而是你可以把它们分开设置。具体来说，就是一个时期一个目标，拉开时间距离，实现一个目标后，再实现另一个目标。

（七）目标要明确具体

目标就像射击的靶子一样，清清楚楚地摆在那里。干什么，干到什么程度，要有明确具体的要求。比如，从事某一专业，到哪年学习哪些知识，达到什么程度，都要明确、具体地确定下来。目标明确不仅指业务发展目标明确，而且与之相应的其他目标也要明确具体。比如，学习进修目标、思想目标、经济收益目标、身体锻炼目标等，这些目标也要有明确的要求。同时要做到互相配合、共同作用，促进个人的身心、生活和事业的全面发展。无论是什么目标都应有"度"的要求。所谓"度"，一是时间，二是高度和深度，只有这几个方面全面结合，才能成为明确的目标。

（八）职业生涯目标要与生活目标结合考虑

人生除了事业目标，还有财富、婚姻、健康等问题。这些问题都直接影响人生事业的发展和生活质量。所以，财富、婚姻、健康也是人生的重要组成部分，在制定职业生涯目标时应加以考虑。人生立志创一番事业，物质基础是必要的，没有一定的物质基础，事业也难以得到发展。所以，在制定人生事业目标时，适当地对个人收入问题加以设计是非常必要的。其设计的方法是：根据需求和实际能力，把渴望得到的金钱数量，用数字表达出来。婚姻也是人生中的一件大事，处理得好，有助于事业的发展，一生幸福；处理不好，不但影响事业的发展，而且终身痛苦。人人都希望健康、长寿，事业发展也离不开健康，所以要注意锻炼身体。

你的职业生涯目标一旦确定，就不用去在意别人的闲言碎语，不用看别人的脸色行事。你要明白：规划好你的人生，设计好你的发展路线，是你的义务、你的责任、你的权利。世上一切伟人与凡夫俗子的最大区别就是：前者懂得事先设计自己的一生，后者则不懂得或不愿意计划自己的人生。你拥有了接受高等教育的机会，在此期间做好职业生涯规划，正是夯实你事业基础的最佳时机。

※ 拓展阅读

在毕业后的三年时间里，你希望达到哪些目标？表3-15中没有列出了所有的选项，如果你认为对你很重要的一项没有列出，可将它加在"其他"一栏中。

利用表 3-15，按优先顺序排出你最先考虑的三项。

表 3-15 职业目标排序

职业目标	排序	职业目标	排序
打下坚实的基础		开发新产品或服务项目	
达到管理水平或取得几项职业资格		为社会发展做贡献	
平衡好个人生活和事业之间的关系		成为自己工作领域的佼佼者	
出国旅行		影响公司的战略	
完成具有挑战性的任务		其他	
做自己企业的主人			

第四节 职业生涯决策

在第二章中我们已经讲述过克朗伯兹社会学习理论和认知信息加工理论两种职业决策理论。本章主要介绍职业生涯决策的平衡单法和 SWOT 分析法。

一、平衡单法

职业生涯决策的平衡单是协助决策者综合与职业选择相关的各个要素，做出科学决策的一种方法。当我们面临多种选择时，每种选择对我们都会产生不同的影响，决策平衡单把这些选择可能产生的影响放到统一的框架中进行分析，引导个体认真思考每种选择对自身和他人造成的精神和物质方面的得失，并按照重要性给每个因素赋予权重，之后对每个选项给出分数。具体步骤为：

（1）列出自己潜在的 3~5 个职业选项，排列在决策平衡单的顶部。

（2）判断各个职业选项的利弊得失，集中于四个方面进行评估，分别是自我物质方面的得失、他人物质方面的得失、个人精神方面的得失，他人精神方面的得失。

自我物质方面的得失，包括收入、升迁机会、工作稳定性、工作环境的安全、休闲时间、对健康的影响、就业机会、足够的社会资源等。他人（父母、师长、配偶等）物质方面的得失，包括家庭经济、家庭地位、与家人相处的时间等。个人精神方面的得失，包括兴趣的满足、能力的满足、价值观的满足、生活方式的改变、成就感、自我实现的程度、挑战性等。他人（父母、师长、配偶等）精神方面的得失，包括成就感、自豪感、依赖等。

（3）为各考虑项目赋予权重：对个人而言，每个项目的价值是不同的，个体可以主观地给每个项目赋予权重（如 1~5），一个项目越重要，其权重越高，5 为最高权重，表示"非常重要"，3 代表"一般"，1 代表"最不重要"。

（4）给各考虑项目评分，决策者为每个项目赋予数值，代表得失程度，"+""-"号代表得与失，分值在 -5 和 5 分之间，其中 5 代表"完全满足"，0 代表"不知道或无法确定"，-5 代表"完全不满足"。

(5) 逐一计算各个职业选项的得分,与权重相乘,计算各个选项的总分。

(6) 将每个项目所有正负积分相加,得出总分。排列各个职业选项的优先顺序,即可作为个体职业生涯决策的依据。

决策平衡单如表 3-16 所示。

表 3-16　决策平衡单

职业选择项目		重要性权数 (1~5)	职业选择一		职业选择二		职业选择三	
考虑因素			得(+)	失(-)	得(+)	失(-)	得(+)	失(-)
个人物质方面的得失	(1) 收入							
	(2) 工作的难易程度							
	(3) 升迁的机会							
	(4) 工作环境的安全							
	(5) 休闲时间							
	(6) 生活变化							
	(7) 对健康的影响							
	(8) 就业机会							
	其他							
他人物质方面的得失	(1) 家庭经济							
	(2) 家庭地位							
	(3) 与家人相处的时间							
	其他							
个人精神方面的得失	(1) 生活方式的改变							
	(2) 成就感							
	(3) 自我实现的程度							
	(4) 兴趣的满足							
	(5) 挑战性							
	(6) 社会声望的提高							
	其他							
他人精神方面的得失	(1) 父母							
	(2) 师长							
	(3) 配偶							
	其他							
加权后合计								
加权后得失差数								

※ 拓展阅读

小青是一名即将毕业的师范类高职院校毕业生,因为家境不太好且弟弟年幼,自入学之初,她就非常勤勉努力,希望通过优秀的成绩获得奖学金来减轻家庭经济负担。功夫不负有心人,几年来她的成绩一直在班里名列前茅,不仅如此,文字功底扎实的她在读书期间还陆续发表了几篇高质量的文章,深受几家出版公司的青睐。其中一家出版公司甚至表示愿意破格招录她,虽然起薪不高,但是小青欣喜不已。这正是自己梦寐以求的职业啊!

毕业前夕,老师把小青找来谈心,希望她能够继续深造,说凭借她现在的基础,获得更高的学历肯定没有问题,现在的社会越来越重视文凭,有了高学历何愁没有好工作?

小青明白老师的意思,自己的专科文凭不够硬,继续深造是早晚的事情,凭借自己的努力,将来肯定能找到起点更高的工作,但是,继续深造需要支付一笔不小的费用,家里压力比较大。

正当小青难以抉择的时候,另一家销售公司向小青抛出了橄榄枝,原来这家公司有个项目急缺一名文字功底扎实的文案策划,公司经理看到了小青的作品非常欣赏,愿意出高薪聘请她。

小青陷入深深的迷茫中:一个是自己心仪的兴趣所在,一个是有发展潜力的升学之道,一个是解决家庭燃眉之急的现实之需,自己该何去何从呢?

表 3-17 是小青利用职业决策平衡单做出的职业决策的结果。

表 3-17 职业决策平衡单

职业选择项目 考虑因素		重要性权数 (1~5)	出版公司		升学		销售公司	
			+	-	+	-	+	-
个人物质方面的得失	(1) 个人收入	4	2		3		5	
	(2) 未来发展	3	2		5		1	
	(3) 休闲时间	1		2	5			3
	(4) 对健康的影响	2	0		1			2
他人物质方面的得失	(1) 家庭收入	5	2			5	5	
	(2) 家庭地位	3	2		1		3	
个人精神方面的得失	(1) 创造性	3	3		2		2	
	(2) 变化性和多样性	3	2		5		2	
	(3) 影响和帮助他人	2			1			
	(4) 自由独立	2	3		5			
	(5) 被认可	4	2		5		2	
	(6) 挑战性	3			4		3	
	(7) 应用所长	3	5		5		2	
	(8) 兴趣的满足	4	5		4		1	

续表

职业选择项目 考虑因素		重要性权数 (1~5)	出版公司 +	出版公司 −	升学 +	升学 −	销售公司 +	销售公司 −
他人精神方面的得失	（1）父亲	4	2			5	4	
	（2）母亲	4	2			5	4	
	（3）弟弟	4	3		0		3	
	（4）老师	4	2		5		2	
总分			141		64		147	

小青通过职业决策平衡单分析之后，她的决策方案的得分是：销售公司 > 出版公司 > 升学深造，综合平衡之后，销售公司文案策划岗位较为符合小青的职业生涯目标。通过案例分析，我们能发现，列举考虑因素、给每项因素分配权重以及给各项因素打分的过程，就是决策者厘清思路的过程，决策平衡单法提供了一个思考的框架和过程。

二、SWOT 分析法

SWOT 分析是一种非常有效的职业决策的工具。S 代表 Strength（优势），W 代表 Weakness（弱势），O 代表 Opportunity（机会），T 代表 Threat（威胁）。其中，S、W 是内部因素，O、T 是外部因素。

如果我们对自己做一个细致的 SWOT 分析，那么，我们会很清楚地知道自己的优点和弱点在哪里，并且会仔细地评估出自己所感兴趣的不同职业道路的机会和威胁所在。

一般来说，在进行 SWOT 分析时，应遵循以下步骤。

（一）分析环境

包括内部环境和外部环境。内部环境指能力、优势等因素；外部环境指社会、家庭、行业状况、就业形势等。

（二）构建 SWOT 矩阵

将四个方面的因素按对职业生涯决策的影响程度排列出来，其各个问题的重要程度可以用对比矩阵技术分析得出。职业决策中的 SWOT 矩阵如表 3-18 所示。

表 3-18 职业决策中的 SWOT 矩阵

内部因素	优势：个体可以控制并可用的内在积极因素。 （1）工作经验； （2）教育背景； （3）特定的可转移技巧（沟通、领导能力等）； （4）人格特征（职业道德、自我约束、工作压力、创造性等）； （5）广泛的人际关系网络； （6）专业的影响力	弱势：个体可以控制并努力改善的内在消极因素。 （1）缺乏工作经验； （2）缺乏目标，自我认识和工作认识不足； （3）学习成绩差，专业不对口，缺乏专业知识； （4）较差的领导能力、人际交往技巧、团队合作能力等； （5）负面的人格特征（职业道德、自律性、工作动机、情绪化等）；

续表

外部因素	机会个体不可控但可利用的外部积极因素。 （1）就业机会增加； （2）再教育机会； （3）专业领域急需人才； （4）自我提高所带来的机遇； （5）专业晋升机会； （6）专业发展机会； （7）职业道路选择带来的独特机会； （8）地理位置优势； （9）强大的关系网	威胁：个体不可控但可以弱化的外部消极因素。 （1）就业机会减少； （2）同专业名校大学生带来的竞争； （3）具有丰富技能、经验、知识的竞争者； （4）缺少培训、再学习所造成的职业发展障碍； （5）工作晋升有限； （6）专业领域发展有限； （7）工作不再聘用与你同等学力或专业的员工

（三）组合决策类型

遵循内部因素与外部因素结合的原则，组合出四种类型，如表 3-19 所示。

表 3-19　SWOT 分析

内部环境分析＼外部环境分析	机会（O） （1） （2） （3）	威胁（T） （1） （2） （3）
优势（S） （1） （2） （3）	机会—优势（OS）策略 （1） （2） （3）	威胁—优势（TS）策略 （1） （2） （3）
弱势（W） （1） （2） （3）	机会—弱势（OW）策略 （1） （2） （3）	威胁—弱势（TW）策略 （1） （2） （3）

构建这样的组合是为了制定出相应的策略，以发挥优势因素；利用机会因素，克服弱势因素，化解威胁因素。SWOT 分析法要求必须对组合类型进行系统的、综合的分析，这样才能得出一系列适合自己的可选择的策略。由于各种因素都在随时间发生变化，我们的选择应该时时调整，大学生可以每隔一段时间做一次，在校期间至少要做两次。

SWOT 分析的目的是强化优势，抓住机会。如何化解威胁，对待弱势，应具体情况具体分析。如果威胁一直存在，不能回避，就要用优势战胜它。如果弱势不构成职业生涯发展的障碍，就不要太在意，反之，要尽可能地去弥补。一般而言，花时间去弥补弱势，不如花同样的时间强化自己的优势。

（1）OS 策略（最大与最大策略），即着重考虑优势因素和机会因素，目的在于努力使这两种因素都趋于最大。

（2）TS 策略（最大与最小策略），即着重考虑优势因素和威胁因素，目的是努力使优势因素趋于最大，使威胁因素趋于最小。

（3）OW 策略（最小与最大策略），即着重考虑弱势因素和机会因素，目的是努力使弱势趋于最小，使机会趋于最大。

（4）TW 策略（最小与最小策略），即考虑弱势因素和威胁因素，目的是努力使这些因素都趋于最小。

OS 策略是四大策略中最重要的，因为很多弱势是难以弥补的，与其着重于弥补弱势，还不如突出优势。因此，在几个自己感兴趣的职业目标中选择与 OS 策略最匹配的职业目标，这样自己的努力也将更容易获得回报，事半功倍。

※ 拓展阅读

小史是环境设计专业的学生，在校期间专业成绩优秀，多次参与家庭、办公楼、商场规划方案的设计；而且一直担任学生干部，得到了老师和同学的认可。但是小史性格有些急躁，遇事易冲动，有时候很难踏踏实实完成工作。现在，小史面临毕业，想找一份与专业相关的工作。那么，他应如何进行自己的 SWOT 分析呢？小史的 SWOT 分析如表 3-20 所示。

表 3-20 SWOT 分析

内部环境分析 \ 外部环境分析	机会（O） （1）环境设计方面人才需求旺盛； （2）环境设计行业发展前景不错； （3）环境设计专业人才较受重视	威胁（T） （1）设计行业竞争激烈； （2）区域经济形势不乐观； （3）企业看重经验与专业能力
优势（S） （1）专业成绩优秀； （2）学生干部经历； （3）设计实践经验； （4）人际关系和谐	机会—优势（OS）策略 （1）发挥专业优势，融入企业； （2）发挥担任学生干部的优势	威胁—优势（TS）策略 （1）准确定位竞争优势； （2）强调自身经验能力； （3）合理明确职业定位
弱势（W） （1）工作阅历缺乏； （2）性格急躁，容易冲动	机会—弱势（OW）策略 （1）增加跨行业经验； （2）学习职业技能课程； （3）完善自身性格	威胁—弱势（TW）策略 （1）克制冲动的个性； （2）专业细分，差异化竞争； （3）积极寻找发挥优势的机会

职业决策结论：定位于本区域内房地产设计服务公司，从事具体的规划设计工作，在工作中进一步提升自己。

分析：看过小史同学的 SWOT 分析实例，你是否受到了启发？结合自身实际情况，采用"关键提问法"，即不断地向自己提问，做一份自己的 SWOT 分析记录，进一步了解自己，明确自己的职业决策目标。

第五节 撰写职业生涯规划书

职业生涯规划是对个人职业发展道路进行选择和设计的过程，规划的内容和结果应该在规划过程中及规划后形成文字性的方案,以便理顺规划的思路,提供操作指引,随时评估与修正。

一、职业生涯规划书的内容

一个完整有效的职业生涯规划文案应该包括八项内容。

(1) 标题：包括姓名、规划年限、年龄跨度、起止时间。规划年限不分长短,可以是1年、3年、5年,甚至是20年,视个人的具体情况而定。建议大学生规划年限为3~5年。

(2) 目标确定：确立职业方向、阶段目标和总体目标。职业方向即从业方向,是对职业的选择;阶段目标是职业规划中每个时间段的目标;总体目标即当前可预见到的最长远目标,也是在特定规划中的终极目标。在确定总体目标时,如果能适当地看得远一些,定得高一些,则有助于最大限度地激发规划者的潜能。

(3) 个人分析结果：包括对自己目前的状况分析和对自己将来的基本展望,同时也包括对自己职业生涯有一定影响的角色建议。

(4) 社会环境分析结果：是指对政治、经济、文化、法律和职业环境等社会外部环境的分析。

(5) 组织（企业）分析结果：主要是对职业、行业与用人单位的分析,包括对用人单位制度、背景、文化、产品或服务、发展领域等的分析。

(6) 目标分解与目标组合：分析制定、实现目标的主要影响因素,通过目标分解和目标组合的方法做出果断明确的目标选择。目标分解是根据观念、知识、能力、心理素质等方面的差距,将职业生涯中的远大目标分解为有一定时间规定的阶段性分目标;目标组合是将若干阶段性目标按照内在的相互关系组合起来,达成更为有利的可操作目标。

(7) 实施方案：首先找出自身观念、知识、能力、心理素质等方面与实现目标要求之间的差距,然后制定具体方案逐步缩小差距以实现各阶段目标。

(8) 评估标准：设定衡量此规划是否成功的标准,如果在实施过程中无法达到制定的目标或要求,应当如何修正和调整。

需要注意的是,规划书内容的顺序与规划的步骤不是完全一致的。职业生涯规划的第一步是进行自我评估,其次是进行环境评估,然后才是职业目标的确立;而规划书内容的顺序是先写出职业方向和总体目标,然后再写出自我分析和环境分析的结果。其实,这并不矛盾。因为规划书的形成是建立在按正常步骤进行规划的基础之上的,将职业方向与目标提前,是为了阅读上的方便,突出核心主题——规划的目标,并有利于与实施方案进行对照、检查和修订。

二、撰写职业生涯规划书的注意事项

(1) 职业生涯规划是建立在对自己的兴趣、特长、能力、社会需要等各方面全面了解评估的基础上的,进行目标设定时一定要结合自身特点和情况,不能完全脱离现实。要认清兴趣与能力,能力与社会需求都是存在一定差异的,我们要做的是在这诸多因素中找一个结合点,将自己的经历经验、专业技能、兴趣特长都有机地结合起来,这样的职业目标才会有生命力。

(2) 有的学生在撰写规划书时,对自我的分析仅凭自我认识及他人评价,这是不全面的,也缺乏足够的理论依据。正确的做法是将个人认识、他人评价和测评结果有机结合,形成一个较为全面的自我认知,据此设定的目标的可信度才较高。当然,由于各种测评的有效度和可信度也不是绝对的，所以也不可完全根据测评结果设定职业目标。

（3）措施要有可行性。针对职业目标制定的措施一定要具有可行性，最好制定出长期、中期、短期计划，并拟定详细的执行方案和时间限制。高年级的学生可将重点放在就业 3 至 5 年内的职业规划；低年级的学生可将重点放在大学生涯的规划上，但都应突出为职业发展所做的准备工作。

（4）规划书应有自己的风格和特色：无论是行文的风格、叙述的方式、文案的设计，还是职业目标的选择、职业路线的设计等，要彰显自己的个性与特色。

（5）撰写规划书还有几忌：忌大，忌空，忌记流水账，忌条理不清，忌文法不通、错别字连篇，忌过于煽情、没有理性分析；忌死气沉沉、没有朝气。

※ 拓展阅读

职业生涯规划书（范文）

姓名：×××

性别：男

年龄：22 岁

所在学校：××学院

一、前言

我们每个人都有自己独特的技能、天赋和能力。在当今分工非常明细的市场经济社会，每个人擅长于某一领域，而不可能样样精通。要想在当今社会有一个好的发展，首先我们要对自己的性格、特长、能力、兴趣等等有一个清楚的认识；其次是要对自己的职业生涯有一个合理的规划。如果说人生是一次旅行，而规划则是一幅地图，它可以帮助我们选择合理的路线，以最短的时间，走最少的弯路，到达目的地。人生是需要用心规划的，像预先计算好的框架，等待着你的星座运行。如果期待改变我们的命运，首先要改变心的轨迹。

二、我的职业发展目标

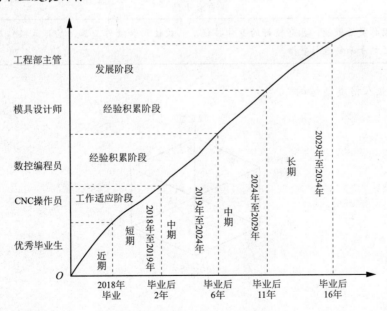

三、自我认识

（一）职业兴趣类型

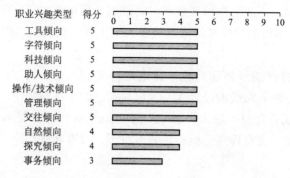

小结：通过测评可以看出我的职业兴趣类型较平衡。结合自身实际情况分析，我更具有工具倾向、操作/技术倾向和管理倾向。我想从事的职业与这些倾向的对应职业相符。这说明我在自己想从事的职业方面具有发展的可行性。

（二）个性特征

1. 综合特质	2. 能力优势
非常独断，采取直接有力的行动或迷人的社交手腕。人生目标明确并有完成的决心与毅力，试图取得支配权。期望受到真心的尊重与喜爱	勇于挑战；在困难环境中茁壮成长；承担风险以获得成功，积极主动；冲动与充满活力
3. 人际关系	4. 激励因子
社交能力强；极具说服力；展现迷人的魅力；面对压力则变得严厉；外向且步调快；面对问题不怕冲突；不推诿退缩	工作与生活都有成就；不喜欢原地踏步；具有难度的挑战；远大的目标与企图；不断朝目标前进
自我小结	
身体强健，动作灵活敏捷，具有较好的身体技能。喜欢使用和操作工具，尤其是操作那些大型机械。热衷于通过自己的手来创造新事物	

（三）职业人格类型结构

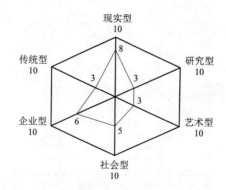

职业人格类型分析

类型名称	得分	类型解释
现实型	8分	做事踏实，为人安分，不太擅长社交
企业型	6分	乐观主动，喜欢发表意见，有管理才能
社会型	5分	为人热情，擅长与人沟通，人际关系佳
研究型	3分	思维缜密，擅长分析，倾向于创新
艺术型	3分	思维活跃，创造力丰富，感情丰富
传统型	3分	忠实可靠，情绪稳定，缺乏创造力，遵守秩序

分析：从上表中可以看出我的职业人格为现实型和企业型，适合从事与企业型和现实型相适应的工作。

（四）机械操作职业适合度

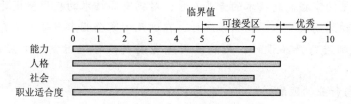

测评结果：从测评结果来看，"能力、人格、社会"方面我符合机械操作职业要求。职业适合度高达8分，接近优秀，可见我在这个领域比较容易获得成功。

自我评析：根据人职匹配原则，从事机械操作职业要具备一些关键的能力和素质，如稳定性、有恒心、社会责任感、灵活性、计划性、注意力、机械能力、观察力、适应能力等。我自身的能力和素质比较符合该职位要求，我非常喜欢操作机械设备，自己动手加工出一个东西，觉得很有成就感。从事机械操作工作是我毕业求职的最佳选择。

（五）总结

我的职业兴趣倾向为：工作倾向、操作技术倾向、管理倾向。说明我在自己想从事的职业方面具有发展的可行性。

职业人格类型为现实型和企业型，表明我适合从事机械操作和管理工作。

职业适合度高达8分，表明我适合选择机械操作职业。

人格评价表明我成熟、细心、稳重、责任心强、计划性高，这种人格特质非常有助于我选择从事机械操作工作。

以上分析坚定了我的职业选择——CNC操作员。

四、职业认知

（一）社会环境分析

21世纪，世界制造业正在进行着一场深刻的战略性重组，欧美、日本等制造业发达国家在努力保持本国高新技术垄断地位的同时，正以降低生产成本和提高市场竞争力为最终目标，在全球范围内进行着新一轮制造业资源的优化配置。中国已经成为世界制造业大规模转移和抢滩登陆的一个重要市场。中国工业将打造新的经济增长平台。

（二）行业分析

据统计（国际塑料工业网——"专家对模具行业未来发展的分析"）：电子、汽车、电机、电器、仪器、仪表、家电、通信和军工等产品中，60%～80%的零部件，都要依靠模具成型。用模具成型的制件所表现出来的高精度、高复杂性、高一致性、高生产率和低消耗，是其他加工制造方法所无法比拟的。模具在很大程度上决定着产品的质量、效益和开发能力。

我国模具生产总量位居世界前列，全国有几万家模具生产企业。广东省是我国制造业信息化的示范省，CAD/CAM技能型人才在广东省有着广阔的市场。近年来，大量香港和台湾的制造业迁往广东，特别是深圳周边地区，从而带动了深圳机电行业，特别是模具制造业突飞猛进的发展。深圳已成为全国最大的模具生产基地之一，如深圳市的宝安、龙岗、龙华等地机械模具、塑胶等行业有几千家，同时与本专业密切相关的电器机械、电工器材制造业、计算机、仪器仪表、计量器等制造业也有近几千家。

有关专家还认为，我国模具行业将向大型、精密、复杂、高效、长寿命和多功能方向发展。企业需要大量的掌握高新技术的专业人才，对拥有高技术的应用型模具人才更是求贤若渴。许多企业主动到高校要人。据初步统计，在这几千家企业中，每年都需要吸纳数以千计的既能利用计算机进行产品设计，又能应用先进高新设备进行制造的应用型高级技术型人才。

（三）专业与行业的匹配

所学专业就业范围主要有以下几方面：

（1）模具设计、制造企业、数控加工企业（约占65%）；

（2）塑胶行业（约占20%）；

（3）各类电子产品及其他制造行业（约占10%）；

（4）其他（约占5%）。

主要岗位：可在上述企业（部门）从事以下岗位的工作：

（1）产品设计与开发、模具设计（塑胶模、五金模）工作；

（2）技术改造工作；

（3）数控机床（电火花、线切割机、数控车、铣床）及其他计算机控制；

（4）设备的操作、维护及检修工作。

（四）学校环境分析

我就读的××学院是全国数控技术应用领域技能型紧缺人才培养培训基地，是中央财政支持的教育实训基地。作为××市政府重点建设项目，我院的新校区选址在××市奥体中心城，校园占地1500亩，总投资16.04亿元，到2022年办学规模将达1.3万人。学院坚持"国家级、应用型、创新型、学习型"的办学定位，强化"生本教育"理念，实行多层次、多形式、开放式办学，现已与26家著名企业签署了研发实训合作协议，聘请行业名家、企业总裁、校外教授以及中国工程院院士来学院讲学，参与学院的专业建设，指导教学。定期开展生产性实践周活动，到企业顶岗培训，零距离培养。扎实的理论基础、丰富的社会实践、贴近企业一线的实操训练，使我院的毕业生深受社会各界欢迎。

五、职业生涯规划设计

（一）SWOT 分析

	优势因素（S）	弱势因素（W）	解决方案
内部环境因素	（1）勤恳敬业，吃苦耐劳。 （2）成熟、细心、稳重、有计划性。 （3）积极乐观、勇于挑战。 （4）自信、独立、工作注意发挥主观能动性。 （5）接受新事物能力较强。 （6）做人诚实、正派。 （7）兴趣广泛，思想活跃	（1）有时过于自信，会忽略他人意见。 （2）容易相信别人，易受骗。 （3）有时比较固执。 （4）考虑问题有时不够全面。 （5）有时比较情绪化。 （6）工作经验不足	（1）凡事以大局为重。 （2）遇事多与其他人商讨。 （3）改变自己固执的性格。 （4）在校期间，坚持到工厂实践性学习，积累经验
	机会因素（O）	威胁因素（T）	解决方案
外部环境因素	（1）××市委市政府对本地大学生的就业有积极的政策。 （2）国家经济发展势头好。 （3）模具行业发展前景好。 （4）技能型人才紧缺。 （5）学院提供良好的教育环境。 （6）自己的亲戚朋友有从事模具行业的，为以后的就业提供帮助	（1）每年大学生数量逐步增加，竞争激烈。 （2）企业对人才的要求越来越高。 （3）失业率增加。 （4）海外留学回国的人越来越多，增加了竞争	不断学习，除了要专业精，还要把知识面向其他领域扩展
结论	分析结果显示：我的内部优势因素突出，外部机会因素明显；只要采取恰当的解决方案并逐一落实，弱势因素和威胁因素是能够化解的。因此，选择机械操作职业，对我来说，是一个可行、可靠、可成功的恰当选择		

（二）确定职业目标

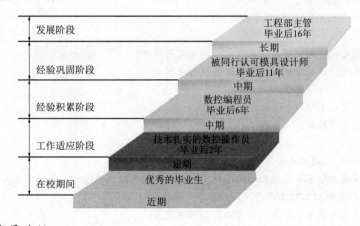

六、职业发展路径

（一）寻找职业最佳发展路线

路线1：

该路径有可能成功，但成功概率较小，如直接走该路线则对基层了解少，缺少基层工作

经验,不利于以后发展。所以不选择该路线。

路线2:

该路径可行,但是自己对钳工兴趣不高且没有对数控机床熟悉,而且是编程与模具设计只取其一,这使自己的专业技能掌握面降低。而工程部主管需要掌握全面的技能。所以该路线可作为自己的备选路径。

路线3:

该发展路径较好,可以掌握较全面的知识,可以积累丰厚的经验,对于日后从事技术管理工作奠定扎实的技术功底,对于解决模具生产过程中出现的问题提供了可靠的保障。这也符合我的知识结构、技能水平和目前自我提升准备的情况。因此,该路径为首选路径。

(二) 实施计划

1. 短期职业计划

职业目标:技术扎实的 CNC 操作员
行动方案
★在校期间学好专业理论知识。 ★到模具厂实习,积累经验。 ★工作后尽快适应工作及工作环境。 技术方面: (1) 虚心向师傅和同行学习,不懂就问; (2) 以最短的时间充实 CNC 操作方面的知识。 人际方面: (1) 与团队成员之间:与同事多沟通交流,遇事求同存异; (2) 与管理者之间:服从管理,遵守企业各项规章制度。 软件方面: (1) 巩固已经学过的 CAD、UG 等软件的使用; (2) 学习相关的应用软件。 硬件方面: (1) 充分了解 CNC 数控机床的各项性能,熟练操作机床。 (2) 若数控机床是西门子等未接触过的系统,则利用一切可以利用的时间尽快熟悉和掌握它。 ★踏实认真的工作。做好本职工作后,帮助同事完成工作。 (1) 不多讲求薪酬的高低,重在汲取经验,提升自我; (2) 严格要求自己,潜心做好本职工作,精益求精; (3) 充分发挥自己的才能,为企业创造尽可能多的价值; (4) 在完成本职工作的基础上,尽可能帮助那些有需要的同事。 ★利用空余时间学习《企业管理》等课程相关知识

2. 中期职业计划

职业目标1：编程工程师（毕业后6年）
职业目标2：模具设计师（毕业后11年）
行动方案
★利用空闲时间自学其他软件。 要熟练掌握UG、AutoCAD、Powermill软件的使用；学习Pro/E、Master CAM的使用； ★在任CNC操作员期间努力学习并巩固数控编程知识，为以后学习、工作的转变做好准备。 ★进入编程领域，注意经验的积累。吸取他人编程经验，使自己编出合理且经济的程序；对模具构造进行深入了解，为从事模具设计工作奠定基础； ★服从管理，认真工作，创造更多的价值。 （1）技术指标：瞄准本厂的顶尖技术能手； （2）工作目标：尽量缩短生产周期，模具质量达到优秀； ★每年全面体检一次，身体是革命的本钱。 ★参加企业管理培训班的学习，取得相应证书及职称。 ★28岁以后若时机成熟就结婚

3. 长期职业计划

职业目标：工程部主管
行动方案
★参加更高层次的管理培训，取得相应的文凭和证书。 ★进入管理领域，提高自身的决策能力、创造能力、社交能力、实际操作能力、组织管理能力和自我发展的终身学习能力、心理调适能力、随机应变能力等。 ★继续学习深造，学习其他方面的知识，如经济、市场营销等，丰富自身的知识体系，增加自己的竞争筹码。这样才能技压群雄，才有能力去领导其他人。 ★以保持稳定的工作为前提，有机会就向更高层次发展。 ★按时体检。

七、评估调整

时代在发展，社会在不断进步，未来会发生什么事我们也很难预料，几十年的职业规划我们不可能具体到每天或每月，就我个人而言，我采用以下方式对自己的职业规划进行管理，适时反馈改进。

首先将自己的职业发展大方向确定，然后根据现实情况提前一年制订下一年每个季度的计划，提前一个季度制订下一季度中每个月的计划，提前一个月制订下个月每周的计划，提前一周制订下一周每天的计划。逐步详细、细化，保证每个步骤的可行性，最大限度地减少计划的错误。

每周进行一次小结，看是否完成该周的任务，并规划下周任务。每月进行一次总结，从工作、家庭、学习、收入、人际、健康等方面进行评估，看是否都是围绕自己的目标朝着有利的方向发展，找出不足及时调整下月计划。每年进行一次大的总结，回顾一年来自己的目标达成情况，依然从工作、家庭、学习、收入、人际、健康等方面进行评估并找出不足，作为下一年计划的重点实施对象。做到及时发现问题及时反馈并改正。

我相信：职业生涯要规划，更要经营。起点是自己，终点也是自己，没有人能够代劳。

第四章
提升职业素养

※ **学习目标**

1. 了解职业道德规范，认识职业道德规范的重要性。
2. 了解自己的目标岗位的职业要求，制订个人素质提升计划。
3. 掌握提高个人素质的方法。

※ **案例引入**

可口可乐的某个分公司有一个奇特的招聘制度，那就是"一题过关制"。所谓"一题过关制"，是说在招聘管理人员时，面试只有一道题，如果求职者能够回答得十分到位，那么就可以顺利进入可口可乐公司的管理层。而这道题的题目就是：谈谈你对责任的理解。

在一次招聘中，当求职者看到这道题目的时候，都认为十分简单。在面试的过程中，他们都把自己对责任的理解分析得很充分，也很到位，可谓侃侃而谈。然而，应聘的结果却出乎所有人的意料：十名求职者中，一位也没通过。面对这个结果，表现突出的几位求职者开始对可口可乐公司的意图产生了怀疑："难道你们并不是真心诚意想要招聘人才，而是为了哗众取宠？"

面对应求职者们的质疑，公司负责招聘的经理进行了解释："其实，我们也很遗憾，我们都很欣赏各位的才华，你们对问题的分析也是层层深入，语言简洁畅达，各位面试官都非常满意。但是，你们对这次面试并没有完全做到位，因为在我们的这道题目当中还隐藏着另外一个问题，遗憾的是，你们任何一个人都没有注意到这一点。"大家听了这话，面面相觑，都不知道这是什么意思。

看到大家疑惑的样子，招聘经理接着说："其实这个问题你们都注意到了，只不过，你们没有将它与面试的题目联系到一起，它就是：倒在门边的那个纸篓。你们走进来的时候，没有一个人把它扶起，有的人从上面跨了过去，有的人甚至还往旁边踢了一下。""对责任的深刻理解远不如做一件体现责任心的小事，后者更能显现你的责任感。"招聘经理最后说。

一个没有责任感的员工绝对不是一个优秀的员工。每个企业都很清楚自己最需要什么样的员工，哪怕你是一名普通的员工，做着最普通的工作，但只要你能够担当起你的责任，那么你就是企业最需要的员工。

※ 思考问题

（1）你对职业责任有什么认识？
（2）就你本人所学专业而言，你认为最重要的职业素养是什么？

第一节 职业素养

职业素养受到越来越多现代企业的重视，现代企业在招聘应届毕业生时更加关注毕业生职业素养方面的内容，职业道德、职业态度等方面的综合素质是企业考量一个毕业生是否符合企业需求的重要方面。

什么是职业素养呢？职业素养是指职业内在的规范和要求，是在职业发展过程中表现出来的综合品质，包含职业道德、职业技能、职业行为、职业作风和职业意识等方面。一般来讲，职业素养至少包含两个重要因素：敬业精神及合作的态度。敬业精神就是在工作中将自己作为公司的一部分，不管做什么工作一定要做到最好，发挥出实力，对于一些细小的错误一定要及时地更正，敬业不仅仅是吃苦耐劳，更重要的是"用心"做好公司分配的每份工作。态度是职业素养的核心，好的态度如负责的、积极的、自信的、建设性的、欣赏的、乐于助人的，是决定成功的关键因素。

一、培养职业素养的重要性

当代大学生在求职过程中暴露出种种职业素养缺失问题，这让我们感受到大学生职业素养培养的重要性和必要性，提高职业素养不仅能够帮助大学生提升就业竞争力，而且能帮助大学生适应职业发展的要求，提升胜任工作的能力。

在高等教育大众化的今天，用人单位可选择余地越来越大，超越学历之外的职业素养受到用人单位的特别关注。多数用人单位在招聘员工时，更多考虑的是为本单位输入所需要的人才，实现合理配置。求职者的职业素养成为用人单位一个重要的录用标准。从个人发展的角度来看，只有具备了良好的职业素养，才能在职场上开辟属于自己的天地，职业素养是职业人最强的竞争力之一。个人缺乏良好的职业素养，就很难取得突出的工作成绩，更谈不上建功立业。从用人单位角度来看，唯有具备较高职业素养的人员才能实现求得生存与长足发展的目的，具备较高职业素养的员工可以帮助单位树立形象、节省成本、提高效率，从而提高单位在市场中的竞争力；从国家的角度来看，国民职业素养直接影响着国家经济的发展。因此，大学生只有具备良好的职业素养，才能成为一个受欢迎的职业人。

※ 拓展阅读

找一份好工作不仅要有专业知识，一些小细节更能体现应届毕业生的职业素养。近日，在一场企业校园招聘会上，一个应届毕业生竟当众打起了毛衣。

招聘会在本市某高校举行，上午9点正式开始。直到9点半，仍有不少应届毕业生慢吞吞走进来。招聘会上首先由公司人事部门主管讲企业文化，虽然只有短短10多分钟，但大学生们却非常不耐烦，下面异常嘈杂，不时传来笑声；当这位主管讲到公司未来几年的发展规划时，一位女生竟然忍不住打起了毛衣。最后公司接受简历时，应届毕业生们一拥而上，混乱的场面令在场的公司招聘人员尴尬不已。

一位应届毕业生说，公司讲的内容直接看材料就行了，我们更关心企业招什么人，给我们什么待遇。与其花很多时间"听课"，不如到外面寻找机会。而这位主管说，其实了解企业文化、今后发展的规划是应届毕业生开始职业生涯的第一步，不加重视会影响他们今后的发展。

校园招聘承办方无奈地说，类似场景在今年校园招聘会上已见到好几次，学生迟到了不着急，也不关注企业文化，投递简历更是乱作一团，这些都说明大学生的职业素养缺失。

二、职业素养的特征

（一）职业性

不同的职业对职业素养的要求有所不同，例如，对医护人员的素养要求肯定不同于对老师的要求。

（二）稳定性

一个人的职业素养是在长期的职业活动中日积月累形成的，会保持相对的稳定性。例如，一名老师经过几年的教学实践，就逐渐形成相对稳定的教师职业素养，而且随着其继续学习、工作和环境的影响，这种职业素养还可以继续提升。

（三）内在性

职业人在长期的职业活动中，经过自己学习、认识和亲身体验，觉得怎样做是对的，怎样做是不对的，这样有意识地内化、积淀和升华心理品质，就是职业素养的内在性。我们经常听说，把这件事交给某人去做很放心。为什么放心呢？就是因为其内在职业素养好。

（四）整体性

整体性是职业人的知识、能力和其他个性品质在职业活动中的全面表现。我们说某人职业素养好，不仅是指其职业道德、专业素养好，还包括职业技能等。

（五）发展性

一个人的职业素养是通过教育、自身社会实践和社会影响逐步形成的。随着社会的发展，对从业者素养的要求越来越高，为了更好地适应、满足时代发展和科技进步的需要，需要职业人不断提高自己的职业素养。

三、大学生职业素养的自我培养

作为职业素养培养主体的大学生，在大学期间应该学会自我培养。

（一）要培养职业意识

雷恩·吉尔森说："一个人花在影响自己未来命运的工作选择上的精力，竟比花在购买穿了一年就会扔掉的衣服上的心思要少得多，这是一件多么奇怪的事情，尤其是当他未来的幸福和富足要全部依赖于这份工作时。"很多高中毕业生在跨进大学校门之时就认为已经完成了学习任务，可以在大学里尽情地"享受"了。这正是他们在就业时感到压力的根源。清华大学樊富珉教授认为，中国有69%～80%的大学生对未来职业没有规划，就业时容易感到压力。中国社会调查所完成的一项在校大学生心理健康状况调查显示，75%的大学生认为压力主要源于社会就业。50%的大学生对于自己毕业后的发展前途感到迷茫，没有目标；41.7%的大学生表示目前没考虑太多；只有8.3%的人对自己的未来有明确的目标并且充满信心。培养职业意识就是要对自己的未来有规划。因此，大学期间，每个大学生应明确我是一个什么样的人？我将来想做什么？我能做什么？环境能支持我做什么？着重解决一个问题，就是认识自己的个性特征，包括自己的气质、性格和能力，以及自己的个性倾向，包括兴趣、动机、需要、价值观等。据此来确定自己的个性是否与理想的职业相符；对自己的优势和不足有一个比较客观的认识，结合环境如市场需要、社会资源等确定自己的发展方向和行业选择范围，明确职业发展目标。

（二）配合学校的培养任务，完成知识、技能等显性职业素养的培养

职业行为和职业技能等显性职业素养比较容易通过教育和培训获得。学校的教学及各专业的培养方案是针对社会需要和专业需要所制定的。旨在使大学生获得系统化的基础知识及专业知识，加强大学生对专业的认知和知识的运用，并使其获得学习能力，养成学习习惯。因此，大学生应该积极配合学校的培养计划，认真完成学习任务，尽可能利用学校的教育资源，包括老师、图书馆等获得知识和技能，为将来职业需要做储备。

（三）有意识地培养职业道德、职业态度、职业作风等方面的隐性素养

隐性职业素养是大学生职业素养的核心内容。核心职业素养体现在很多方面，如独立性、责任心、敬业精神、团队意识、职业操守等。事实表明，很多大学生在这些方面存在不足。有记者调查发现，缺乏独立性、会抢风头、不愿下基层吃苦等表现容易断送大学生的前程。如厦门博格管理咨询公司的郑甫弘在进行一次招聘时，一位来自上海某名牌大学的女生中文笔试和外语口试成绩都很优秀，但在最后一轮面试被淘汰。他说："我最后不经意地问她，你可能被安排在大客户经理助理的岗位，但你的户口能否进深圳还需再争取，你愿意吗？"结果，她犹豫片刻回答说："我先回去和父母商量再决定。"缺乏独立性使她失去了工作机会。而喜欢抢风头的人被认为没有团队合作精神，用人单位也不喜欢。如今，很多大学生生长在"6+1"的独生子女家庭，因此，在独立性、承担责任、与人分享等方面都不够好，相反他们爱出风头、容易受伤。因此，大学生应该有意识地在学校的学习和生活中主动培养独立性，并学会分享、感恩，勇于承担责任，不要把错误和责任都归咎于他人。自己摔倒了不能怪路不好，要先检讨自己，承认自己的错误和不足。

大学生应该加强自我修养，在思想、情操、意志、体魄等方面进行自我锻炼。同时，还要培养良好的心理素质，增强应对压力和挫折的能力，善于从逆境中寻找转机。

第二节 提高职业道德

职业道德，是指从事一定职业的人在职业生活中应当遵循的具有职业特征的道德要求和行为准则。随着现代化社会的发展和专业化程度的增强，就业市场竞争日趋激烈，整个社会对从业者的职业素养等要求越来越高。在当前的社会发展进程中，人才的不断增多与市场的高质量要求，使就业形势不断严峻与就业压力不断增加，包括大学生在内的每个社会成员，都应该遵守以爱岗敬业、诚实守信、办事公道、服务群众、奉献社会为主要内容的职业道德。

职业道德对于当前的大学生来说，是确保其作为职业人在自身岗位上不断认识自己、超越自己并创造自身价值的重要因素。它对大学生以后在工作岗位上的表现有着最直接的影响。良好的职业道德能够为社会营造稳定有序的工作氛围，有效调节整个社会职业活动中的各种矛盾，让就业关系更加融洽；同时，良好的职业道德也能够促进就业环境良好循环，使各类人才各尽所用。

一、爱岗敬业

爱岗敬业是指忠于职守的事业精神，这是职业道德的基础。爱岗就是热爱自己的工作岗位，热爱本职工作，敬业就是要用一种恭敬严肃的态度对待自己的工作。

爱岗敬业是人类社会最为普遍的奉献精神，它看似平凡，实则伟大。任何一份职业，一个工作岗位，都是一个人赖以生存和发展的基础保障。同时，一个工作岗位的存在，往往也是人类社会存在和发展的需要。所以，爱岗敬业不仅是个人生存和发展的需要，也是社会存在和发展的需要。

敬业需要我们用尽职尽责的态度对待，因为我们只有先尊重了自己的工作，才能唤起他人对这个行业的尊敬，才能使自己所从事的工作展现它应有的光彩。你所热爱的本职工作，它会带来一份只有你才能体会到的幸福感和荣誉感。

二、诚实守信

诚实守信是中华民族的传统美德，是人与人之间相处的道德规范，更是作为当代大学生必须具备的品质。

媒体经常报道一些大学生在求职过程中存在夸大在校成绩，各类证书造假，编造工作、实习经历，毁约等诚信缺失问题。在体制转轨和社会转型时期，大学生的道德取向出现多元化趋势，使传统的职业道德观念受到一定冲击。人们的职业忠诚度出现滑坡，表现出较大的职业浮躁情绪，反映在实际工作中，就表现为较为明显的急功近利行为。近年来，高校毕业生出现了频繁跳槽、盲目"裸辞"的现象，许多用人单位认为高"流失率"造成的用人成本太高，同时对当代高校毕业生的职业忠诚度和个人信誉产生了较大怀疑，从而大大影响了用人单位录用、重用大学生的热情，这种现象反过来又进一步影响了大学生们爱岗敬业的热情，如此恶性循环，最终加剧了大学生就业难。一个不遵守职业道德、不信守职业承诺的人，无论其职业技能有多高，都不可能成为高素质的职业人。

三、办事公道

办事公道是很多行业、岗位必须遵守的职业道德，其含义是以国家法律法规、纪律、规章以及公共道德准则为标准，秉公办事，公平、公正地处理问题。

※ 拓展阅读

在美国的某个乡村有一个芬格斯酒吧，老板是一个犹太人。美国前国务卿基辛格是犹太人的后裔，一次，他想去这个酒吧体验一下犹太人的民风。前一天他打电话给老板芬格斯说会带十个随从去光顾酒吧，到时请老板谢绝其他的顾客。芬格斯当即拒绝了他的要求，自己的酒吧十多年来一直是依靠这些老顾客才生存下来，让他将他们拒之门外他做不到。基辛格只得遗憾地放下了电话。这件事后来被酒吧的顾客传为美谈,芬格斯酒吧因此生意更兴隆了。

四、服务群众

服务群众是"为人民服务"的道德要求在职业道德中的具体体现,是国家机关工作人员和各行业工作人员必须遵守的道德规范。服务群众是职业道德的核心,落实到每个人的职业行为上,首先就是要具有良好的服务意识。从发展经济的角度来看,优质服务成为市场竞争的制胜法宝。许多用人单位反映,大学生眼高手低,理论脱离实际,不愿从基层做起,缺乏吃苦耐劳精神,比较爱面子,害怕从事底层的工作被朋友、亲戚看不起,人际沟通能力差,比较自私。大学生无论学的什么专业,以后从事什么职业,都要树立服务理念,端正服务态度,掌握服务本领,保证服务质量,兢兢业业做好服务工作。

※ 拓展阅读

徒步在大山里孤身行走360公里,耗时14天,至少要露宿6个晚上。对越来越多的户外运动爱好者来说,这样的一次经历也许充满趣味,但每月都风雨无阻走上两趟,是不是难以想象?

有一个人把这件事做了20年。

他叫王顺友,是四川省凉山彝族自治州木里藏族自治县的一位苗族邮递员,共产党员,从1985年开始,他就在大山里奔波送信。

在20年的马班邮路生涯中,王顺友曾穿越因山体塌方而正在滚落的石头阵,还用匕首吓退过手持长刀的强盗,但他所负责的邮件却从来没有丢失过,投递准确率达到100%。

五、奉献社会

奉献社会就是要求从业者在自己的工作岗位上树立奉献社会的职业理想,并通过兢兢业业的工作,履行对社会、对他人的义务,自觉为社会和他人做贡献,尽到力所能及的责任。当社会利益与局部利益、个人利益发生冲突时,每个从业者要把社会利益放在首位。

奉献社会是一种人生境界。奉献社会不仅有明确的信念,而且有崇高的行为。奉献社会是职业道德的出发点和归宿。

因此,无论从事什么职业都要树立正确的义利观,正确处理好公利与私利的关系。"义"与"利"发生矛盾时,要有顾全大局、乐于奉献的精神,真正把国家、集体和人民的利益放在首位。要杜绝斤斤计较、只讲索取不讲奉献、只讲权利不讲义务、只讲金钱不讲道德的思想观念。

※ 拓展阅读。

黄文秀用使命和担当,向世人诠释了生命的意义和人生的价值,她用青春和热血,书写了扶贫路上"第一书记"这个光荣群体对党和人民的忠诚。她是一个从大山里走出来的姑娘,怀着一颗感恩的心,选择了回到家乡广西百色工作,并不是每个走出小山村的人,都能像她一样,放下城市的喧嚣和热闹,回归平静。她是一名高才生,研究生毕业后,放弃大城市的工作机会,毅然回到家乡,看到她平日工作的视频,兢兢业业,她的耐心跟细心值得我们敬佩，每户贫困户她都亲自走过，一边耐心听他们说话，一边拿本子记着他们的诉求，小小的身躯穿梭在每位贫困户的家中，每个需要她的现场。

我们广大党员干部要学习黄文秀不忘初心、牢记使命，勇于担当、甘于奉献的精神，在新时代的长征路上做出新的更大贡献。她在脱贫攻坚第一线倾情投入、奉献自我；她用美好青春诠释了共产党人的初心使命，黄文秀同志的事迹激励年轻一代勇于担当、甘于奉献，时刻牢记作为党员的使命。黄文秀的精神值得我们学习敬佩，在遇到困难时，黄文秀毅然坚守，从不畏惧，为当地的村民们谋求幸福，创造好的条件。当看到她遇到危险做出的举动时真的很令人感慨、敬佩，前后洪水夹击着她，她发给家人的短信是，我遇到洪水了，为我祈祷吧。她明知危险已经来临，但却从容面对，一点都不曾后悔，但是她就这样走了，献出了自己年仅30岁的宝贵生命。

黄文秀是那样的伟大，她在平凡的岗位上谱写了一曲壮歌，她是我们共产党员的骄傲，我们要永远铭记她，向她学习，不忘初心，牢记使命，继续向前，打好扶贫攻坚这一战。为我们已经牺牲在第一线的扶贫干部致敬。她用自己的力量诠释了共产党人的初心使命，她走在了扶贫工作的前列，她是平凡而普通的，她又是光荣而伟大的，她是值得人们敬佩的。

第三节　塑造通用职业技能

大学生培养自己的通用职业技能是培养职业素养的落脚点。要不断提高自身技能，这样有利于自己的职业发展。提高技能，一方面，是社会发展的需要；另一方面，是为自己今后取得更好的职位做准备。相应的技能是大学生进入职业领域的资本，不同的职业有不同的职业技能要求。大学生要学会整理自己的技能清单，了解这些技能与自己的职业目标之间的差距，以及职业技能培养的途径和方法。从当前社会需要的总体趋势来看，大学生应该具备以下几种基本能力：创新能力、团队精神、学习能力、沟通能力、处理问题的能力、实践能力等。

一、培养创新能力

当今是市场经济时代，大学生要想在激烈的竞争中谋得自身发展，不仅需要有创新意识，还必须具有创新能力。是否具有创新能力不仅是衡量大学生能否成才的重要指标，而且是各单位选人用人的重要条件之一。

一般来说，创新包括思维创新、产品创新、技术创新、组织与制度创新、管理创新、营销创新、文化创新等。为了适应创新的需要，大学生在平时就应充分利用自身条件，努力培养自己的创新意识、创新思维，塑造创新人格，积累创新知识。对于正处于人生黄金阶段的大学生来说，培养自己的创新能力有得天独厚的有利条件。有研究表明，一个人在20~30岁是最富创新能力、最容易出成果的时期，这是因为这一年龄段的人一般思维较为活跃、富有朝气、感觉敏锐、有自己独特的见解与想法、有很强的求新意识，这些特点与创新的要求是高度契合的。创造性素质和创新能力需要在综合各种基本能力的基础上形成，对大学生创造性素质的要求具体地体现为自学能力、观察能力、独立思考能力、科学研究能力、表达能力、鉴别审美能力、自我调控能力、社会交往能力、实际操作能力、组织管理能力等十种基本能力。

大学生要积极参与科研创新活动，如学术课题研究小组、各类专业协会及学科兴趣小组等；参加专业特点突出的课外学科竞赛、科技活动以及创造发明活动，如参加"挑战杯"大学生课外学术科技作品竞赛、"挑战杯"大学生创业计划竞赛等，这些活动能够提升科技创新意识和创新能力。

二、培养团队精神

团队是什么？团队是把不同性格的人组合在一起，在一个规则、一个系统下，为一个共同的目标而奋斗。社会的发展和人与人之间交往活动的日益频繁，使人们越来越依靠团队的力量。有些人会认为我是做专业的、做技术的，我就靠个人的力量。错矣。今天即使是专业技术人员，同样需要一个团队，仅靠个人的力量，很难使事业成功。

所谓团队精神，是指组织成员对组织感到满意与认同，自觉地以组织的利益和目标为重，在各自的工作中尽职尽责，自愿并主动与其他成员积极协作、共同努力奋斗的意愿和作风。用人单位看重员工的团队精神，是因为任何一个项目的完成，单靠个人的力量不可能得以实现，它需要各种英才的汇集，发挥团队的智慧，同时辩证地处理好合作与竞争、个体意识与团队意识的关系，员工只有具备了团队精神才能更好地融入团队，协调好内外部的关系，进一步拓展市场和业务。

大学生培养团队合作精神应抛弃个人主义、自私自利的观念，在日常学习生活中，要有目的、有计划地参与各种竞赛、学生社团、体育运动、科技文化等集体活动，在活动过程中自觉加强纪律观念和大局意识，培养团队意识和协作精神；要有主人翁精神，将个人利益与集体利益相结合；要掌握与人交流和沟通的艺术，积极地与人交流沟通，与他人分享自己的想法，凡事采取合作的态度。只有处理好人际关系，才能形成并增强团体的凝聚力。

三、培养学习能力

学习能力就是从学习中获得知识的能力，是在环境和教育的影响下形成的、概括化了的学习经验，是学生可持续发展的重要能力，学习能力的高低决定了学生掌握知识技能的快慢、深浅、难易、巩固与否和运用程度。

大学生培养自己的学习能力，首先，应该养成独立学习、独立思考、独立做实验、独立设计的习惯，唯有如此才能把已知的知识消化吸收，变成营养充实自己。其次，要养成读书的习惯。书籍是人类进步的阶梯，认真学好、学精专业基础课程，科学安排课程，可以使我们少走弯路。再次，还要注意多参加各类社会实践，只有这样才能获得从书本中无法获得的操作能力。最后，要在学习过程中摸索适合自己的学习方法，只有方法对路，才能更好地提高学习效率。

四、培养实践能力

大学生不仅要注重自身知识的积累，而且要加强实践能力的锻炼，如果不能将知识转化为一种分析问题、解决问题的能力，那么积累知识将会失去意义。大学生在校期间学到的知识毕竟有限，很多知识和能力需要在工作实践中去学习、锻炼和提高。

积极参加勤工助学、志愿服务、兼职、实习等社会实践活动，一方面，可以增强自身艰苦奋斗、自强自立的意识，另一方面，接触社会，可将自己所学的知识用于实践。只有到社会中真正去感受、去实践，才能让自己多多了解和接触实际的工作现场环境，了解社会对职业的要求，寻找自我价值实现和社会需求的结合点。

五、培养沟通能力

在工作中，任何一件事情都不是独立完成的，而是要跟团队中的其他人合作完成。在完成工作的过程中，需要不断地与同事达成共识，而沟通能够帮我们达成共识。在一个团队中被淘汰的人，通常是那些不愿与团队中的成员充分沟通和交流的人，由于大家不知道这些人的想法，所以对和这些"不合群"的人合作没有信心，能否与同事、领导有效沟通是我们融入职业岗位的重要保证。

（一）沟通的基本内涵

沟通是为了特定的目标，把信息、思想和情感在个人和群体间传递，并达成共同协议的过程。在沟通的过程中要注意信息的交流，听取对方的想法，然后将自己的想法告诉对方，沟通就是信息不断在双方之间进行交流、最后达成共识的过程。

（二）有效沟通的技巧

是不是越是能说的人就越有沟通的技巧？是不是话少的人就不具备沟通的技巧？不是这样的，例如用人单位在招聘过程中会发现，话最多的人往往容易被淘汰，当然一言不发的人也会被淘汰。我们工作中绝大多数的失误，是不善于沟通造成的。沟通技巧就是以合适的方式进行信息和情感的交流，以便与对方达成共识。

在沟通中，要学会倾听。善听才能善言，切忌打断他人的谈话，否则会被视为不礼貌和缺乏修养。一个谦虚好学的人，一个懂得善待他人的人，一个会反思的人，永远懂得倾听。无论什么时候，倾听都显示出一个人的职业素养，学会倾听是一种美德、一种修养、一种气度。我们工作中70%的错误，是不善于谈话造成的。正确的做法应该是不时地看一下对方的面颊，适时地给对方一些回应，比如，"嗯，我也是这么想的""很好，不错""这个想法很好"等等，这是对对方的尊重，这样更容易与对方达成共识。

"说"就是将自己的信息、想法说出来，然后去听取对方的意见。尤其是当我们的意见与对方的意见有分歧甚至抵触时，一定要问清楚，为什么对方要这样说，这样说有什么理由。

有效沟通的秘诀：真诚、尊重、理解、赞美、换位思考。沟通黄金定律：你想怎样被对待，你就怎样对待别人。沟通的白金定律：以别人喜欢的方式去对待他们。

※ 拓展阅读

EMC中国区的总裁回办公室拿东西，到了门口才发现没带钥匙，这时他的秘书已经下班了。他很生气，在第二天凌晨给秘书发了一封措辞非常严厉而且语气相当不客气的"谴责信"。

总裁给秘书的信：

瑞贝卡，这个星期二我刚告诉你，想问题、做事情不要想当然。今晚你就把我锁在门外，我要的东西都还在办公室里。问题就在于你以为我随身带着钥匙。从现在起，无论是晚餐时间还是晚上下班以后，你要跟你服务的每位经理都确认无事后才能离开办公室，明白了吗？

两天后，秘书给总裁回信，语气之强硬，措辞之严厉，丝毫不输来信。

秘书的信：

第一，我做这件事是完全正确的，我锁门是从安全的角度考虑，北京这里不是没丢过东西，一旦丢了东西，我无法承担这个责任。

第二，你有钥匙，你自己忘了带，还说别人不对，造成这件事的原因是你自己，不要把自己的错误转到别人身上。

第三，你无权干涉和控制我的私人时间，我一天就8小时工作时间，请你记住中午和晚上下班后的时间都是我的私人时间。

第四，从到EMC的第一天到现在为止，我工作尽责尽职，也加班过很多次，我也没有任何怨言，但是如果要求我加班是为了工作以外的事情，我无法做到。

第五，虽然我们是上下级的关系，但也请你注意一下你说话的语气，这是做人最基本的礼貌问题。

第六，我要在这里强调一下，我并没有猜想或假设什么，因为我没有这个时间也没有这个必要。

秘书把这封信连同总裁的原信抄送给了EMC中国地区的所有员工，包括北京、成都、上海、广州等地。

这就是网上盛传的"史上最牛女秘书"事件，其结果是大家都没有预料到的。请思考：导致问题发生的原因是什么？是不是沟通出现了问题？如果你是总裁，你认为最佳的处理方式应该是什么？如果你是总裁的秘书，你认为最佳的处理方式应该是什么？

六、培养处理问题的能力

学会处理问题是一个人立世和成事的根本。人们每天都会面对一些问题，这是不可避免的，也并不可怕，关键在于你会不会处理。善于处理问题是一个人综合素质的集中体现，是实践能力的核心，更是职业能力的重要组成部分。学会处理问题可以改善你的社会环境、工作环境，乃至心理环境。要提高这种能力不是朝夕之功，而是一个逐渐积累的过程。可以从以下几个方面着手。

（1）面对问题时不慌张，从辩证的角度来分析问题产生的原因和可能造成的后果。问题出现后，我们可以向别人求助，但要明确自己才是解决问题的主体。因此，遇到实际问题时，我们要学会独立思考、仔细分析、冷静全面地寻找问题的症结。

（2）处理问题时不怯场，讲究策略，运用自身的各种知识进行合理、科学的处理。不同的问题处理的方法也会有所不同，要学会区别对待、灵活化解，善于学习和倾听，以平等、宽容、适度为原则，提高分析问题、处理问题和解决问题的能力，以负责任的态度来解决遇到的问题。

提高自己的职业素养，需要一个长期的历练过程。在我们的职业生涯中，不一定要拿到硕士、博士学位，但一定要成为自己所从事的行业或专业的"专家"，努力让自己在行业或职业领域里具有一定的价值，具备了良好的职业素养，比别人精通业务，我们就比别人拥有更多的成功机会，因为，我们掌握了职业素养这个生存和发展的秘密武器。

※ 拓展阅读

张骥，Micron公司驻北京办事处的一名普通员工。因为市场拓展等各方面的原因，Micron公司准备撤销在中国的这家办事处。可是，在即将撤销的前夕，公司总部突然召他去开会。

为什么公司会召他去开会呢？一是他的上司听说办事处要撤销，已经另谋高就；二是这个年轻的北京小伙子，曾给前来中国巡视的公司老总留下了深刻的印象。张骥带着疑惑和不安，提着笔记本电脑就上了飞机。开什么会？为什么叫我去开会？想来想去，也没有答案。张骥索性仔细研究了Micron近两年的年度报告，十多个小时之后，当飞机抵达机场的时候，他已经做出了Micron公司在中国未来几年的发展计划。

会前5分钟，张骥被要求当着Micron公司所有海外分公司总经理和Micron公司总裁的面发言。哇！好悬！凭着飞机上的精心准备和周密思考，张骥侃侃而谈，细致地分析了公司在中国市场经营不力的原因，并有理有据地描述了未来的发展趋势。5分钟的时间，张骥改变了一个年收入60亿美元的大公司的高层决策，公司决定不仅不撤销这个办事处，而且决定加强在中国的发展，5分钟的时间，张骥也赢得了公司的信任，公司决定对他委以重任。于是，在他刚刚过完29岁生日的时候，被美国第七大计算机厂商Micron看中，出任Micron电子公司北京代表处首席代表——中国区总经理。就是在号称年轻人天下的计算机行业，张骥的胜出也还是令人惊奇。

张骥的机会和成功仅仅是一个报告吗？显然不是。"自助者天助"，一篇报告，5分钟的汇报，这只是表面的现象。这后面是张骥积极的工作态度，是无数辛勤的努力，是多少年来持之以恒的积累。只要你平时能坚持比别人多做一点，你就会获得更好一点的结果，你就具有了比别人多一点的脱颖而出的机会！

第二篇　就业指导

第五章 就业准备

※ 学习目标

(1) 认识当前大学生的就业形势及就业政策。
(2) 学会收集就业信息，并能够正确使用就业信息。
(3) 能够正确处理求职过程中遇到的各类问题。
(4) 掌握调试求职过程中心理压力的技巧。
(5) 了解准备求职材料的方法。

※ 案例引入

某学校毕业班大三下学期一开学便安排学生到外地实习两个月，正当班上其他同学整装待发之时，小王却不动声色地忙开了：他先找了班主任，拜托班主任如有合适单位，请帮忙推荐，并留下两份自荐材料。然后他又找到学校负责就业推荐工作的老师，请他们有重要信息及时告知自己。接下来，他走访了自己最要好的一位低年级朋友，拜托这位师弟定期到学校就业信息栏看看，将有关重要信息及时通报给他。最后，他仔细查询了即将离开的两个月中各地人才交流会的信息，并根据实际情况做了安排。做完以上联系工作，小王安安心心地前往外地实习去了。这样，小王尽管人在外地实习，却总比班上其他同学消息更灵通，不断接到用人单位的面试通知。

我们时常会听到有的毕业生抱怨：有这么多用人单位的需求信息，学校怎么就及时通知他而不及时通知我？太不公平了！那些捷足先登者肯定是有特殊关系，得到了特殊关照！真是这样的吗？

据调查，所有高校都希望尽可能多地把自己的学生推荐出去，只要掌握了用人信息都会想方设法通知有关的毕业生，而实际情况却是由于毕业班学生不是外出实习，就是做毕业论文、毕业设计或外出求职等，联系起来很困难，往往是一条信息要打很多电话，还不一定能找到本人。结果往往是那些一呼即应，或平时联系密切的学生总能抢占先机；而联系不上或不及时的则造成信息资源浪费，错过就业机会。

案例中的小王显然在这个问题上处理得很好，虽然他在求职关键时期人在外地实习，但他能够主动与学校联系，使信息来源渠道畅通无阻，赢得了时间和机会。

※ 思考问题

（1）搜寻招聘信息的途径与方法有哪些？
（2）如何正确运用自己的就业资源？
（3）国家对大学生就业有哪些扶持政策？

第一节 就业形势与政策分析

就业形势与政策是大学生就业的大背景和风向标。大学生就业需要全面把握和理智认清所面临的总体就业状况，包括国家政治经济和社会发展状况、社会需求情况、供需比例、行业发展情况等方面。就业政策是大学生就业的权利运用和约束条件的结合，是择业行为规范的法规性要求。大学生就业必然受到国家就业政策的制约。大学生只有真正了解国家有关大学生就业的方针、政策和规定以及各省区的具体就业办法，才能根据国家需要，结合个人实际，在就业政策允许的范围内选择职业；才能少走弯路，顺利就业。

一、就业形势分析

近年来，大学毕业生数量大幅增加，而同期社会提供的工作岗位数量增长缓慢，毕业生就业形势非常严峻。2011—2020 年应届毕业生数量如图 5-1 所示。2021 年高校毕业生人数首次突破 900 万，达到 909 万，2022 年毕业生将超过 1000 万人。

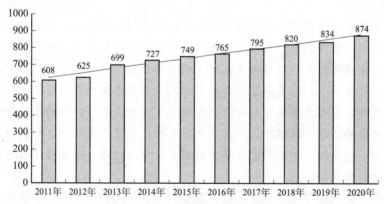

图 5-1　2011—2020 年应届毕业生数量

（一）全球就业形势低迷

根据国际劳工组织的研究报告显示：全世界 30 亿经济活动人口中，失业人口超过 5 亿，不充分就业人口有 7.5 亿~9 亿，中国作为发展中国家如同大部分发展中国家一样，就业形势依然严峻。受职业技能、求职经验和摩擦性失业等因素的影响，青年人失业率较高是一种比较普遍的现象。高校毕业生作为新进入劳动力市场的青年劳动力的一部分，通常都不是 100% 的就业。

（二）国内就业结构总体不平衡

一是地区不平衡性。我国地域广阔，人口聚集程度不均、地区各种因素差异明显决定着我国的就业形势在不同地区的差异性，人才需求也因而显出一定的地区差异。二是结构性矛盾突出，买方市场形成，长短线的矛盾一时难以根本解决，不同学科、不同专业就业乐观度差异明显。

（三）就业机会不均等

自20世纪90年代以来，我国大学生就业经历了从"统包分配"到当前的"双向选择、自主择业"阶段。在"统包分配"的年代，大学生无论是城市生源还是农村生源，都享有平等的、由国家统一分配的就业权利。当前，大学生就业是通过"自主择业""竞争择业"等办法来实现的。由于就业市场的法律法规尚不健全，而"自主择业"又存在激烈的竞争，一些地区"关系就业"成为普遍现象，干扰了就业市场的"公开、平等、竞争、择优"的原则，造成了虽然具有同等教育程度，但就业的机会却常因家庭、社会、地域、经济背景的差异和名校效应而大有不同。

另外，就业市场中的性别歧视问题一直存在，尽管《中华人民共和国劳动法》明确规定"妇女享有与男子平等的就业权利"，但同等条件下，在录用、使用、待遇等方面，女生遭遇拒绝、冷落等歧视现象仍相当普遍。一项调查显示，在相同条件下女大学生就业机会只有男大学生的87.7%，女大学生初次就业率仅为63.4%，比男大学生低8.7个百分点，就业中的性别歧视与性别限制为女大学生择业制造了重重障碍。

（四）非公有制经济单位的用人需求急剧增加

非公有制经济作为社会主义市场经济的重要组成部分，正在飞速发展，已在国民经济中占有越来越大的比重。特别是在北京、上海、广东等地区，随着经济的飞速发展，对高校毕业生的需求量急剧增加。目前，非公有制单位对人才的需求量已经超过了国有单位。

（五）就业岗位层级下移，劳动力价格标准趋低

社会所提供的岗位总体上是呈金字塔形的，处于金字塔上部的、少量的岗位属于"精英岗位"，处于金字塔中、下部的大部分岗位属于"大众化岗位"。

大众化教育必然带来大众化就业。大众化就业是指在大众化教育背景下，大学生就业岗位层级下移，更多地面向基层、面向生产第一线，更多的大学生从事普通劳动者的工作。这是我国经济发展和社会进步的客观要求，也是适应高等教育大众化的必然选择。然而，调查发现，我国应届高校毕业生收入预期高估幅度在40%左右，远远高于美国和欧洲等国的10%。大学生们普遍感到"找不到理想的工作"，是指大城市中那些工作条件好、生活待遇高、晋升机会多的大公司、大企业、机关单位等，这就反映出高校毕业生求高薪、求舒适、求名气的普遍心态。然而现实情况是，恰恰是那些中小城市、基层单位、中小公司求贤若渴，但却招不到大学生。这就造成了少数优质就业岗位竞争激烈的现状，这是不利于就业的。

（六）存在"人才高消费"现象

如果说"就业岗位层级下移"是客观存在的话，那么"人才高消费"现状则是一种扭曲的用人理念。大学是分类型的，大学生也是分层次的，应该说不同类型的院校和不同层次的大学生在社会上的位置也应该是不同的。如果低层次岗位配置了高规格层次的人才，就会出现"人才高消费"现象。换句话说，"人才高消费"是指企事业单位在招聘人才时的一种

"大材小用"现象,即聘请高学历、高层次的人才去做一些低技能、低层次的工作。这会直接带来就业岗位的"挤占效应",即部分研究生挤占了本科生的岗位,部分本科生挤占了专科生的岗位,专科生的就业处境更为不利。

出现这种现状的原因在于:一方面在供大于求的情况下,用人单位"市场选择"的空间大,而大学生岗位竞争却日趋激烈,很多大学生是不得已而为之;另一方面,劳动力市场不完善、不同层次大学生的劳动力价格差距没有合理拉开,同样的劳动力成本,用人单位当然选择高学历的人才。当然,更与部分大学生观念没有转变直接相关。"人才高消费"的错误观念导致对高校毕业生需求出现扭曲,人为地造成了就业难的问题。

(七)面临"三撞车"的严峻就业形势

"三撞车"包括:农村富余劳动力、城镇下岗职工及新增劳动力、高校毕业生。三者加起来,每年有2400多万人需要就业,而我国目前能够提供给社会的就业岗位在1200万人左右,大约有一半的人找不到工作。高职毕业生面对"前有本科毕业生的虎视眈眈,后有下岗职工等城市新增劳动力的激烈竞争"情形,在夹缝中艰难前行。同时,我国中小企业发展严重不足。从其他国家来看,99.5%的企业属于中小企业,劳动者中65%~80%在中小企业就业(包括社区与中介),如日本人口为1.25亿,中小企业就有60万个;而中国人口为14亿,中小企业只有70万个,明显"僧多粥少",这就是我们面临的严峻就业形势。

二、高职毕业生就业特点

高职毕业生在就业市场上有一定的优势:一是专业密切结合市场的需要;二是学生动手能力比较强;三是学生的就业观比较恰当。根据就业市场的调查,高职毕业生的就业特点主要有以下几个方面。

(一)就业适应面较广

高职毕业生有较为扎实的基础,专业面也比较宽,动手能力很强,这样就能够满足一些岗位的基本需求,例如生产、建设或是服务岗位等。在满足了社会和经济发展的需求后,就能够在知识、技能上有所发展,还可以注重职业性、技能性的发展,让技能和态度都有所提升,这些都能够增加高职学生的就业适应面。较强的实践动手能力和扎实的理论知识能够让高职学生有较高的就业适应面。将自身的职业特点充分展现出来,在就业过程中充分展现就业竞争力。

(二)订单培养渐成强势

部分高职毕业生在正式进入就业市场前,已被学校与有关企业合作实施的"订单教育"所接收。"订单培养"数量逐渐放大,专业覆盖面逐步加宽;时间开始前移,即由过去二、三年级移至一年级或在招生时即签订订单;特点突出、技术含量高、应用性强的"订单"教育(工科类订单数量遥遥领先)更为普遍。

(三)观念得以改变:就业环境不断改善

党和政府根据严峻的就业形势,出台了一系列有利于毕业生就业的政策和举措,如毕业生择业期延长为两年,要求各地政府和高校将毕业生就业当作"一把手"工程切实抓好等。

各高校也意识到学生就是自己的"产品",不仅重视"生产"过程,同时也重视"产品"的推销。因此,普遍开设了就业指导课,对学生进行就业观、就业技巧、就业心理准备等方面的教育、指导,并主动与用人单位联系,举办就业招聘会、介绍学生就业、进行订单式教学等。当前毕业生就业环境正在不断改善。

近年来，由于高职毕业生实践能力强、适应快、用得上、留得住，受到用人单位的普遍欢迎，总体就业率逐年提高，而且就业途径多种多样，如招聘会、学校推荐、网上求职、亲友引荐、职业中介、自主创业、公务员考试、出国等途径。毕业生可以根据自己的情况，通过适合的渠道进行择业。

三、高职毕业生就业的机遇

在就业问题上，不正视就业形势的严峻性、人才竞争的激烈性，盲目乐观是危险的，但因此丧失信心，看不到高职毕业生潜在的就业机遇也是不正确的。从国家的经济走势与就业政策导向的角度，用突破传统就业模式的眼光看待问题，用发展的思路来解决问题，我们就会发现，高职毕业生就业虽然面临巨大的困难和挑战，同时，也蕴藏着极大的人才需求潜力和就业机遇。

（一）经济持续增长为高职毕业生创造了广阔的就业机会

改革开放四十多年来的巨大成就和国民经济的持续、快速、健康发展，为我国的就业提供了越来越好的社会环境。特别是在珠江三角洲经济圈与长江三角洲经济圈，成千上万的三资企业创造了数千万新增工作岗位，为来自全国各地不同层次的劳动力，其中包括高职毕业生就业做出了积极的贡献。这不仅缓解了我国的就业压力，同时也提升了我国劳动者的素质和能力。

随着我国工业化、城镇化和经济结构调整的加速，人民生活水平的提高，一些新兴产业如雨后春笋般不断涌现，特别是第三产业的大量发展，创造了各种类型的就业岗位，满足了不同层次的就业需求。

随着我国社会组织形式、就业结构、社会结构的变革加快，多种灵活的就业形式有了较大的发展，如全日制工、季节工、短期工、临时工、计时工、计件工、轮换工以及弹性工作等。这些灵活的工作形式，可以满足社会上多样性的用工需求，同时可以使人们灵活地选择就业岗位。这有利于充分挖掘潜在的就业岗位，有利于增加就业机会。

（二）就业政策的走势和政府的扶持，更利于毕业生就业和创业

据统计，2015—2020年，职业学历教育规模从1430亿元增加至1761亿元，CAGR（复合年均增长率）为4.2%，而职业非学历教育规模从3106亿元扩大至9859亿元，增幅逾200%，CAGR达26.0%，近万亿元的培训市场正蓄势待发。

职业教育的高速成长取决于供给、需求的双重推动。从供给端看，政府在政策和资金上均大力支持职业教育发展。国务院于2010年4月发布《国家中长期教育改革和发展规划纲要（2010—2020)》（以下简称《纲要》），提出大力发展职业教育，并鼓励职业教育办学模式改革，强调政府统筹、校企合作、集团化办学原则，为后续职业教育政策的推出奠定了总体基调。此后国务院、教育部陆续对职业教育发展方向以及鼓励社会力量参与办学的原则进行了细化和强调，从政策层面为职业教育的快速发展提供了有力支持。

与政策层面支持相配合的是资金层面上政府对于职业院校的财政支出不断增加。自《纲要》发布以来，政府不断加大教育支出力度，在职业教育领域的投入规模也快速增长。2010—2015年，全国在高等职业教育领域的公共财政支出由311.92亿元扩大到792.95亿元，增幅达154%，CAGR达20.5%，而同期在整个教育领域的公共财政支出CAGR为

16%，一定程度上反映了政府对职业教育支持力度的侧重。

从就业情况来看，根据北京大学教育学院对全国高校毕业生所做的调查，专科生的毕业落实率在各学历阶段中最高，因此单纯从就业角度来看，职业教育优势相对明显，如果进一步将不同本科批次的就业率差距纳入考虑，职业院校很大程度上能够提供更为确定的就业保证，因此更具竞争力。

需求拉动的另一个因素是部分景气行业存在用人缺口，从而对职业教育的部分专业起到正向拉动作用，其中尤以IT行业最为明显。据统计，2013—2015年，软件产业收入自30587亿元增至42848亿元，CAGR为18.4%，行业利润由3831亿元增至5766亿元，CAGR为2.7%。相比之下，同期从业者从470万人增至574万人，CAGR为10.5%，尽管增速较快，但远低于行业规模增长。

（三）"技工荒"折射社会对高职教育的需求

近年来，我国高级技工人才紧缺的矛盾日益突出。我国劳动力市场出现了高级技工人才严重短缺现象，有关人士将之称为"技工荒"现象。"技工荒"就像传染病一样，在各地蔓延：经济发展迅猛的珠三角、长三角地区高技能人才短缺；传统老工业基地东北技能人才短缺；北京5年内技能人才的缺口近40万；天津每年对技能人才的需求缺口达28万；新疆5年内急需技工100万名。有数据显示，我国技术工人中，初级工占61.5%，中级工占35%，高级工仅占3.5%，而在西方国家高级工占技术工人比例通常会超过35%，中级工占50%，初级工占15%。

有关资料显示，我国技能劳动者需求总量将增长20%～25%，特别是技师、高级技师的需求将翻一番。目前高级工的缺口高达数百万人，高等职业教育服务于社会经济发展的空间非常广阔。

四、高职毕业生就业政策

国家关于高校毕业生就业的政策主要体现在两个文件中。一个是2002年3月4日印发的国务院办公厅19号文件，即《国务院办公厅转发教育部等部门关于进一步深化普通高等学校毕业生就业制度改革有关问题意见的通知》，另一个重要文件是2002年10月14日印发的教学〔2002〕16号文件，即《教育部公安部人事部劳动保障部关于切实做好普通高等学校毕业生就业工作的通知》。这两个文件的内容体现了现在及今后一段时期高校毕业生就业工作的国家主要政策；另外，每年国务院都会下发关于进一步加强和改进高校毕业生就业和创业的通知，针对最新的形势对高校学生的就业工作提供指导性意见。高职毕业生在国家就业方针政策指导下，通过"供需见面、双向选择"自主择业。已落实工作单位的毕业生国家负责为其办理就业手续，在规定时间内未落实工作单位的毕业生，学校将档案、户口转回其家庭所在地，由当地毕业生就业指导服务机构帮助推荐就业。具体的就业政策如下。

（一）定向生就业政策

定向生原则上按入学时合同就业。如确因特殊情况不能回原定单位就业的毕业生，须征得原单位的同意报就业主管部门批准，在交纳相关的违约金和培养费后，可调整就业单位。

（二）结业生就业政策

结业生就业必须在就业报到证上注明"结业生"字样。在规定时间内，未联系单位的，其档案、户籍关系转至家庭所在地（家住农村的保留非农业户籍），自谋职业。已被录用的毕业生，在国家财政拨款单位就业的，其工资待遇按照国务院有关文件规定，比国家规定的普通高校毕业生工资标准低一级。结业生在一年内补考及格换发毕业证书者，国家承认其毕业资格，工资待遇从补发证书之日起按毕业生对待。

（三）肄业生就业政策

学校发给肄业证书，将其户口、档案转回生源所在地，国家不负责对肄业生办理就业手续，肄业生自谋职业。

（四）毕业生自费出国留学政策

毕业生可以申请自费出国留学，申请自费出国留学的毕业生不参加就业，凭国（境）外大学的录取通知书，在学校规定的期限内提出申请，经学校教务处和毕业生就业管理部门审核同意后，不列入就业计划，毕业生集中离校时未办手续的，原则上将其户口转至家庭所在地，继续办理出国手续。

（五）患病毕业生就业政策

患病毕业生不能坚持正常工作的，让其回家休养。一年内治愈的（须经学校指定县级以上医院证明能坚持正常工作的）可以随下一届毕业生就业。一年以后，仍未痊愈或无用人单位接收的，户籍关系和档案材料转至家庭所在地，由其自谋职业。

（六）志愿服务西部计划、服务基层的高职毕业生就业政策

国家鼓励高职毕业生到西部、基层、农村、中小企业去就业。国家规定对于原籍在中、东部的大学毕业生到西部工作，实行来去自由政策，高职毕业生可提前定级，放宽专业技术资格、职务评定标准，并根据实际情况适当提高工资标准，按照先行试点、逐步推广的方式，公开招聘毕业生担任农村、社区基层组织管理职务，如村（居）党支部书记助理、村（居）委会主任助理等，工作一段时间后，可通过法定程序安排担任其他职务，给予适当的生活补贴。

（七）服务国家发展战略、参与国际交流合作的就业政策

国家鼓励高校围绕"一带一路"倡议和"长江经济带""京津协同发展"等政策，主动对接人才需求，向重点地区、重大工程、重大项目、重要领域输送毕业生。抓住实施"中国制造2025""互联网＋"行动计划等契机，引导毕业生到先进制造业、现代服务业和现代农业等领域就业创业。鼓励有条件的高校结合国际组织人才需求，开展培养推送毕业生到国际组织实习任职，将国际组织基本情况、招聘要求、职业发展路径等内容，纳入大学生就业指导教材和课程。为毕业生到国际组织实习任职和参加志愿活动等，提供信息、咨询、培训等服务。

（八）对就业困难的高职学生进行职业资格培训

为了提高高职毕业生的就业能力，教育部、人力资源和社会保障部正在继续实施"高职院校毕业生职业资格培训工程"，对就业困难或需要培训的应届高职毕业生进行职业技能培训和职业技能鉴定。培训有关费用主要由教育系统承担，职业技能鉴定费由劳动保障部门适当减免。

（九）自主创业鼓励政策

国家鼓励和支持高职毕业生自主创业，从事个体经营和自由职业的毕业生，可将档案存放在其常住地经人事部门授权的人才交流机构或县级以上政府授权的公共职业介绍机构，并

按当地政府的规定，到社会保险经办机构办理社会保险登记，缴纳社会保险费。为鼓励和支持毕业生自主创业，工商和税收部门要简化审批手续，积极给予支持。凡毕业生从事个体经营的，除国家限制的行业外，自工商部门批准其经营之日起 1 年内免交登记类和管理类的各项行政事业性收费。2015 年，国务院印发《关于进一步做好新形势下就业创业工作的意见》中指出，营造宽松便捷的准入环境，深化商事制度改革，年内出台工商营业组织机构代码证、税务登记证"三证合一"改革意见，实现"一照一码"，推动"一址多照"、集群注册等住所登记改革。培育创业创新公共平台，加快发展众创空间，鼓励提供适当补贴和成本较低的场所。拓宽创业投融资渠道，加快设立国家中小企业发展基金和国家新兴产业创业投资引导基金。支持创业担保贷款发展，将小额担保贷款调整为创业担保贷款，最高额度统一调整为 10 万元，个人贷款在贷款基础利率基础上上浮三个百分点以内的部分由财政贴息。加大减税降费力度，将企业吸纳就业税收优惠的人员范围由失业一年以上调整为失业半年以上，推广职工教育经费税前扣除等试点政策。调动科研人员的创业积极性，支持高校、科研院所等专业技术人员在职和离岗创业，对经同意离岗创业的可在三年内保留人事关系。鼓励农村劳动力创业，整合创建一批农民工返乡创业园。对劳动者创办社会组织、从事网络创业的，给予创业扶持政策。

（十）对生活困难的高职毕业生实施临时救助

困难毕业生求职创业补贴的对象范围扩展到获得国家助学贷款的毕业生。对高职毕业生因患病等原因短期无法就业且生活困难者，可由该生生源所在地民政部门参照当地低保标准给予临时救助。申请临时救助，应按照最低生活保障的申请办理审批程序。救助期不超过一年。一年后家庭仍有困难的，可按有关规定申请享受最低生活保障或其他社会救济。对于滞留学校尚未办理户籍迁移的困难毕业生，民政部门不予受理。

第二节　就业信息的收集与使用

"工欲善其事，必先利其器。"就业信息收集的渠道是否丰富，方法是否正确，对毕业生分析和利用就业信息具有重要影响，并影响其就业决策和就业行动。

对毕业生而言，广义的就业信息包括两个方面：一是用人单位的岗位需求信息；二是毕业生就业相关的信息：毕业生就业政策、总体就业形势趋势、行业发展现状和职业信息等。这里所说的就业信息是能够为求职者提供就业岗位或就业机会的所有相关信息。

一、就业信息的作用

就业信息是一个人成功择业的重要因素。对求职者来说，就业信息的作用主要体现在以下几个方面。

（一）就业信息是职业选择的基本前提

目前，我国高校毕业生就业是在国家宏观政策的指导下，实行市场导向、政府调控、学校推荐、自主择业的就业体制。对高校毕业生而言，如果不占有准确可靠的需求信息，就无法掌握自主择业的主动权，实现职业理想就会变成一句空话。如果一位求职者掌握了大量就业信息，那么他的视野就比较宽阔，也就能够得到不失时机地选择适合自己职位的主动权，从而比较稳妥地掌握自己的命运。如果求职者耳目闭塞、信息不灵，择业就如同盲人骑瞎马，其结果不是发出"就业何其难"的感叹，就是让合适的职位从自己身边溜走。可以说，求职竞争在一定意义上就是获取就业信息的竞争。谁获得的信息数量多，求职的选择面就宽；谁获得的信息质量高，求职的把握性就大；谁获得的信息及时，求职的主动权就大。

（二）就业信息是择业决策的重要依据

要做好自己的择业决策，就必须有就业信息质量的保证。例如，国家的就业方针，各地区及主要行业的就业政策，自己所属院校的就业细则，有关的就业机构、具体职责，校园招聘活动的安排等，当然，更为主要的是用人单位的需求信息。依据所占有的就业信息经过筛选比较，使自己最后瞄准一个或几个相对确定的目标，那么，所要面临的就是求职面试了。对高校毕业生而言，要想顺利通过面试，就必须对用人单位的文化价值、管理理念、经营方式、产品结构、市场行情、用人制度及其以往的历史和今后发展情况进行一定的了解，这就是成功就业对就业信息深度和广度的要求。虽然把握了就业信息的深度，并不能代表直接被录用，但毕竟可能性加大了。

（三）就业信息是调节职业规划目标的参考

大学生在校期间，通过对就业信息的了解，对当前国家的政治经济状况、就业形势、就业政策、就业机构、人才供求状况以及用人单位对人才素质的要求等信息的了解、掌握、分析和研究，就能明了未来能从事的某些具体职业的类型和特点、岗位的能力标准和要求，客观上就促使大学生更好地认识学习对社会和个人的意义，使学生明确学习的目的，增强学习的积极性和主动性。因此，就业信息对于在校大学生确定职业生涯目标、求职者确定选择目标、已经就业者重新认识职业世界与认定或调整职业目标，均有重要作用。

二、就业信息的收集

（一）收集就业信息的基本要求

收集就业信息应力求做到"早""广""实""准"。

1. 早

所谓"早"，就是收集信息要早准备、早动手，收集到的信息要及时进行处理，从而赢得就业的主动权。

2. 广

所谓"广"，一是信息收集渠道要广，要广泛收集各个方面、不同层次的就业信息；二是收集信息的视野要广，有的大学生只注意搜集与自己预先设定的求职目标相关的就业信息，放弃或忽视了其他与求职目标相关的就业信息。一旦与求职目标相关的就业信息收集遭遇挫折，又无后备的就业信息，就会造成求职的被动。

3. 实

所谓"实"，一是收集的信息要具体；二是收集的信息要真实。对于用人单位的名称、性质、地点、环境、企业文化、发展前景、用人制度、招聘岗位的基本要求、联系方式、招聘方式等各方面信息掌握得越具体越好。而对于收集到的信息是否真实，可以通过上网等形式来考察。

4. 准

所谓"准"，就是要做到准确无误。为了保证这一点，必须从两个方面入手：一方面要掌握用人单位需要什么层次、什么专业的人才，在生源属地、性别、相貌、专业、学历、外语水平、计算机能力、专业知识、技能等方面有什么具体要求都要弄明白；另一方面，用人信息具有极强的时效性，要注意你所了解的就业信息是否在有效期内，是不是过期的信息，是否用人单位已物色到较为理想的人选，这些情况都要弄清楚，绝不能似是而非，否则会浪费你很多的时间、精力和财力，造成不必要的损失。

（二）就业信息收集途径

高校毕业生获取求职信息的渠道多种多样。由于个人的关注程度、社会背景、经济状况、思想观念等的不同，获取求职信息的渠道也存在一定的差异。收集就业信息的渠道主要有以下几种。

1. 校内主管部门

学校的毕业生就业主管部门（就业指导中心或就业办公室）是毕业生获取就业信息的主渠道。随着高校毕业生就业制度改革的深化，学校的毕业生就业主管部门越来越成为连接用人单位和毕业生的重要桥梁和纽带。一般情况下，用人单位到学校招聘人才，都是到毕业生就业主管部门办理。在每年毕业生就业阶段，学校毕业生就业指导机构会有针对性地向各个用人单位发布应届毕业生资源信息，并以电话、网络等各种信息交流活动方式征集大量的需求信息。学校就业机构一般在每年的10月至次年的5月间专门组织各种形式的毕业生就业招聘会等活动，同时学校还会将收集到的需求信息加以整理，及时向毕业生发布。在毕业生和用人单位之间架起一座信息桥梁，从而使毕业生获得许多需求信息。学校就业指导机构收集的就业信息数量大，针对性、准确性、可靠性都较强；学校应是收集就业信息的主渠道，其所掌握的信息的权威性也没有任何一个部门可以与之相提并论。这是毕业生求职择业最主要的信息来源。

另外，学校的毕业生就业主管部门与省市等上级毕业生就业主管部门之间保持着密切联系。国家的高校毕业生就业政策、就业方案、就业信息等都是通过学校毕业生就业主管部门传达给广大毕业生的，所以它的作用是双重的。

但是当前，有一部分毕业生认识不到本校毕业生就业主管部门在自己就业问题上的重要性，或许是虚荣心作怪，宁可到社会上参加对高校毕业生针对性不强的招聘活动，也不愿在本校的毕业生就业主管部门登记和求助，这就大错特错了。一般来说，最希望毕业生找到好工作的就是自己的母校，最希望学生有个好前程的就是自己的老师，学校就业部门的老师们，全都是以为学生服务为宗旨，所以，毕业生在就业问题上要依靠本校的就业主管部门。

2. 各种类型的高校毕业生就业招聘会

为做好每年的毕业生就业工作，各省、市，各行业及各高校都会举办规模大小不等的"人才招聘会""毕业生就业双选会""人才市场"等，在这些就业市场上，一是信息量大，二是可以使毕业生和用人单位的招聘人员见面洽谈。这也是高校毕业生求职的一条重要途径。值得注意的是：社会上的"人才市场"，有些是针对有一定社会经验的人才，有些是以招聘应届毕业生为主的。毕业生赶赴人才市场前事先要做一些了解，不可盲目赶场。由各省、市毕业生就业主管部门举办的毕业生"双选会"呈现出按行业类型划分专场举办的趋势，专门面向某一类求职者，或邀请某一行业的招聘单位参加，针对性较强。随着高校作为毕业生就业市场主渠道的作用增强，由各高校举办的校园"双选会"越来越成为毕业生获取就业信息、与用人单位接洽的重要渠道。在学校举办的招聘会上，用人单位针对本校毕业生选聘人才，就业信息针对性强，毕业生个人的经济投入不大，用人单位经过学校筛选，就业信息安全性高。因此，学校举办的招聘会越来越受到毕业生的重视。

3. 传播媒介

传播媒介不仅传播速度快，而且涉及面广，信息传播也很及时。许多用人单位通过新闻媒体，如广播、电视、网络报纸、杂志、电话等，介绍企业现状、发展前景及人才需求，从而成为一个巨大的、多方位的信息源。目前，我国有很多种关于高校毕业生就业指导的报纸、期刊、杂志，还有许多公开发行的出版物等传播媒介，登载有关就业的信息和招聘信息。如教育部主办的《中国大学生就业》；也有地方主办的全国发行的报纸，如北京的《北京人才市场报》、广州的《南方人才报》、上海的《人才市场报》等，或发布就业信息，或刊登招聘广告，这些报纸杂志是高校毕业生搜集就业信息的一大渠道。

通过报纸期刊以及社会发行的出版物搜集就业信息，要注意以下三点：一是要舍得花时间大量去搜集；二是要选择最佳目标，要根据就业信息的刊发时间、招聘条件进行详细分析，去粗取精，去伪存真，选定中意的用人单位；三是要注重时效，得到就业信息后不能等，要立即前去应聘。

随着计算机应用技术的普及和互联网的发展，网络求职以现代科技手段为依托，是一种非常方便的信息渠道，目前高校毕业生上网的方式有两种：一种是到各省、市高校毕业生就业主管部门和高校创建的就业信息网站发布个人简历、查询就业信息；另一种则是招聘网站，这些网站为求职者提供了一种效率高、成本低、内容多的现代信息收集渠道。单位的招聘信息都习惯在互联网上发布，互联网已成为高校毕业生搜集就业信息的一条很重要的渠道，任何人在任何地方，只要上网，就可以查阅各类用人单位随时发布的招聘信息，在网上与用人单位建立联系，并能将自己的应聘求职信息发布在网上，使用人单位在网上查阅后与求职者建立联系，网上求职成功的秘诀之一是将搜索范围控制在几个网址上。

在网上获取就业信息进行求职，要注意以下几点。

（1）不要把简历放在附件里，因为如今计算机病毒流行，用人单位不愿打开电子邮件的附件，而是愿意直接看到简历。电子邮件的应征信要避免冗长。

（2）不要在一家用人单位同时应征数个职位。用人单位的人事部门主管比较喜欢专注于某职位的求职者，如果你应聘的职位过多，就会被认为是"万金油"，或者是对自己的求职目标不明确的人，而导致求职失败。

（3）可以利用有效时间给你所中意的单位多发几次电子邮件，最好每封求职信都要针对不同用人单位精心设计，以表明你对该单位的重视。

（4）可以将你的个人简历放到各个就业网站的数据库里，让工作来找你，也可以制作个人主页，把你的网址告诉用人单位或让用人单位很容易注意到你，这将会有更好的效果。

（5）网上求职的不足之处是只见其文，不见其人，尽管网上可以传送照片，但也很难有见面交流的互动性和感染力，因此，如果从网上获取信息后，要把求职的自荐材料发送过去，努力争取与用人单位见面的机会，这样求职成功的可能性会大得多。

4. 实习实训单位

现在的用人单位往往重视毕业生的实际能力和实践经验，大多数用人单位在正式聘用毕业生之前也要求毕业生有一定的实习实训期。毕业生的实习实训，实际上是参加工作的预演，是一次非常宝贵的经历，通过实习实训，一方面使用人单位对学生有所认识和了解；另一方面也使学生通过实习实训,对其有较为深入的了解,如果实习单位有意进人,你在该单位的出色表现很有可能使你成为用人单位首先考虑的对象。

5. 亲戚朋友、校友等社会关系

毕业生应积极拓展一切有可能的信息渠道来收集就业信息,如亲戚朋友、校友、邻居、熟人等。此外,学校老师利用自己的同学、学生、科研伙伴、协作单位等关系,往往能够获得针对性强的信息,这些信息经过老师筛选可靠性较强,而且与毕业生的就业意向和所学专业较为吻合,对毕业生的求职择业十分有利。

如果说市场竞争机制和企业人事管理机制能够使任人唯贤成为共识,那么门路和社会关系就应是高校毕业生求职择业提倡的有效途径之一。常言说,多一个朋友多一条路,多一个亲戚多一个帮手。在就业过程中,可以多请教这些社会关系,了解哪里有空缺,扩大找工作的范围,他们提供的信息往往比较具体、准确,成功率也比较高。事实上每年都有一部分毕业生是通过社会关系就业的。这种方式得到的信息,既准确迅速,又真实可靠,可以作为上述途径的补充;但也不排除提供者个人眼界的局限性和信息误差。

利用社会关系获取求职信息的方法通常包括以下几种。

(1) 对你的求职方向及考虑选择的用人单位,可以征求对方意见,询问对方能否看看你的个人简历是否写得合适。可以把自己的求职意向等情况告诉对方,他们一般很愿意帮忙,但你总得给出个基本框架,使他们找到努力的方向。

(2) 要重视对方给你提供的信息。如果对方带着信息找你,你应该这样说:"啊,真是太好了,真是难得的机会!"即使你已知道这个信息,甚至刚同那个单位谈过话,也要这么说,因为他们带来的信息必有某些新鲜内容。人们看到自己的意见受到重视和赞赏,往往会带来更多的信息。

(3) 每当你得到对方推荐,一定要问清楚你去该单位联系时是否可以提到推荐人的名字作为引荐。

(4) 如果你确实得到帮助,就应该道谢。不管你联系的人是否帮助过你,你得到工作以后一定要让他们知道。

(5) 校友提供的信息最大特点是比较接近本校、本专业实际。最近几年毕业的校友的求职择业、就业之初的实践和体会,对应届毕业生来说都是宝贵的经验,可以给正在求职的应届毕业生带来很多启发。因此,毕业生可充分利用实习、社会实践、校友回校等机会与校友多接触,适时介绍自己,以得到其帮助和指导。

6. 个人搜集

个人搜集是指求职者广泛搜集自己专业和求职范围内用人单位的信息资料并加以研究利用。个人搜集是一种不通过任何中介的直接求职方法。通过打电话、写求职信或登门拜访等形式直接联系用人单位。这要求毕业生有一种"毛遂自荐"的意识,并且对自己单方面拟定的意向单位要有大概的了解和预测。这种方法的优点是主动性强,节约时间,费用低廉;缺点是盲目性大。但在缺乏就业信息的情况下,这也不失为一种获取就业信息的方法。

常用的个人搜集就业信息方法有两种。

(1) 打电话。通过打电话的方式,询问用人单位是否招聘某专业或相关专业的高校毕业生是一种较好的方法。由于是求职者冒昧地直接联系,所以采取这种方式要注意准备充分,把要咨询的内容以及要讲的话,列成条目,熟记于心。打电话时要注意选在较为清静的场所，力求接听清楚。要注意选择通话的时间，在刚上班、吃饭、午休、临下班前半小时等时间，打电话的效果一般都不太好。打求职电话要礼貌、客气，要显示出诚意。通话内容要简明扼要、条理清楚，不要黏黏糊糊、拖泥带水，要争取见面机会。要尽量用普通话，语速保持中速，不急不缓，使人听得清、记得准。要讲究语气语调，使之温和而有自信，自然而有亲切感。这样就可以给用人单位的领导留下良好的第一印象。

（2）登门拜访。如果你对某单位感兴趣，就去找在这个单位工作或供职的亲友，向他们直接了解该企业的详细情况；如果没有这样的亲友，可以查询电话号码簿的黄色页码，找出令你感兴趣的工作领域条目，然后抄录企业全称、地址、邮编、电话、负责人姓名等。最好亲自走访一下（当然对那些明确表示谢绝来电、来访的单位，就不必选用这种方法），这样既可节省时间，又能尽快得到确切的信息，还能通过实地考察，对用人单位的地理环境等外部条件有清晰的认识，待决策时参考。

三、就业信息的科学利用

毕业生通过各种途径收集到的需求信息，应结合自己的实际情况，有目的、有针对性地进行排列、整理和分析，只有这样才能使需求信息具有准确性、科学性和有效性，使之更好地为自己的求职服务。

（一）就业信息的可靠性分析

就业信息的可靠性分析，一般采用以下三种方法。

1. 根据就业信息资料的内在逻辑来验证其可靠性

如果发现资料内容的表述前后矛盾，或违背事物发展的逻辑，或有违反实际情况的内容，此类就业信息的可靠性就值得怀疑。例如，招聘职位是文秘等普通职员，用人待遇却给出高薪等优厚条件，这样的招聘信息不能轻信。对此要进行认真调查核实，以防上当受骗。

2. 根据就业信息的来源渠道进行分析判断

一般来说，凡是从正规渠道获得的就业信息，可靠性就大。凡是从非正规渠道获取的就业信息，可靠性就差一些。政府主管部门主办的杂志、报刊发布的就业信息是最可靠的。到处张贴或散发的一些招聘小广告最不可靠。

3. 通过上网或114查号台核查

查出招聘信息中用人单位人力资源部的电话号码，通过电话核实该单位是否招聘某专业的毕业生。这是最直接、最可靠的核实方法。

（二）就业信息的筛选

适合自己应是筛选信息的核心所在。信息对自己是否重要，其依据就是是否适合自己，高校毕业生从就业信息中筛选出自己较为中意的用人单位，根据用人单位列出的招聘条件、岗位要求等，与自身条件进行对比分析，不断调整和优化自己的求职目标定位。在求职的专业领域或岗位、薪酬、工作环境、个人发展的可能性等方面，使自己的求职目标更贴近实际。通过对自身条件与用人单位需求的合适性分析，当自己的某些专长和条件正是用人单位所急需时，此时离就业成功就很近了。

（三）就业信息的深度研究

就业信息的深度研究是指对感兴趣的用人单位，根据自己的应聘需要，对用人单位的重要信息，进行较深层次的分析研究，为应聘做好充分准备。具体应从以下几个方面入手。

（1）通过查阅号码簿黄页，抄录企业的全称、地址、邮编、电话号码、负责人姓名等备用。

（2）通过计算机上网或公共图书馆查找企业的资料，尽量详细地了解企业的经营范围、产品构成、生产规模、分支机构的设置及业务范围、企业文化、企业的发展前途等基本情况。对应聘专业技术岗位和管理岗位的求职者来说，要研究用人单位从原材料到产品工艺流程和工艺设备的有关情况的信息，要了解经营、销售、产值等方面的情况，力求从深层次掌握用人单位实质性的东西。

（3）可以找已经在用人单位工作的亲友、同学或其他关系，向他们直接了解该单位的详细情况，采取这种方式所获得的用人单位的信息是最直接、最可靠的。

（四）就业信息的运用

就业信息的时效性强，就业信息一旦选定，就要不失时机地主动与用人单位主管人员联系，询问应聘的方式、时间、地点和要求，并准备好一套完整的求职材料，使需求信息尽早变成供需双方深度沟通的桥梁。

根据筛选出来的就业信息的招聘条件和岗位要求来对照检查自己的不足，想办法及时弥补。这一做法尽管在毕业前的有限时间内较为仓促，但却有效。

及时输出对他人有用的信息。有些信息对自己不一定有用，可是对他人十分有用。遇到这种情况，千万不要抓住这些信息不放。你能主动输出对他人有用的信息，不仅对他人是个帮助，同时也增加了与他人交流信息的机会，说不定也会从别人手中获得对自己十分有益的信息。

※ 拓展阅读

高校毕业生就业信息网（国家级）

全国大学生就业公共服务立体化平台：https：//www.ncss.cn/。

中国国家人才网：http：//www.newjobs.com.cn/。

中国人力资源市场网：http：//chrm.mohrss.gov.cn/。

中国就业网：http：//chinajob.mohrss.gov.cn/。

中国人事考试网：http：//www.cpta.com.cn/index.html。

中国中小企业信息网：https：//sme.miit.gov.cn/。

中国青年创业国际计划：http：//ybc.cye.com.cn/。

第三节 求职就业问题与心理调适

面对激烈的就业竞争，大学生在求职择业过程中会产生挫折心理、从众心理等不良的心理状态。如何排除这些干扰，以良好的心理状态选择职业，同时接受社会的挑选，是大学生普遍关心的问题。

一、求职中的心理困扰

在求职择业过程中，大学生较高的成就动机与现实情况存在着很大的差异，容易在心理上产生深刻的矛盾冲突。他们胸怀远大理想，却不敢正视现实；希望自主择业，又不愿承担风险；渴望参与竞争，又缺乏勇气和信心；注重专业能力的发展，但又爱慕虚荣，攀比成风；重事业、重才智的发挥，又在实际价值取向上重物质、重利益；对自我充满信心，受挫折后却又容易自卑、消沉；既崇尚个人奋斗、强调自我，又有较强的依赖感；等等。这一系列矛盾心理，使他们在职业选择面前，犹豫不决，错失良机。

（一）常见的心理矛盾

1. 理想与现实的矛盾

高校毕业生由于拥有一定的知识和技能，因此对未来的职业生活抱有很高的期望，在求职中就表现得豪情壮志、信心十足，想成为经理、老板，准备大展身手；但是他们接触社会较少，缺乏艰苦创业的心理准备，很少考虑自身的知识、能力、性格、爱好、气质、情商等条件是否适合经商，能否经受住经商之路的艰辛，在一切都还未做好准备时，匆匆上路；当创业之路受阻，甚至一败涂地时，又不能正确认识失败的原因。面对理想与现实之间的差距，调整心态，确定方向，成为大学生求职择业前必须面对的问题。

2. 自卑与自负的矛盾

大学生的自我意识随着年龄的增长、知识的积累而不断增强。在择业时，他们强调自我意识。由于大学生人生阅历简单且顺利，往往不能客观地分析和评价自我，在求职过程中，一切顺利时，忘乎所以、欣喜若狂；遇到挫折时，则会烦躁苦闷、自暴自弃，不能冷静地、理智地对待现实，缺乏驾驭自我的能力。多数大学生对自己的评价偏高，在择业时，他们往往好高骛远，期望值很高，对用人单位横挑鼻子竖挑眼，很难找到自己满意的工作。一旦产生自傲心理，很容易脱离实际，以幻想代替现实。有些毕业生因自己不是名牌学校毕业、专业不热门、学历层次不高、人长相平常、既无社会关系可利用又无金钱可调配，自卑感油然而生。择业时妄自菲薄，不敢竞争，有碍于自身聪明才智的发挥。如果清楚准确地认识自我，认清社会就业发展的形势和用人单位需求，就可避免这种浮躁心理。

3. 追求独立与依赖性强的矛盾

高校毕业生大都处于20~25岁，自我意识强，有强烈的自尊心、好胜心、虚荣心，注重强调实现自己的人生价值，但多为独生子女，从小受大人的百般呵护，意志力、自控力相对薄弱，独立生活和解决问题的能力十分欠缺，经受不起挫折，容易放松、放纵自己，从而迷失自己。他们一方面渴望成就一番事业，实现人生理想和价值；但另一方面又不愿吃苦，害怕困难，希望找到一条既平坦又能成功的道路。在择业过程中，一些大学生仍存在"等、靠、要"的依赖心理，守株待兔，坐以待"毙"，把希望寄托在别人身上。当看到不等不靠、主动出击的同学一个个地落实了单位，而自己没有着落时，就埋怨学校不行、专业不行、父母没本事、自己生不逢时等等。这也成为不少"啃老族"拒绝工作的重要理由之一。

4. 渴望竞争与惧怕失败的矛盾

就业制度的改革，为大学生择业提供了公开、平等的竞争环境，大多数毕业生希望凭借自己的能力迈出走向社会的第一步，迎接新的挑战。很多大学生希望通过竞争，展示自己的风采，在竞争中取胜。但是，当他们真正面对来自各方面的竞争时，又表现得顾虑重重，害怕在竞争中失败、丢面子，害怕在竞争中伤和气，害怕受不正之风影响而失败等等，把自己不敢竞争的原因归于外界，不从自身找原因，逃避竞争。

5. 实现自我价值与获得物质利益的矛盾

很多大学生愿意从所学专业出发选择职业，但是他们往往缺乏艰苦创业的心理准备，在现实中缺少吃苦精神，总想走捷径，想一步到位、一举成名。许多大学生宁可留在大城市没工作，也不愿意去西部或边远地区成就自己的事业。有的大学生在择业时，首先考虑的是单位效益。如工资多少、奖金如何、有无住房，至于这个单位是否与自己专业对口，自己的能力、兴趣、性格是否符合岗位的要求则排在其后。这种功利化的择业标准，使相当一部分大学生败下职场。

（二）就业的心理障碍及表现

心理障碍是指一切心理不健康的现象或倾向，它是由心理压力和心理承受力相互作用，使人失去了应有的心理平衡的结果。大学生就业过程中的心理障碍主要有以下几种。

1. 自我认知失调

（1）自负心理。

一些专业较好、就业资本较雄厚的大学生容易从自信变为自负。还有一些大学生是脱离实际的自大，他们既缺乏对自己的客观认识，也对就业市场、职业生活缺乏了解，一切都凭自己的主观想象。如有的大学生自以为经过大学几年的学习和锻炼已经满腹经纶，任何工作到手中都可以出色完成，在求职中自觉高人一等、自命不凡、四处吹嘘，一旦出现变故他们的情绪就会一落千丈，从而产生孤独、失落、烦躁、抑郁的心理现象。

（2）自卑心理。

自卑是毕业生当中最为常见的一种不良的择业心理。就业中的自卑一般产生于以下一些情况：首先，一些冷门专业的学生看到就业市场寻求自己专业的单位少、待遇差或在求职中遭冷遇，就容易悲观失望；其次，一些性格比较内向、不善言辞的大学生看到其他求职者口若悬河，自己什么也说不出来也会自惭形秽；再次，一些在校成绩与表现一般的大学生看到别人的自荐书上奖励、证书、成果一大堆，自己什么也没有，也容易自我贬低；最后，一些女大学生在就业过程中遭到用人单位的歧视后也会自怨自艾。总之，自卑的大学生不敢正视现实，对自己的长处估计不够，怀疑自己的能力，不善于发现适合自己的职业岗位，在对自己的抱怨、贬低中失去了求职的勇气。在择业中，自卑不仅使一些学生悲观失望、忧郁孤僻、不思进取，降格选择单位，而且有碍于自身聪明才智的发挥。过度自卑，还会产生精神不振、心灵扭曲以及沮丧、失望、孤寂、脆弱等心理现象。

（3）盲目攀比。

高校毕业生在择业过程中常表现出功利和攀比心理，所谓"这山望着那山高，到了那山又不高"。他们把注意力过多地集中到别人的就业取向上，你进央企，我就要进世界五百强；你去大中城市，我就要进经济特区。持这种心理谋职，无异于逼着自己和别人同走独木桥，难免失足。而且这种心理往往会延续到就业后，抱怨某人不如我，反而去了大城市，进了大单位，影响工作情绪，实不足取。

（4）从众心理。

对自己的职业目标、需要、价值观以及自身特点等没有明确的认识；在就业时不能正视自己的能力、素质和择业的客观环境，不能对自己有一个客观、清醒、全面的评价。择业时盲目听从或跟随别人的意见，盲目寻求热门职业。持有这种心理的毕业生往往脱离自己的实际状况，跟在别人的后面走，如在就业市场中哪个摊位前人多他们就往哪里去，别人说什么工作好他们就寻求什么样的工作，而全然不顾自己的能力和现状，不会扬长避短。

2. 情绪困扰

（1）焦虑心理。

焦虑是一种紧张不安并带有恐惧体验的情绪状态，多半是由于不能实现目标或不能避免某些威胁而引起的。毕业前，绝大多数大学生心理问题表现为过度焦虑。面对理想与现实、就业与失业、签约与违约、就业与升学等矛盾，常使他们难以取舍、无所适从，表现出焦虑情绪。这种焦虑，使毕业生在择业阶段精神负担过重、紧张烦躁、心神不安；学习上得过且过，疲于应付；生活上意志消沉，萎靡不振。有些大学生遇到挫折后，甚至产生了恐惧感，一提择业，就心情紧张。

（2）急躁心理。

大学生在择业中常常出现忧心忡忡、烦躁不安、心理紧张、无所适从等现象。这种急躁心理在毕业生中普遍存在。有的恨时间过得太慢，有的怨用人单位优柔寡断。急躁心理还反映在选择单位上，在对用人单位了解较少的情况下，就匆匆签约，一旦发现未能如愿，又后悔莫及。尤其是在规定的期限内未落实单位的一些学生，心理更为急躁。急躁是一种不良的心境，急躁使人缺乏自我控制能力，会导致事倍功半甚至事与愿违的结果。

（3）挫折心理。

挫折心理是指人在从事有目的的活动时，遇到障碍时所表现出来的情绪反应。当一个人产生心理挫折后，就有可能陷入苦闷、失望、悔恨、愤怒等多种复杂的情绪体验之中。在就业问题上大学生受到挫折，是因为他们的去向和抱负不能为社会和亲友所理解和接受，从而产生的怀才不遇的感觉。这往往是大学生自我评价甚高造成的，而且通常是期望值越高，挫折感就越重。如果在挫折中不是认真反思，而是失去理智，盲目地一意孤行，就有可能形成人格障碍。

3. 人际交往障碍

（1）依赖心理。

中国传统教育模式，在大学生心中留下了"在家靠父母，在校靠老师，出门靠朋友"的陈旧观念。在市场经济大潮下，竞争日趋激烈，于是，"学好数理化，不如有个好爸爸""学得好，干得好，不如嫁得好"的观念在高校毕业生当中确实很普遍。依赖心理，实质是缺乏自信心的一种表现形式。不相信自己的能力和实力，只相信"关系""面子"，只相信别人。要克服依赖思想，关键就是要加强自我意识。心理学家艾里克森曾指出：自我是自主的、有力量的实体，自我决定个性的"命运"，参与决定个性行为的方向。自我不仅保证个人适应环境、健康成长，而且是个人自我意识和统一性的源泉。

（2）羞怯心理。

羞怯心理是指有的大学生在求职面试中常常出现面红耳赤、张口结舌、语无伦次等情况，甚至在面试前将辛辛苦苦准备的"台词"、腹稿忘得一干二净。有的谨小慎微，生怕一句话说错，一个问题回答不好影响自己给用人单位的印象，以至于不敢放开说话，没有把自己的特点和优势表现出来。这些学生渴望公平竞争，但在机遇到来时却手忙脚乱，未能充分发挥自己的才能。羞怯心理也多见于一些女生和性格内向的大学生。

（3）偏执心理。

①追求公平的偏执。大学生要求公平的竞争环境，对一些不良的社会风气感到气愤是正

常的，但有一些大学生表现为对公平的过分偏执，将自己求职中的一切问题都归结于就业市场不公平，以致给自己的整个求职过程都笼罩上心理阴影。

②高择业标准的偏执。大多数毕业生对求职有过高的期望，不过多数人能通过在就业市场的体验，客观地认识和接受当前的就业现状并调整自己的择业标准。但仍有一部分大学生固执己见，偏执地坚持自己原来的择业标准，甚至宁可不就业也不改变。

③专业对口的偏执。一些大学生在就业时过分追求专业对口，不顾社会需要，无视专业的伸缩性、适应性，只要是与专业有一定出入的工作就不问津，只要不能从事本专业就不签约。这样就人为地减少了自己就业的机会。

二、求职中的心理调适

大学生作为就业压力的承受者，应学习掌握科学有效的自我心理调适方法，使自己能够自我缓解、校正可能出现的各种心理异常现象，及时解决日常心理问题，维护和保持心理健康。所谓自我心理调适，就是根据自身发展及环境的需要对自己的心理进行控制和调节，从而能够最大限度地发挥个人的潜力，维持心理平衡，消除心理困扰。

大学生可以运用以下方法进行心理调适。

（一）积极认知法

所谓认知，就是人们看待事物的方式，它包括一个人的思想观点、叙述事物的思维方式、评价是非的标准、对人对事的基本信念等。积极健康的认知可以使个体的认识与客观事实相符，不歪曲事实。一般来说，消极情绪是由消极的思想决定的，当毕业生用否定的、悲观的思想看问题时，就会感到非常沮丧、失意与消沉。

古希腊哲学家伊壁鸠鲁曾说，人类不是被问题本身所困扰，而是被他们对问题的看法所困扰。通过改变认知可以改变他们的消极情绪。生活中那些拥有积极健康认知的人总是在看到事物不利方面的同时，更能看到有利的方面，从而精神饱满、信心十足。

持消极认知的人看问题的不利方面更多些，强调困难更多些，把这种不良情绪带到就业中，势必会影响就业的效果。要想拥有健康的认知，就应该正确认识自己、接受自己、维护自己、提高自己，并在此基础上形成积极正确的自我观念，摆正位置，扬长避短，不好高骛远，不给自己提出不现实的目标。同时，正确认识别人，经常进行换位思考，站在别人的立场上考虑问题，多想别人的长处和优点，避免认知偏差。

（二）主动宣泄法

1. 倾诉

宣泄法中的最佳方法是倾诉。对于就业与择业的压力，必须学会自我宣泄、自我释放、自我调节，学会辩证地看待问题，及时让郁积在心里的不快得到排遣，这是保证心理健康的一种有效方法。倾诉时可以找一个值得信赖的人（父母、老师、朋友等）将心中的想法、内心的苦闷，甚至是难以启齿的秘密统统讲出来，在与亲友的沟通中缓解精神压力。与此同时，来自家人、朋友的理解和关怀会成为一种情感上的支持，让人倍感欣慰，从而看到生活的积极面，以积极的态度面对人生。

2. 运动

在压抑、郁闷等负面情绪增多时，可以通过跑步、做操、练瑜伽、游泳等运动方式来排解。在运动中享受肢体动作的和谐美感，转移对不良情绪的过分关注。

3. 旅行

在感到就业压力大、焦虑、烦闷时，可以设计一个短途旅行，通过亲近自然，呼吸大自然的新鲜空气，欣赏自然的山水风景，来缓解压力。行走于自然美景中，感受世界万物生长，开眼界，豁达心。

（三）情绪放松法

毕业生产生心理问题，大多是紧张、焦虑等情绪造成的，而这都是因为找不到适合自己工作的压力引起的。当紧张与焦虑对毕业生产生不良效应甚至影响其正常学习和生活时，可采用以下方法进行调适。

1. 调息放松法

调息放松法也称深呼吸放松法。此法的关键是将胸呼吸（由于紧张，使吸入的新鲜空气最多只到达胸部便被呼出）变成腹式慢呼吸（尽量向内更多地吸入空气，再轻轻地、慢慢地将气呼出）。这种方法可促使血液循环，让紧张心理得以缓解，降低个体对焦虑的易感度。

2. 想象放松法

想象放松是通过对一些安宁、舒缓、愉悦的情景的想象以达到身心放松的目的。这种方法要求尽量运用各种感官，观其形、听其声、嗅其味，恰如身临其境。运用这种方法一般应在饭后或睡前，先使身体或坐或卧，保持一种舒适的状态，然后集中注意力，尽可能逼真地去想象一些舒适松弛的场景。

3. 肌肉放松法

肌肉放松是一种深度放松。这种方法的要点是先紧张后放松，在感受紧张之后再充分地体验放松的效果。从操作上来说，肌肉放松法一般是从头到脚，依次分别进行，如做面部整体放松，把眉毛往上拉，眼睛尽量睁大，嘴角尽力后拉，牙齿尽量咬紧，保持10秒钟，然后放松。对每一部分的肌肉，都要充分体会紧张之后再放松的舒适感觉。

（四）注意力转移法

注意转移法就是采取迂回的办法把自己的注意力、情感和精力转移到其他活动上去，使消极的情绪在蔓延之前就被一些因素干扰，不再恶化，从而使情绪朝着良性方向发展。过于强烈的消极刺激都与当时的情境密切相关，只要善于观察对自己不利的情境，对于情绪的控制就变得相对容易。比如，当毕业生产生心理问题时，自己应先冷静下来，转移注意力，做一些自己感兴趣或是有待解决的事情，等平静之后再考虑就业的问题。注意力转移法的特点是能让矛盾暂时得到缓解，直到自己冷静后再做处理，这样不容易激化矛盾，有利于心理问题的解决。

（五）补偿法

"人无完人"，个人在生活或心理上难免有某些缺陷。这时，我们要采取方法补偿这一缺陷，以减轻、消除心理上的困扰。这在心理学上称为补偿作用，一种补偿是以另一个目标来代替原来尝试失败的目标。如日本著名指挥家小泽征尔，原来是专攻钢琴的，他在手指摔伤、十指的灵敏度受到影响后，一度十分苦恼。后来他毫不犹豫改学指挥而一举成名，从而摆脱心理困境。另一种补偿是凭新的努力，以期某一弱点得到补救，转弱为强，达到原来的目标。希腊政治家德摩斯提尼因发音微弱和轻度口吃，不能演讲，他下决心练习口才，把小卵石放在嘴里练习讲话，并面对大海高声呼喊。最终，他的语言劣势得到补救，成为举世闻名的大演说家。他内心的紧张焦虑也就自然消除。面对自身的某些弱点或遗憾，我们不必唉声叹气，怨天尤人，积极的对策是另寻一条路，以真正走出心理困境，"失之东隅，收之桑榆"，是对这条自救之路的最好诠释。

自我心理调适的方法还有很多，在此仅列举以上这些。最主要的还是要树立远大的理想，树立正确的人生观和价值观，同时要注意培养良好的品质，磨炼坚强的意志，培养乐观豁达的生活态度。只有这样，才能在就业择业的重要关头，始终保持积极向上的精神状态和健康的心理，使自己的才能水平得到充分的发挥。

在择业求职过程中，社会、学校和家庭各方面都应给大学生提供热忱的关注和积极的引导，帮助他们面对现实，排除心理困扰，缓解不必要的心理压力，促使他们尽快实现角色转换，顺利走向工作岗位。而高校毕业生应提高自我调适的自觉性，学习掌握自我调适的方法与技巧，不断完善自己的人格和心理状态，立足于自身的努力，使自己以积极乐观的心态看待择业、看待人生，在广阔的人才市场上早日找到属于自己的位置。

※ 拓展阅读

心理放松法

选择一个安静而熟悉的环境（如自己的房间），舒适地坐着或躺着，也可以放一些轻柔的音乐。松开腰带，取下眼镜及一切束缚自己的东西。练习中注意肌肉的紧张感觉，这样能自动地摒弃杂念。深呼吸几次，随着音乐想象自己在蓝天翱翔，你仿佛感受到和煦的阳光在抚摸着你，你被包裹在一个充满草香的氛围中。

开始做一些放松练习。双手紧握成拳头，你会感到前臂的肌肉紧张起来，坚持几秒钟后放松。连续做三次，你会感受到紧张的肌肉得到放松后的那种松弛感。

依次把臂、足、小腿、腹部、颈部的肌肉群进行紧张、放松练习。动作没有固定模式，只要能在肌肉放松后体会到松弛感即可。

第四节 求职材料的准备

高校毕业生在求职择业过程中遇到心仪的单位和职位时，要通过自我推荐去求得这一职位。在自荐求职时，为了便于用人单位对自己的了解，毕业生必须准备一份介绍自己的书面材料。这个说明毕业生本人有关情况的个人材料，就是求职材料。它一般包括求职信、就业推荐表、个人简历和其他证明材料等等。

求职材料非常重要，它是毕业生与用人单位之间交流信息的载体。

对毕业生来说，可以通过求职材料向用人单位介绍自己的情况和就业意向，表达对用人单位所提供的职位感兴趣的原因和努力工作的决心。这是争取就业机会的重要步骤，是通往就业之路的"敲门砖"。

对用人单位来说，由于求职材料是求职者本人对大学生活的一个全面总结和评价，能够反映求职者个人的总体情况和综合素质，所以，求职材料是用人单位了解毕业生的基本途径，是用人单位透视毕业生的窗口和做出决策的重要依据。

一、求职信

求职信是毕业生向用人单位自我推荐的书面材料，是求职材料中最关键的支柱性文件。求职信能否吸引招聘者的眼球，直接关系到毕业生是否能获得面试的机会。写好求职信是敲开职业大门的重要步骤。

（一）什么是求职信？

求职信，又称自荐信，是求职者针对特定的用人单位，表达自己希望得到该单位某项工作而写的特殊信件，具有介绍性和自我推荐性，是要通过表达求职意向并概述自身能力引起对方的重视和兴趣，达到求职成功的目的。

撰写求职信必须明确三个要点。一是对象：求职信是求职者针对特定的用人单位写的。二是目的：写求职信的目的是求职，是获得一份工作，是求职者表达自己希望得到该单位的某项工作而写的特殊信件。三是内容：求职信通过表达求职意向和愿望（请求性），介绍自己基本情况和条件（介绍性），并概述自身能力引起对方的重视和兴趣（自我推荐性），达到求职成功的目的。

写好求职信是敲开职业大门的重要步骤。求职信的作用主要体现在两个方面。从内容上来讲，求职信概括了求职者的全面情况，求职者借求职信表达自己的求职意向，用人单位通过求职信了解求职者的有关情况，求职信成为求职者与用人单位信息交流和沟通的一个载体和途径。从形式上来看，求职信在一定程度上直接表现了求职者的个人素质，如文字表达能力、写作水平等，用人单位可借此对求职者的有关情况有直接和直观的了解。所以，求职信在求职就业中发挥着重要的作用。

（二）求职信的基本格式和具体内容

求职信的基本格式要符合书信的一般要求——称呼、正文、署名和日期，必要时加上附件内容。

1. 称呼（称谓）

求职信的称呼比日常书信所用称呼要正规。通常，写给国家机关、事业单位时可以用"尊敬的××处长（科长）"称呼；写给三资企业，可以用"尊敬的××董事长（总经理）先生"相称；如果写给一般性企业，可称为"尊敬的××厂长（经理）"；而写给学校，则以"尊敬的××教授（校长、老师）"称呼。当然，有的求职信，也可以直接称为"尊敬的负责人"等。

称呼要尽可能准确到位，以免引起对方反感而影响应有的效果。招聘负责人的职位和姓名可从各种职业信息中获得。

2. 正文

正文是求职信的主要部分，包括三个方面的内容。一是求职意向，即求职的职位或大致范围，二是自我介绍，即自己所具有的用人单位需要的基本条件和才能；三是工作态度，表达如果自己被录用后，将以怎样的态度和决心对待工作。从形式上来看，正文包括以下三个部分。

（1）开头。开头部分一般可说明三个意思：一是信息的来源或获得信息的渠道，二是求职意向，三是对用人单位及申请职位的认识。

①信息的来源或获得信息的渠道。应该说明你是如何得知该职位的招聘信息的。这样可

以避免对方觉得莫名其妙或觉得求职者是在漫无目的地"大撒网",没有诚意,同时也使单位的人事经理更好地了解各种招聘途径的效果,从而让招聘单位立即对你产生好感。例如,"我从《××职位快讯》上看到贵公司正在招聘××职位,我寄上简历敬请斟酌"。

②求职意向。要明确求职的职位或大致范围。注意一定要开门见山地、清楚明确地写明你对公司有兴趣并想担任他们空缺的职位,这样会使你的求职信显得有针对性和条理性。

③对用人单位及申请职位的认识(从单位和职位的角度来讲),一是要说明单位的一些优势或发展前景,说明职位的意义或重要性,体现你对单位和职位的认同和兴趣;二是要说明单位所属的产业或行业性质,以及所求职位对工作人员在专业知识、综合能力等方面的要求,从而顺利转入下文介绍自己的基本条件并展示自己符合职位要求的个人才能和经验。

(2)主体。此部分是求职信的主体部分和重点,主要包括自我基本情况介绍和对自己符合职位要求的个人才能、经验以及有关兴趣特长的展示。

①简单地介绍自我——介绍自己所具有的用人单位需要的基本条件,包括姓名、性别、出生年月、政治面貌、学历、毕业院校、所学专业、特长爱好、主要优缺点等。

②展示自己符合职位要求的个人才能和经验等,重点是与所求职位有关的学历和经历。其中工作经历或者可以称为实践经历,如勤工助学、课外活动、义务工作、参加的团体组织、实习经历等,这部分应该写得详细一些,用人单位常常通过这些内容考查求职者的团队精神、组织协调能力等。

③兴趣爱好——最好列上两三项,要与所求职位有关系;不能罗列太多,使用人单位感到你是一个"万金油"。

(3)结尾。

①简述自己对该单位感兴趣的原因(从自己的角度来讲),说明自己期望能在该单位供职的愿望。同时表达如果自己被录用后,将以怎样的态度和决心对待工作。

②感谢他们阅读并考虑你的求职,表达希望参加面试并表明你希望尽快得到回复,希望对方给予答复的愿望。对方如果通知你面试需要与你联系,所以要给出与你联系的最佳方式。这里注意:联系方式一定要写清楚。

③最后加上简短的表示敬意、祝愿之类的祝词。如"祝贵公司兴旺发达""深表谢意"等。当然也可用"此致敬礼"之类的通用语。

3. 署名与日期

可在署名前写"学生××",还可以直接签上自己的姓名。日期写在署名右下方。

4. 附件目录

求职信一般都同时寄出简历和一些有效证件,如外语等级证书复印件、计算机等级证书复印件、获奖证书复印件、简历等。这就需要有附件目录,既方便招聘单位审核,也使自己给对方留下周密、细致、有条理的好印象。

(三)撰写求职信注意事项

与求职材料中"专业化"的简历和"职业化"的各种证书相比,求职信是比较"人性化"的资料,就好像是推销员进门跟人打招呼,说明来意。因此撰写求职信时要注意以下几点。

首先,态度一定要诚恳礼貌,尊重自己、尊重别人。

其次,要重点突出、简单明了,不占用对方过多的时间,求职信中的有些叙述要简短,没有必要具体陈述，因为个人简历将详细介绍这些内容。

最后，就是要能够引起对方的兴趣，让对方有兴趣继续看后面的简历和证书等材料。

二、就业推荐表

就业推荐表是学校正式向用人单位推荐毕业生的书面材料，具有较大的权威性与可靠性。用人单位往往对该表比较重视，在发给学生录用通知以前一般要先见到该表的原件。

（一）什么是就业推荐表？

毕业生就业推荐表是学校为毕业生特制的求职材料，是学校专门为广大毕业生设计的一种综合反映学生在整个大学期间基本情况的、较为规范的表格。

（二）就业推荐表的内容组成

就业推荐表要填写的内容，一是毕业生本人的情况介绍，包括学生的个人情况、家庭情况、学习成绩等综合情况，也是学校对毕业生在校期间基本情况的认可；二是毕业生所在院系的推荐意见；三是毕业生所在学校就业主管部门的推荐意见。另外，还附有由学校教务部门提供的学习成绩等。

（三）填写就业推荐表要注意的问题

就业推荐表一般要求手写。

在填写时要认真仔细，字迹端正、工整、清晰、整洁，切不可马虎潦草，更不能涂改、造假。

表中注明要填写单位意见并加盖单位公章的，必须让单位填写意见并加盖公章。

三、个人简历

简历是大学生求职的重要工具。一份好的简历，能创造面试的机会，增加被录用的概率。简历的优劣直接影响到大学毕业生的求职择业能否成功。

（一）简历的含义与作用

个人简历也叫履历表，主要说明自己过去的经历，是自己学习、工作、生活经历的简要记述。简历的作用主要体现在以下三个方面。

（1）对求职信中的个人经历做进一步说明和补充。简历与求职信不同，简历是叙述求职者的客观情况，而求职信则主要是反映求职者的主观情况和求职意向。

（2）详细介绍自己，让用人单位全面了解自己。简历的目的是用来支持求职信，让用人单位全面了解自己，用以证明自己能胜任所求职位的工作。

（3）全面展示自己的能力和素质，给用人单位留下良好印象。求职简历不同于一般工作简历。一般的工作简历只是个人的一份历史纪录，仅反映自己曾经做了什么。而求职简历，不仅要反映自己能做什么，做过什么，还要反映做得怎样，具备哪些能力和素质。

（二）好简历的三个标志

一份好简历的标志是能够达到"信""达""雅"的要求。"信"就是简历中的内容要真实、可信，不能夸大其词或弄虚作假；"达"就是信息内容要客观、全面，充分展示自己的能力和才华，使对方详细了解自己，最终接受自己；"雅"就是在形式上要整齐、美观、素雅，并突出专业化的特点，而不是杂乱无章或过分华丽。

（三）编写简历的基本原则

编写简历是一门艺术，没有固定的格式。虽然简历的编写没有定则，但也有一些内在的基本特点。

1. 简洁性原则

简历不应太长，简历越长，被认真阅读的可能性越小。所以通常简历的长度为一张 A4 纸，只有某些高级专门人才在特殊情况下，可以准备两页以上的简历，即使如此，也需在简历的开头部分做简洁清楚的概述，以方便招聘者在较短时间内了解基本情况。这个可以在简历页面上端写一段总结性语言，陈述自己最大的优势，然后在工作介绍中再将这些优势以实习经历和业绩的形式加以叙述。

研究表明，一般人平均每次集中注意力的时间不超过 15 分钟，而招聘者认真阅读一份文面不错、没有明显错误的简历，平均时间也仅为 2 分钟。超过这个时间，他就不耐烦了。通常情况下，人事主管不会逐一仔细阅读求职者的简历，而是用一种"扫瞄"的方式浏览，每份简历所花费的时间一般不超过 2 分钟。所以，简历的编写要简洁清晰，便于阅读，同时要"突出个性、与众不同"。避免在"扫瞄"时不能吸引眼球而被淘汰。有些人将简历的这一特点概括为"10 秒钟原则"。

2. 针对性原则

简历应该具有明确的针对性。

简历要有针对性的求职目标。一份简历要围绕一个求职目标。如果你有多个目标，最好写上多份不同的简历，在每一份上突出重点。换句话说，求职于不同的行业、不同的公司和不同的职位，提交的简历应该是不同的。这将使你的简历更有机会脱颖而出。

简历的内容要针对用人单位和职位的需求，展示自己的长处和优势。很多求职者对投简历的对象缺乏必要的认识和了解，根本不知道对方到底需要什么样的人，所以也就不能有针对性地分析自己的长处，简历投递也只能是乱投一气了。所以，对招聘单位的基本情况和招聘要求一定要清楚，要根据不同职位的要求在简历中突出自己与之相应的能力与经历。比如，一个公司需要求职者具备良好的英语口语能力，简历中应突出描述自己做过业余涉外翻译的经历；反之，一个公司需要求职者具备良好的销售业绩，简历中再大肆描述自己做过业余涉外翻译的经历则显然是不明智的。

简历忌含糊、笼统和没有重点。我们千万不要忘记，雇主寻找的是适合某一特定职位的人，这个人将是数百名求职者中最合适的一个。雇主们都想明确地知道，你可以为他们做些什么。含糊、笼统的，并毫无针对性的简历会使你失去很多机会。比如，"我想在一个不断发展的单位里得到一个高收入的职位"。同样，如果简历的陈述没有职位和工作重点，或是将自己描写成一个适合于所有职位的求职者，比如，"我干什么都行"。你很可能将无法在任何求职竞争中胜出。所以，你要为你的简历定位，围绕一个求职目标来写。

3. 客观性原则

简历主要叙述求职者的客观情况，尽量避免主观性评价，采用客观性描述为宜。比如，"我工作严谨且认真负责，在过去的社团工作中我有着出色的表现。"这样的说法是苍白无力的，难以令招聘者信服。不如直接提供客观的可以证明或佐证求职者资历、能力的事实和数据。比如，"带领我校辩论社获得××市大学生辩论赛二等奖"。为了客观，简历中要力求避免使用"我如何如何"的语句。

（四）简历的基本内容

简历包含了求职者和应聘职位的相关信息，因个人情况不同其内容有所差异，但是一般应包括以下几方面的内容。

1. 标题

常用"简历""个人简历""求职简历"为标题。

2. 个人基本情况

个人基本情况也称为"抬头"或"个人名录"。包括姓名、年龄（出生年月）、性别、籍贯、民族、学历、政治面貌、学校、专业、毕业时间等等。但个人基本情况的介绍并非越详细越好，有的项目用人单位没有特别要求可以省略。

3. 联系方式

一定要清楚地表明怎样才能找到你，写清楚区号、电话号码、电子邮箱地址。有的毕业生喜欢频繁变换手机号码、电子邮箱，当用人单位需要和他取得联系的最关键时候，往往无法迅速找到。在用人单位感到遗憾的同时，恐怕最遗憾的应该是毕业生本人。

4. 求职意向

简短清晰地表明自己对什么岗位、行业感兴趣。这部分内容必须能够回答："你想做什么？"或者"你能给公司提供什么价值？"最直接的方式就是写出职位名称。

5. 个人履历

主要是个人从高中阶段至就业前所获得最高学历阶段之间的经历，应该前后年月相接。

6. 个人的学习经历

主要列出大学阶段的主修、辅修与选修课科目及成绩，尤其是要体现与个人所谋求的职位有关的教育科目、专业知识。不必面面俱到（如果用人单位对个人在学校的学习成绩感兴趣，可以提供给他全面的成绩单，而不用在求职简历中过多描述这些内容），要突出重点，有针对性，使个人的学历、知识结构让用人单位感到与其招聘条件相吻合。

7. 实习实训经历及所获得的技能

这是简历的核心部分，是反映毕业生生产实践能力和岗位适应能力的。因此，在简历中要把实习实训的项目名称、时间、地点及收获等简要写出来，把在企业顶岗实习经历、实习单位的评价等写出来，也要把课余时间参加的技能培训项目、时间、地点及所获取的技能等级等注明。用人单位从这些经历中可以全面了解求职者的实践技能和工作能力。

8. 实践活动和社会工作经历

这也是简历的重要组成部分，可以与上面的内容合并在一起写。许多用人单位特别是大型企业，对毕业生综合素质的要求不断提高，虽然知道大部分毕业生都没有多少工作经验，但非常看重在校期间担任的社会工作、职务、组织（参加）活动的情况。勤工助学、课外活动、义务工作、参加各种各样的团体组织等经历都足以让用人单位从中发现求职者的志向、爱好、组织能力、领导能力、团队协作精神和吃苦耐劳精神等。

9. 外语、计算机和其他水平

外语作为一种工具，计算机水平作为一种技能，越来越被用人单位重视。因此，毕业生除了在简历中写明已达到学校相关的教学要求，也别忘了对取得的资格等级证书，或在某方面的过人之处进行自我评价。如果已取得驾驶证，也可注明。

10. 在校期间所获奖励

包括获奖学金、三好学生、优秀学生干部、优秀团员、社会实践优秀个人、优秀社团负责人等获得的时间、地点、级别。

11. 附件

附件主要包括各种技能等级证书、荣誉证书及发表的论文等复印件。有的单位要求有加盖学校确认章的成绩单。

（五）简历的主要格式

按外表形式来分，简历的格式可分为两类：表格式和半文章式。

1. 表格式简历

表格式简历就是用表格的形式列出自己的基本情况和学习、工作的经历等。这种简历完全是以表格的形式出现，综述许多种资料，层次分明，使人一目了然，易于阅读。这一格式通常适用于高校毕业生、缺乏工作经历但具有各种如所学课程、课外活动、业余爱好和临时工作等资格的求职者。包括姓名、地址、联系方式、主要/技能/成就/经验、经历、受教育程度、个人资料、兴趣/爱好/特长、日期等栏目。

2. 半文章式简历

半文章式简历是指表格和文章综合使用的一种格式。这种格式使用较少的资料表格设计，而使用几项长资料的记载。一般适用于资历丰富的求职者。

这种格式的简历，一般是按照年月顺序，根据需要有选择地列出自己的学习、工作经历，做到条理清楚，充分展现自己的技能、品德。

除了以上两种常用的格式，还有小册子式简历、时序式简历和职务式简历，这里不再赘述。

（六）编写简历需要注意的事项

（1）突出个性，独具特色。突出自己的特点，着力渲染与众不同的地方，把属于自己的地方说透。

（2）瞄准目标，有的放矢。应针对对方的要求，以简洁、明确的文字，表述出对方希望了解的内容。

（3）精心策划，重点放前。先填外语、计算机水平等专业方面的特长；再写善于组织活动、搞宣传，长于书法、绘画等一般特长方面。

（4）主题突出，文字简洁。毕业生没有工作经验，重点可放在学业成绩、参与过的课外活动、实践、实习经历和各种资格证书上。

（5）根据情况，张贴照片。照片在发式、穿着、打扮上要视工作性质而定，如谋求艺术、公关、外贸等工作，就要讲究一些；如果向学校、科研院所、党政机关、企事业单位求职，照片就要显得庄重、典雅、朴实一些。

四、其他证明材料

求职材料中还应包括一些能够提供证明之类的材料，它包括如下内容。

（1）毕业证书、学位证书、学历证书和结业证书；

（2）"三好学生""优秀学生干部""优秀团员""优秀毕业生"等荣誉称号；

（3）英语四、六级证书和计算机等级证书；

（4）各类奖学金等级证书；

（5）社会实践、征文比赛、文艺演出、体育运动会、社团活动等获奖荣誉证书；

（6）在正式出版物上发表过的文学作品、科研论文、美术设计作品、音像制品、摄影作品及各类小制作、小发明、小创作的图像资料。

凡能反映自己各方面能力的材料尽量要准备齐全，让用人单位过目时最好有原件。投递材料，则应选择具有代表性的证件复印件。

以上几种求职材料各有侧重点，求职信属概述性资料，主要表达个体的求职意向和工作态度；就业推荐表属于评价性资料，能增加求职材料的可信度；个人简历属于确证性资料，主要说明自己过去的经历；证明材料属于成就性资料，强调个体具备的技能和取得的成绩。这几种材料组合在一起，就形成了一份有个性特色、结构合理、质量较高的自荐材料。

大学生在制作求职材料时要切记两点。

一是内容要客观真实、全面准确。毕业生向用人单位推荐自己，要靠平时的努力，靠实事求是取胜，不能采取"造假""夸大"等手段蒙骗用人单位。现在用人单位招聘大学生，一般都很慎重，不但要看个人综合材料，还要面试和笔试，甚至要其动手操作。同时，还要做校方考证。一旦发现有诈，将给求职者造成严重后果。

二是求职材料的形式要美观大方、干净整齐、层次分明。求职材料只是自我推荐的一种手段和形式，要做到形式和内容的和谐统一。因此，求职材料篇幅不宜长，应字迹工整；如果你字体一般，则用计算机打印为好；表面干净整洁，每页规格大小应基本一致；封面应写明材料名称、目录、求职者姓名、毕业院校及专业等；内容排列次序和目录应保持一致，不缺页，无颠倒，给人一种办事认真、求职慎重的感觉。切记不可出现错字、别字。

※ 拓展阅读

HR 如何筛选简历

小孙是一家世界500强企业的人力资源部经理，每年年底，企业都会发出招聘启事，为的是给部门增添血液，这也是HR一年中最忙碌的时期。今年企业的招聘岗位之一是财务人员。小孙上班打开部门邮箱，发现收件箱中已经有100多份简历了。对于简历的个人部分，小孙一般只是一扫而过。在个人描述部分，是求职者针对企业要招聘的财务人员提出的兼职经历、个人评价等问题做出的回答。很大一部分求职者会将自己兼职中取得的成绩大肆渲染，接近夸张，如"我领导学生会组织了一场大型的迎新文艺晚会，该晚会取得了巨大的成功，好评如潮"等空泛的语句，让她觉得这些求职者浮夸、自我，不够踏实、诚恳。

根据求职者提供的成绩单，小孙要对求职者的学习表现做出评价。成绩优异、年年获奖学金的求职者并不一定适合招聘的职位，公司更关注的是与岗位相关的课程成绩。在评价完成绩单后，小孙还要查看求职者包括外语、会计、计算机等资质证书，同时为了避免造假，她会登录相关系统查证。每份简历读完后，小孙会标注出该简历的评价和最终确认的级别，供招聘部门面试时参考。

公司在招聘的管理制度上有严格规定，每份简历，必须有4名HR背靠背阅读，每个人对该求职者做出级别评价，分为重视、关注、一般关注和不符合条件等几类，一旦发现简历中有伪造证书或其他不诚信情况、错别字等低级失误，一律筛选掉，前者事关人品，后者可以看出一个人的做事态度。午饭前，小孙和她的同事完成了这些简历的初步筛选，他们将各种评价级别的简历分别存档。平均算下来，每份简历被浏览的时间大约在5分钟。

下午，小孙要着手简历筛选中最棘手的一项工作。她和同事要将上午筛选出来的特殊简历进行最后决议。这类特殊简历意味着其主人拥有"极端"的方面：如个人素质非常优秀，但存在不适合职位的因素；其他差强人意，但工作经历中存在闪光点。这次，就有两份特殊简历：①毕业于名牌院校，连年奖学金获得者，工作经历丰富，但是在叙述自己的兼职经历时，这位求职者喜欢说"我认为应当这样来决定"等。②毕业院校平平，成绩勉强及格，也没有太多相关能力证书，但是兼职经历极其丰富；而且即使兼职忙碌占据他很多时间，但是从成绩单来看，考试还是都能通过，可见其学习能力颇强；在叙述经历部分，这位求职者体现了很强的概括和表达能力，条理清晰，简练有力，很受HR们欣赏。最后，一致决定给他一次面试机会。

简历评议之后，HR们确定进入下一轮面试的求职者。

第六章 求职策略

※ 学习目标

(1) 了解自荐的方法与技巧。
(2) 掌握面试的技巧,以及回答提问时的注意事项。
(3) 了解笔试的方法和注意事项。

※ 案例引入

下面是大学毕业生小方在一次面试中与面试官的对话。

小方:各位领导、老师好!

面试官:请坐!介绍一下自己好吗?

小方:非常感谢你们到我们学校来招聘毕业生。我叫小方,是本校计算机系的应届毕业生。我对软件开发很有兴趣,在这方面投入了不少精力;同时作为班团主要干部也参与组织了不少社会活动,应该说大学期间我在这两个方面都有不少收获。这是我的成绩单和个人简历,请您过目。

面试官:你了解我们公司吗?

小方:贵公司是国内著名的通信公司,我从上大学起就十分向往毕业后到贵公司工作。我认为到贵公司工作能最大限度地发挥我的才能。我不怕吃苦,就怕无事可做。

面试官:上大学时你为什么报考计算机专业?

小方:说实话,当时报考计算机专业是老师和家长的主意。但我在学习了计算机方面的知识后就深深地爱上了我的专业。特别是随着信息时代的到来,我对自己的专业发展前景非常有信心。

面试官:你学过的课程和我们的工作有什么关系?

小方:我想,计算机技术的广泛应用是通信业的特点和发展趋势。我们计算机专业设置的课程几乎涵盖了硬件和软件技术的主要方面,这为我们打下了坚实的理论基础,同时也使我们有较强的适应能力。前面我已说过我对软件开发更有兴趣,我想这方面的知识和能力也许是将来的工作需要的。

面试官：你喜欢你们学校吗？你们系的老师怎么样？

小方：我非常喜爱我的母校，我也非常尊重我的老师，因为我在母校学到了知识，我从老师身上学会了做人。

面试官：你还有哪些特长和爱好？

小方：除了专业知识，我还具有一定的组织管理能力，喜欢美术和流行音乐，也喜欢去游历祖国的名山大川。

面试官：你有哪些缺点？

小方：我得承认我还缺少实际工作经验，这方面的不足还需要在今后的工作实践中不断学习和弥补。再就是外语学得不够好，还需要继续努力学习。

面试官：你对加班、出差怎么看？

小方：我近几年不会考虑结婚，没有家庭负担和拖累，加班应该没有问题。至于出差更是我所乐意的。

面试官：你是否打算将来继续深造？

小方：我想先工作几年，积累一些经验，发现自身的一些不足，然后再进一步深造。

面试官：你有什么问题要问吗？

小方：不知贵公司什么时候能给我一个明确的结果？

面试官：一个星期内我们将公布此次招聘的毕业生名单。

小方：谢谢你们，我可以走了吗？

面试官：再见！

应该说这个案例展现的是一个典型的面试过程，面试官所提的问题是面试时常常涉及的问题，毕业生小方的回答也称得上圆满。

※ 思考问题

（1）面试时面试官经常会提出的问题是什么？
（2）毕业生应掌握哪些面试技巧？
（3）面试时的注意事项包括什么？
（4）除了面试技巧，还有哪些技巧是毕业生在求职过程中应该掌握的？

第一节　自荐的方法与技巧

一、自荐的方式

自荐有直接自荐和间接自荐两种。直接自荐是指由本人向用人单位做自我介绍，自我评价，自我推销。间接自荐是指借助中间人或物推荐自己，即不亲自出马，只需要将自己的想法和条件告诉第三者，或形成材料就能达到推荐自己的目的。综合起来，自荐的方式主要包括以下几种。

（1）参加人才招聘会自荐。即带上个人自荐材料到人才招聘会（或"双向选择"会）上推荐自己。

（2）上门自荐。即带上自荐材料亲自到用人单位推荐自己。

（3）电话自荐。即通过电话联系，向用人单位推荐自己。近几年，不少大学生用这种方式推荐自己，获得了成功。

（4）信函自荐（书面自荐）。即通过向用人单位邮寄或呈送求职材料的形式推销自己。这种形式不受时空限制，又能扩大自荐范围，特别适用于学习成绩优秀，又有较好文笔和写一手漂亮字的毕业生；也适用于因学习忙碌而没有时间上门自荐，或因路途遥远而不便于上门自荐的毕业生。这种形式用人单位乐于接受，也为广大毕业生所采用。

（5）他人推荐。即请老师、父母、亲友、同学推荐而达到自我推荐的目的。一些老师因具有较广泛的社会关系或较高的学术声望，他们的推荐容易引起用人单位的重视和信任。父母、亲友、同学也可帮毕业生扩大自荐范围，为毕业生顺利就业助一臂之力。

（6）广告自荐。即借助新闻传播媒介进行自荐的形式。这种形式覆盖面广，时效性强。

（7）学校推荐。学校推荐是一种间接的自荐方式。近年来，各学校相继成立了大学生就业指导中心，加强了与用人单位的联系和收集信息工作。他们一方面对用人单位的情况比较了解，另一方面对毕业生的情况也比较了解，再加上学校以组织的形式向用人单位推荐，对用人单位来说具有较大的可靠性和权威性，容易得到用人单位的认可。

（8）实习自荐。即通过各种实习、社会实践推荐自己，也就是先"相亲"，后"过门"。

（9）网络推荐。网络推荐是近几年新出现的一种自荐方式，它是借助互联网进行自荐。这种自荐方式时效性好、覆盖面广，是今后自荐发展的方向。

以上介绍的九种自荐方法并非独立存在，在现实的求职活动中，往往综合应用方能达到自我推荐的目的。一般来说，几种方法并用效果会好一些。但就个人而言，究竟采取哪种自荐方式，应从实际需要出发。

二、自荐的技巧

在毕业生招聘会上，常常可以看到这样的情景：求职心切的大学生一茬接一茬地来到招聘台前，却在不知不觉中将一个个职位拱手"让"给了别人。这是为什么呢？原因就是，缺乏起码的求职择业方法和技巧。

例如，一位毕业生在人才招聘现场对一位公司人事主管说："我是××高职院校的毕业生，基础知识和技能都很扎实，我想应聘经理助理，然后协助经理实施改革方案。"

经理问："你有什么具体设想吗？"

于是这个学生滔滔不绝、侃侃而谈，最后递上一份个人简历，该简历字体龙飞凤舞，甚至到了要人猜测的程度。

经理待他走后说："这个学生说话时流露出了优越感和肤浅，以为当助理就是高谈阔论，也不问问我们公司到底是干什么的。这样的经理助理，工人和技术人员能认可吗？"

在求职洽谈过程中，有的大学生在规定时间里连自己的基本情况、就业意向都说不清楚；有的讲话态度不礼貌，在人群后面就大声说："工作人员拿表来"；有的不修边幅，衣冠不整。这样的人，用人单位自然不会接受。由此看来，大学生在自我推荐过程中，要想找到理想的工作，除了靠知识、技能等"硬实力"，还必须重视"软包装"，重视非智力因素的表现，依靠灵活的方法和技巧取胜。

（一）自荐只是手段而不是目的

战国时的毛遂自荐，终于说服楚王与赵国合作，出兵解邯郸之围，其目的是施展自己的才华，报效国家。大学生自我推荐，首先需要解决认识问题，清楚自荐仅仅是一种说服手段，即让对方认可、接受，肯定自己的人格、知识、技能和理想，从而获得成功的机会。而不是倒因为果，以推荐自己为目的，不管结果怎样，只是一味地推荐，其结果只能得不偿失。

（二）自荐要有自信心、主动性和勇气

自信是现代人必须具备的心理素质。一位心理医生曾说："你越对自己有信心，就越能造成一种你很行的气氛。事实上，你的态度全部反映在你的举手投足之间，就好像一个人坐椅子，一个感到自在的人会坐在整个椅子上，而一个不自在的人，只会坐在边缘上。"大学生自我推荐，首先必须自己相信自己，清醒地知道自己具备达到目标所需的力量，并完全依靠自己的力量进行竞争，这是求职者成功自荐的奥秘之一。

自荐是求职者的主动行为，任何消极等待的态度都是不可取的。因此，在推荐自己时，还必须积极主动。例如，不等对方索要材料，便主动呈送；不等对方提问，就主动向对方介绍；不消极等待对方回复，就主动询问。这样，往往给人一种态度积极、求职心切、胸有成竹的感觉。

成功的自荐还必须具有足够的勇气，不怕失败。伽利略说过："追求科学需要特殊的勇敢。"自荐也是一样，你要在别人面前介绍自己，证明自己，如果没有"初生牛犊不怕虎"的勇气，就会畏缩不前、犹豫不决，就会紧张、拘谨，甚至自卑。毕业生常会遇到这样一些情况，在去用人单位之前，脑子里已准备好了对各种问题的回答，甚至语调、礼貌话、动作都想好了，可到了用的时候，竟全忘光了，聪明才智不见了，剩下的只是呆板、不知所措。这样的情景如果形成恶性循环，就会越发紧张和拘谨，给人一种缩手缩脚、没有魄力、无所作为或作为不大的印象。还有一些大学生在洽谈会上，由家长和同学陪着东转西看，出谋划策，很令招聘单位费解。其实，这类事情正好反映了部分大学生对自荐既缺乏自信，又缺乏勇气的被动应付心理和态度。

（三）自荐要诚恳、谦虚、有礼貌

诚恳、谦虚、有礼貌是为人处世的基本要素，是赢得用人单位好感的应有态度，对大学生求职十分重要。诚恳，即做到言而有信。孟子言："言人也，信人也。"大学生自荐应以信为本，在介绍自己时，要讲真话，有诚意，不吹牛撒谎，不虚情假意，给对方以信任感。比如，自己对某问题不明白时，可以告诉招聘者："对不起，我不知道这个问题。"这恰恰反映了求职者直率诚实的性格。

谦虚，是一种美好的品德，是尊重对方的一种态度。在就业市场上，常有不少学生因口若悬河、夸夸其谈而吃了"闭门羹"；也有人因摆出一种"我有知识你就得用"的神情，令用人单位非常反感。因此，要切记：在任何时候，虚心、谦逊都是用人单位最为欢迎的态度。

礼貌，是道德的一种外在表现形式，它在人际关系调节中具有不可忽视的作用。大学生自荐时，无论是表情，还是一句称呼、一声感谢、一个小动作，都能反映一个人的内在修养和素质，都会被用人单位看在眼里，作为评价的话题。因此，自荐时要以礼待人，不能认为这都是小节，不说明什么问题。即使对方当场回绝或不太理睬你时也要表现冷静，给自己找

个台阶下，给对方留下明理的印象。

（四）自荐要注意对方的需要和感受

自我推荐，应注重的是对方的需要和感受，并根据他们的需要和感受说服对方，被对方接受。比如，自己所告诉的正好是对方所要的，自己所问的正好是对方要告诉的。要做到这点，首先要事先有所准备，想一想一般用人单位需要什么，他们会提出什么问题，对什么最感兴趣；其次，临场要"察言观色"，把握对方心理，随机应变。例如，某高职院校通信工程专业学生小王，学习成绩良好，综合素质较高。听说本市一家软件公司要招人，他先请教老师，了解软件业行情。然后，花费了一天时间找来该单位的一些基本资料进行研究。最后，他拿着求职材料走进该单位人事部门，该单位负责人看完他的求职材料后问道，"你为什么要来我们单位应聘，你觉得我们单位有哪些特点和不足？"……几番对答，对方不住领首，告诉他一周后听"研究结果"。一周之后，小王如愿以偿，他在几十名竞争者中获胜。他的成功，就在于能注意对方的需要和条件。

（五）自荐要善于展示自己

善于展示自己，即"展示适时，展示适度"。热门的用人单位往往门庭若市，要想在强手如林的竞争中引人注意，脱颖而出，就必须做到以下几点。

（1）会介绍自己。"良好的开端是成功的一半。"自荐时，要先入为主，一开始就简明扼要，说明来意。在介绍自己时要有理有据，言简意赅。

（2）会提问题。提问题是为自我服务，除想弄明白某种情况之外，还可借助提问题，更好地展示自己。比如，"贵单位需要什么样的大学生？"在必要时，也可率先开口，不要总是等对方提问。

（3）会回答问题。回答问题是为了说明情况，展示自己。因此，要学会正确运用闪避、转移、引申、模糊应答等方法，"以巧力破千斤"。

（4）会发挥优势，即展示自己要有特色。自荐必须从引起别人注意开始，如果别人不在意你的存在，那就谈不上推荐自己。引起别人注意的关键是要扬长避短，有自己的特色，使对方对自己产生兴趣。春秋时期，孙武初到吴国，是通过成功地操练三百名宫女，表现出了他严格治军的特色，从而引起吴王的极大兴趣。大学生自荐，其自身特点因人而异，关键在于会表现，能"技高一筹"。例如，某高校毕业生小张在校期间自学日语有一年多的时间。在招聘会上，他沿着用人单位的摊位一路问去，都是摇头拒绝，快要到出口时，忽然看见一家日本公司，他走上前去，壮着胆子递上了他的推荐表，并补充了一句"我懂日语并擅长英语"。就这一句话引起了对方的注意，接着就是口试（即与日本人对话），两个星期后，他惊喜地接到了对方的录用通知。小张的成功，就在于他有一技之长，并表现得当。

（六）自荐要学会使用求职材料

再好的求职材料，也要会使用。不会使用，则影响自荐效果。如何使用，这就需要根据实际情况而定。例如，在招聘会上，求职者很多，难以与用人单位的招聘者交谈，则可先把求职材料提供给用人单位，从而为自己争取到面试的机会。求职材料最好亲自呈递，这样做会加深用人单位对你的印象。同时，呈递材料时，还要多准备几份，这样既表示你对每个人的尊重，又无疑为他们在共同商议是否录用你时提供方便。如果无法亲自呈递，或想"广种薄收"等，就采取邮寄的方式。这样做既可大面积进行，也比较隐蔽，但邮寄不易引起用人单位的注意和重视。为了避免这种做法的不利之处，可将求职材料直接寄给招聘主管人员，使他感觉到你很在乎该单位，从而留下一个深刻的印象。

（七）自荐要善于"包装"自己

在竞争激烈的今天，包装不仅限于保护功效，更主要的是在于它能弥补个人不足，提高个人价值，发挥"促销"作用。包装分为外包装和内包装。外包装又称为初级包装，它是通过一些非语言媒介对自荐发挥作用，如衣着、发式、动作、行为举止、体态、气质等要得体、适度，给人以大方、潇洒、端庄、有知识、有涵养、有信心、符合大学生身份的感觉。某项研究结果表明，外表有吸引力者，一般会被招聘人理解为聪明精干、办事认真可靠，使人另眼相待。

内包装也称深层次包装，它建立在有真才实学的基础之上，是将多种抽象和具体相结合进行自我推销的一种有效方法。其内容包括个人积累的知识、出色的口才、流利的外语对话、熟练的上机操作、扎实的专业基本功等。这种方法如果能运用得好，则有助于个人形成完美的第一印象。

（八）自荐要注意控制情绪

人的情绪有振奋、平静和低潮三种表现。实践证明，无论是谁，心情紧张时，说话总是节奏过快，使听者很费力，容易厌烦。大学生初次接触社会，缺乏说话技巧。因此，在推荐自己的过程中，要善于控制情绪，说话节奏适中，这样可以表露出自己的才华、学识、能力和社会阅历，增加对方对自己的了解。为了控制自己亢奋的情绪，美国心理学家尤利斯提出了有趣的忠告："低声、慢语、挺胸"。

（九）自荐要"知难而退"

人有百号，各有所好，对人才的需求也是这样。假如你已经尽力但仍然说服不了对方，没能被对方所接受，此时你应"知难而退"，另找门路。倘若期望值过高，就应该降低期望值。

（十）自荐要把握好时间

自荐时间不宜过长，因为在招聘会上，人往往很多，有时还要排队，你必须在最短的时间内，最大限度地推销自己。

※ 拓展阅读

某校材料系毕业生小罗，学习成绩良好，能力较强，连续三年被评为"三好学生"，系学生会干部，是一个各方面表现都不错的毕业生。在择业时看到许多同学都在积极与用人单位联系，并到用人单位去了解情况、毛遂自荐，于是他也坐不住了，向系里请了假，满怀信心、充满憧憬地踏上了求职择业的旅程。在经过10多天的奔波之后，该生身心疲惫、一无所获地回到了学校，而且情绪非常低落。后经了解方知他到了大大小小20余家单位竟然没有单位对他表现出兴趣，于是灰心不已。后来系里老师给他做工作时指出：他的外表条件不占优势，个子较矮，同时长相不尽人意，不能给单位留下好的第一印象；同时择业期望值过高不符合个人实际情况。经过老师的分析和指导，他看到了问题的症结，调整了心态，恢复了自信。后来经过努力，终于找到了较为理想的就业单位。

此案例说明，毕业生在求职择业时千万不能人云亦云，要根据自身特点，扬长避短择业，这样才能成功。

第二节 面试技巧

高校毕业生在就业时，面试是一个非常重要的过程，有些毕学生在这个过程中感到不知所措，或者做得不好，使自己在求职中因小失大，无法成功。在求职过程中注意以下技巧，才能做到事半功倍，提高面试的有效性。

一、面试的形式

（一）问题式面试

由招聘者按照事先拟定的提纲对求职者进行发问，其目的在于观察求职者在特殊环境中的表现，考核其知识与业务，判断其解决问题的能力，从而获得有关求职者的第一手资料。

（二）压力式面试

由招聘者有意识地对求职者施加压力，就某一问题或某一事件做一连串的发问，且刨根问底，直至无以对答。此方式主要观察求职者在特殊压力下的反应、思维敏捷程度及应变能力。

（三）随意（或自由）式面试

即招聘者与求职者海阔天空、漫无边际地进行交谈，气氛轻松活跃，无拘无束，招聘者与求职者自由发表言论，各抒己见。此方式的目的是在闲谈中观察求职者的谈吐、举止、知识、能力、气质和风度，对其做全方位的综合素质考查。

（四）情景（或虚拟）式面试

由招聘者事先设定一个情景，提出一个问题或一项计划，请求职者进入角色模拟完成，其目的在于考核其分析问题、解决问题的能力。

（五）综合（全方位）式面试

招聘者通过多种方式考查求职者的综合能力和素质，用外语与其交谈，要求即时作文或即席演讲，或要求写一段文字，甚至操作一下计算机等，以考查其外语、文字表达、书法及口才表达等各方面的能力。

在实际面试过程中，招聘者可能采取一种或同时采取几种面试方式，也可能就某一方面的问题对求职者进行广泛、深刻及深层次的考查。

二、面试的准备

高校毕业生在面试前应该从硬件和软件两方面着手做好面试的准备。

（一）硬件准备

1. 推荐材料的准备

面试之前根据用人单位的特点和要求准备几种格式的求职材料，确保面试官想看什么你就有什么。除此之外，还应准备好就业协议书。

2. 个人形象的准备

面试前应该准备一套合适得体的职业装，男性最好是深色西装，配同色系或互补色系的衬衫，还要系上领带、穿皮鞋。女性可以选择稍休闲的职业装，若是裙装要穿丝袜、合适的高跟鞋。另外保持良好的举止也是能够为面试加分的，比如你的站姿、坐姿、眼神、表情等都要注意，穿着打扮既能反映一个人的修养，也是对面试官和用人单位的尊重。一般情况下，衣着不整、蓬头垢面会被认为是对工作不够重视，而过于超前的打扮又会被认为是不成熟和不可信任的。

3. 纸、笔、证件的准备

面试之前一定要准备好用于面试做记录的纸和笔，并准备好用于证明自己身份和优秀素质的相关证件、证书，包括学生证、身份证、毕业证、相关荣誉证书、发表的各类作品等，最好将相关证书、作品等复印件整理装订成册，并带上原件。

（二）软件准备

1. 了解用人单位概况及求职职位的要求

一方面，尽可能详细了解用人单位的情况。用人单位情况包括组织内部情况和组织外部情况两方面。组织内部情况包括发展历史和最新动态、发展目标与组织文化、单位领导的姓名、单位规模与行政结构、服务内容与类别、财务状况、绩效考核体系、培训体系、薪酬体系、正在招聘的职位及能力要求等。组织外部情况包括服务对象的类型及规模、组织的公众形象与社会评价、主要竞争对手的情况等。

2. 保持良好的心态，努力克服紧张心理

要充分认识到求职竞争的激烈、残酷和困难，又要树立战胜自我、战胜他人的必胜信心。要丢掉思想包袱，轻装上阵，畅所欲言，不要患得患失。既不能把一次面试和工作机会看得过轻，抱着无所谓的态度，不屑一顾；又不能将其看得过重，从而背上沉重的心理负担和思想包袱。要在战略上藐视"敌人"，在战术上重视"敌人"。

3. 复习面试中可能考核的知识技能

简历根据目标企业和目标岗位的不同，所用语言也就不尽相同，所以面试前应该对投递的简历进行回顾，重新熟悉内容，特别是在个人介绍部分要突出人职匹配度，让面试官相信你确实有可用之处。做好这些工作后，你就可以请一位有经验的朋友、同学来扮演面试官，对面试进行必要的模拟演练，对一些可能提到的问题进行预先的熟悉，以便面试时能更好地发挥。

注意，要尽量避免有亲朋陪同参加面试。这是缺乏自信的一种表现，也是容易被面试官淘汰的重要原因。

三、面试中的基本礼仪

（1）一旦和用人单位约好面试时间，一定要提前 5~10 分钟到达面试地点，以表示求职者的诚意，给对方以信任感，同时也可调整自己的心态，做一些简单的仪表准备，以免仓促上阵，手忙脚乱。为了做到这一点，一定要牢记面试的时间、地点，有条件的大学生最好能提前去一趟，以免因一时找不到地方或途中延误而迟到。如果迟到了，肯定会给面试官留下不好的印象，甚至会丧失面试的机会。

（2）进入面试场合时不要紧张。如门关着，应先敲门，得到允许后再进去。开关门动作要轻，以从容、自然为好。见面时要向面试官主动打招呼问好致意，称呼应当得体。在面试官没有请你坐时，切勿急于落座。面试官请你坐下时，应道声"谢谢"。坐下后保持良好体态，切忌大大咧咧，左顾右盼，满不在乎，以免引起反感。离去时应询问"还有什么要问的吗"，得到允许后应微笑起立，道谢并说"再见"。

（3）对面试官的问题要逐一回答。对方给你介绍情况时，要认真聆听。为了表示你已听懂并感兴趣,可以在适当的时候点头或适当提问、答话。回答面试官的问题,口齿要清晰,声音要适度,答话要简练、完整。一般情况下不要打断面试官的问话或抢问抢答,否则会给人急躁、鲁莽、不礼貌的印象。问话完毕,听不懂时可要求重复。当不能回答某一问题时,应如实告诉面试官,含糊其词和胡吹乱侃会导致面试失败。对重复的问题也要有耐心,不要表现出不耐烦。

(4) 在整个面试过程中,要保持举止文雅大方,谈吐谦虚谨慎,态度积极热情。如果用人单位有两位以上面试官时,回答谁的问题,你的目光就应注视谁,并应适时地环顾其他面试官以表示你对他们的尊重。谈话时,眼睛要适时地注意对方,不要东张西望,显得漫不经心,也不要眼皮低望,显得缺乏自信,激动地与面试官争辩某个问题也是不明智的举动,冷静地保持不卑不亢的风度是有益的。有的面试官专门提一些无理的问题试探你的反应,如果处理不好,容易乱了分寸,面试的效果显然不会理想。

四、求职者语言运用的技巧

面试过程中你的语言表达艺术标志着你的成熟程度和综合素养。对求职者来说,掌握语言表达的技巧无疑是非常重要的。那么,面试中怎样恰当地运用谈话的技巧呢?

(1) 口齿清晰,语言流利,文雅大方。交谈时要注意发音准确,吐字清晰,还要注意控制说话的速度,以免磕磕绊绊,影响语言的流畅。为了增加语言的魅力,应注意修辞美妙,忌用口头禅,更不能有不文明的语言。

(2) 语气平和,语调恰当,音量适中。面试时要注意语言、语调、语气的正确运用。打招呼时宜用上扬语调,加重语气并带拖音,以引起对方的注意。自我介绍时,最好多用平缓的陈述语气,不宜使用感叹语气或祈使句。声音过大令人厌烦,声音过小则难以听清。音量的大小要根据面试现场情况而定。两人面谈且距离较近时声音不宜过大,群体面试而且场地开阔时声音不宜过小,以每个面试官都能听清你的讲话为原则。

(3) 语言要含蓄、机智、幽默。说话时除表达清晰以外,适当的时候可以插进幽默的语言,使谈话增加轻松愉快的气氛,也会展示自己的优越气质和从容风度。尤其是当遇到难以回答的问题时,机智幽默的语言会显示自己的聪明智慧,有助于化险为夷,并给人以良好的印象。

(4) 注意听者的反应。求职面试不同于演讲,而是更接近于一般的交谈。交谈中,应随时注意听者的反应。比如,听者心不在焉,可能表示他对自己这段话没有兴趣,你得设法转移话题;侧耳倾听,可能说明由于自己音量过小使对方难于听清;皱眉、摆头可能表示自己言语有不当之处。根据对方的这些反应,就要适时地调整自己的语言、语调、语气、音量、修辞,包括陈述内容。这样才能取得良好的面试效果。

五、求职者回答问题的技巧

(1) 把握重点,简捷明了,条理清楚,有理有据。一般情况下回答问题要结论在先,议论在后,先将自己的中心意思表达清晰,然后再做叙述和论证。否则,长篇大论,会让人不得要领。面试时间有限,神经有些紧张,多余的话太多,容易走题,反倒会将主题冲淡或漏掉。

(2) 讲清原委,避免抽象。面试官提问总是想了解一些求职者的具体情况,切不可简单地仅以"是"和"否"作答。应针对所提问题的不同,有的需要解释原因,有的需要说明程度。不讲原委，过于抽象的回答，往往不会给面试官留下具体的印象。

（3）确认提问内容，切忌答非所问。面试中，如果对面试官提出的问题，一时摸不到边际，以致不知从何答起或难以理解对方问题的含义时，可将问题复述一遍，并先谈自己对这一问题的理解，请教对方以确认内容。对不太明确的问题，一定要搞清楚，这样才会有的放矢，不致答非所问。

（4）有个人见解，有个人特色。面试官有时接待求职者若干名，相同的问题问若干遍，类似的回答也要听若干遍。因此，面试官会有乏味、枯燥之感。只有具有独到的个人见解和个人特色的回答，才会引起对方的兴趣和注意。

（5）知之为知之，不知为不知。面试遇到自己不知、不懂、不会的问题时，回避闪烁、默不作声、牵强附会、不懂装懂的做法均不足取，诚恳坦率地承认自己的不足之处，反倒会赢得面试官的信任和好感。

六、面试结束后的注意事项

很多求职者非常注重面试前准备、面试进行环节，但是往往忽视面试结束后的跟进和总结。面试结束并不意味着求职过程的结束，为加深面试官对自己的印象，给面试成功注入更多能量，同时从也许会遭遇失败的面试中获取经验，求职者在面试结束后，还要注意以下环节。

（一）感谢信

感谢信的投寄是求职者富有责任感和感恩心的反映，尤其对于没有得到确定答复的求职者而言。面试结束后，无论成功与否，作为一个素养良好的求职者，都应该在第一时间（尽量在面试结束后的 24 小时内）发一封感谢信给所有参与面试的人员：表示感谢并重申、强调自己对这份工作的热忱和自己适合这份工作的优势、特色所在。每个用人单位在集中面试阶段，一天下来接待的求职者非常多，情真意切、及时有效的感谢信可以充分唤起对方的记忆，并延长他们的记忆周期。美国管理学家艾德·布利斯将面试之后不写感谢信描述为"在工作面试中的十大错误之一"。求职者如果面试成功了，这封感谢信能够在上司或同事中留下礼貌、专业、成熟的深刻印象；面试失败，虽然和这家用人单位毫无关系了，但是求职者仍然认真地完成这一环节，也许机遇就潜伏在其中。

感谢信的内容主要包括以下几方面。

（1）感谢。感谢信开头应介绍姓名、简单情况，以及面试时间（恢复对方的记忆），然后对其面试中的指导表示感谢。

（2）消除疑虑。面试中由于紧张，可能不能正常发挥，如语言不当，或者现场回答的问题不妥当，通过措辞良好的感谢信来解释和说明，进一步得到对方的信任。

（3）强调自己对这份工作的热诚和期待，希望建立长期关系。

与求职信一样，感谢信要求内容简洁，尽量不要超过一页 A4 纸。

（二）分析总结

面试后的分析总结需要直面自己，坦诚自己在面试中的表现，从而积累经验，提高自己的面试能力。每次面试完后要问自己：

（1）面试过程中我所回答的哪些内容引起了面试官的兴趣或肯定？

（2）哪些环节面试官对我有所怀疑？

（3）我在自我介绍以及整个流程中是否充分表述了我适合目标岗位的资质、能力以及潜力？

(4) 我在面试刚开始时是否因为太过紧张表达有些混乱，肢体显得僵硬？

(5) 我表明自己对这份工作的期待，对公司文化和氛围的认同、热爱了吗？

(6) 哪些问题让我在现场很难应对？

(7) 面试官给了我哪些建议？

(8) 这是最出色的我吗？我推销自己了吗？

(9) 如果下次还有面试，哪些地方是我要改进的？我该加强哪些方面的准备和练习？

七、常见面试问题解析

面试的问题形形色色，可能涉及学习、工作、生活的方方面面，大概可归纳为以下几方面，面试中很多问题并无标准答案，只要理解了面试官提问的意图，并有针对性地回答，你的答案就是正确的。

1. 关于"性格、工作期望、理想"方面的问题

(1) 请简单介绍你自己。

(2) 请描述你自己的性格和倾向。

(3) 你有哪些兴趣爱好？

(4) 在学校中你和同学相处得如何？你通常与哪种人相处最融洽？为什么？

(5) 你认为什么人最难相处？你会如何去面对他们？

(6) 你认为在哪种工作环境中最能发挥你的才能？

(7) 你有没有制定你的人生目标？如果有，是什么？

(8) 什么是你选择工作的首要因素？

(9) 你对自己五年以后的工作有什么期望？

(10) 你对自己的事业有什么长远打算？怎样实现它？

(11) 你认为怎样才算事业成功？

(12) 如何处理你曾遇到的困难？

(13) 你认为你是不是一个有野心的人？

【问题解析】

(1) 第（1）至第（5）个问题是用人单位想了解求职者的基本情况，是否能够与其他人和谐相处，主要考查求职者的处事能力、协调能力、团队精神、是否成熟和宽容。

(2) 后面几个问题是用人单位想了解求职者的价值观是否与单位价值观相符，主要考查求职者对单位的价值观、组织文化有多大程度的认同，以确认求职者能否真正融入单位之中。这就要求求职者更多地了解单位的相关背景和业务以及行业发展前景等情况。

(3) 介绍自己的情况应与简历材料上的一致，介绍家庭情况主要突出家庭的和睦、家庭对自己接受教育的重视和支持、自己对家庭的责任感。介绍自己的兴趣爱好应是文明的。

2. 关于"学校生活、学习计划"方面的问题

(1) 你在学校最喜欢和最不喜欢哪门课程？为什么？

(2) 你认为考试成绩能否反映你的实际才能？

(3) 在几年的学校生活中你最难忘的经历是什么？

(4) 你从课外活动中学到了什么？

（5）你有没有继续深造的打算？

【问题解析】

从这些问题中用人单位能够了解求职者的学习生活和在学校的基本表现，从而考查求职者具备什么样的基本素质。在回答如所学课程、所参加过的活动等问题时，最好回答与应聘岗位相关的内容。

3. 关于"应聘岗位与部门"方面的问题

（1）你为什么应聘这个岗位？

（2）你为什么想加入本单位工作？

（3）你对本单位了解多少？

（4）你了解这份工作的职责吗？哪一方面最吸引你？

（5）你认为你最大的缺点和优点是什么？

（6）假如你被录用将如何开展工作？

（7）你为什么认为你非常适合这份工作？

（8）你认为你的哪些经历会有助于你做好这份工作？

（9）你认为在本单位成功发展需要什么样的条件？

（10）你还应聘了什么岗位？你若被多家单位录用如何选择？

（11）你能否到外地工作或经常出差？

（12）如果工作需要的话你能否加班？

【问题解析】

（1）通过这些问题能深入了解求职者的求职诚意、个人素质、职业态度、职业素质，从而判断求职者是不是单位所需要的人。

（2）用人单位了解求职者的优缺点（除非是致命的缺点）不是通过它来确定取舍的标准，而是从职业发展考虑，主要是了解求职者认识问题和解决问题的能力；因此要求求职者不能就事论事，在以适当的语言客观评价自己的缺点时，必须提出解决这些问题的方法。

4. 关于"工作经验"方面的问题

（1）你有什么工作经验和社会经验？

（2）简单描述你参加的一次活动的情况以及活动中你的职责。

（3）从学校和社会的一些实践活动中学到了什么？

（4）在你参加的学校和社会活动中，你最喜欢什么？不喜欢什么？

（5）在学校和社会活动中你遇到的最大困难是什么？是如何解决的？

（6）你认为在学校获得的工作经验能否应付新工作？

【问题解析】

用人单位希望从求职者有限的社会经验中衡量有多大成分符合工作需要，因此，求职者应该强调在学校活动和社会实践中得到的经验能够运用到应聘的工作上。

5. 关于"工作技能、语言能力"方面的问题

（1）你有没有参加一些专业考试，成绩如何？

（2）你计算机水平如何？会使用哪些软件？

（3）你的普通话水平如何？能否用普通话做自我介绍？

（4）你能否用英语介绍你的基本情况？

（5）你有没有参加过与这个岗位相关的培训？

【问题解析】

（1）对这些问题一定要如实回答，切忌夸张失实，因为这些问题很容易当场进行测评，一旦有所闪失，用人单位便会认为求职者夸夸其谈、华而不实，会有受骗上当的感觉。

（2）求职者应该从所学知识及相关培训与应聘岗位的要求相契合的方面进行介绍。

6. 关于"时事"方面的问题

（1）你看了最近的政府工作报告吗？有什么见解？

（2）你认为最近政府的哪些措施会对本行业发展产生重要影响？

（3）你主要注意哪些方面的媒体报道？

【问题解析】

（1）"两耳不闻窗外事，一心只读圣贤书"的学生已不能适应现代社会的要求，关心时事，并从中敏锐发现相关信息，用人单位会对求职者刮目相看。

（2）这些问题主要考查求职者的独立思考问题的能力，以及是否能够广泛吸取各方面信息，是否能提出自己的观点。

7. "假设性"问题

（1）假设服务对象对你的工作不满意，并要投诉你，你会如何处理？

（2）假设由于你的失误而使工作出现问题，但你的上司并不知情，你将怎样处理？

【问题解析】

用人单位利用这些问题主要是对求职者的应变能力进行评估，因此，求职者在回答问题时首先要镇定，同时还要尽快做出反应。

8. 求职者咨询的问题

（1）与应聘岗位相关的问题：对于担任该职位的员工，单位有什么期望和要求？（该问题能够显示你对应聘岗位的兴趣与诚意）

（2）与该单位相关的问题：未来几年，单位会有什么新的发展计划？（该问题显示你对用人单位的兴趣，同时你可从中了解更多有关该单位的发展潜力、发展方向等重要信息，以决定自己的最后去向）

（3）单位对进修的看法：单位对员工在业余时间进修是什么态度？（该问题表示你有兴趣去进修及在该行业发展）

【问题解析】

（1）这类问题是求职者表现自己的最后机会，因此，求职者应该借此对自己之前的失误或不足加以补救，同时表现出自己的最大诚意，还可借此对用人单位做进一步了解，作为最后是否入职的参考。

（2）在提出薪酬方面的问题时，不要操之过急，最好由用人单位提出，在回答这类问题时要讲究策略。

※ 拓展阅读

常见面试问题回答提示

1. 请自我介绍一下你自己

回答提示：一般人回答这个问题过于平常，只说姓名、年龄、爱好、实习经验，这些在简历上都有，其实，用人单位最希望知道的是求职者能否胜任工作，包括：最强的技能、最深入研究的知识领域、个性中最积极的部分、做过的最成功的事，主要的成就等，这些都可以和学习无关，也可以和学习有关，但要突出积极的个性和做事的能力，说得合情合理用人单位才会相信。用人单位很重视一个人的礼貌，求职者要尊重面试官，在回答每个问题之后都说一句"谢谢"。用人单位喜欢有礼貌的求职者。

2. 你对加班的看法？

回答提示：实际上好多用人单位问这个问题，并不证明一定要加班。只是想测试你是否愿意为公司奉献。

回答样本：如果是工作需要我会义不容辞地加班。我现在单身，没有任何家庭负担，可以全身心地投入工作。但同时，我也会提高工作效率，减少不必要的加班。

3. 你对薪资的要求是什么？

回答提示：如果你对薪酬的要求太低，那显然贬低自己的能力；如果你对薪酬的要求太高，那又会显得你分量过重，公司受用不起。一些用人单位通常会事先对求聘的职位定下开支预算，因而他们第一次提出的价钱往往是他们所能给予的最高价钱。他们问你只不过想证实一下这笔钱是否足以引起你对该工作的兴趣。

回答样本一：我对工资没有硬性要求。我相信贵公司在处理我的问题上会友善合理。我注重的是找到工作机会，所以只要条件公平，我则不会计较太多。

回答样本二：我受过系统的软件编程的训练，不需要进行大量的培训。而且我本人也对编程特别感兴趣。因此，我希望公司能根据我的情况和市场标准的水平，给我合理的薪水。

回答样本三：如果你必须自己说出具体数目，请不要说一个宽泛的范围，那样你将只能得到最低限度的数字。最好给出一个具体的数字，这样表明你已经对当今的人才市场做了调查，知道像自己这样学历的求职者有什么样的价值。

4. 在五年的时间内，你的职业规划是什么？

回答提示：这是每一个求职者都不希望被问到的问题，但是几乎每个人都会被问到。比较多的答案是"管理者"。但是近几年来，许多用人单位都已经建立了专门的技术途径。这些工作地位往往被称作"顾问""参议技师"或"高级软件工程师"等等。当然，说出其他一些你感兴趣的职位也是可以的，比如产品销售部经理、生产部经理等一些与你的专业有相关背景的工作。要知道，面试官总是喜欢有进取心的求职者，此时如果说"不知道"，或许就会使你丧失一个好机会。最普通的回答应该是"我准备在技术领域有所作为"或"我希望能按照公司的管理思路发展"。

5. 你朋友对你的评价是什么？

回答提示：想从侧面了解一下你的性格及与人相处的问题。

回答样本："我的朋友都说我是一个可以信赖的人。因为，我一旦答应别人的事情，就一定会做到。如果我做不到，我就不会轻易许诺。"

回答样本："我觉得我是一个比较随和的人，与不同的人都可以友好相处。在我与人相处时，我总是能站在别人的角度考虑问题。"

6. 你还有什么问题要问吗？

回答提示：用人单位的这个问题看上去可有可无，其实很关键，用人单位不喜欢说"没有问题"的人，因为其很注重员工的个性和创新能力。用人单位不喜欢求职者问个人福利之类的问题，如果有人这样问：贵公司对新入公司的员工有没有什么培训项目，我可以参加吗？或者说贵公司的晋升机制是什么样的？用人单位将很欢迎，因为这些问题体现出你对学习的热情和对公司的忠诚度以及你的上进心。

7. 如果通过这次面试我们单位录用了你，但工作一段时间却发现你根本不适合这个职位，你怎么办？

回答提示：工作一段时间发现职位不适合自己，有两种情况：一是如果你确实热爱这个职业，那你就要不断学习，虚心向领导和同事学习业务知识和处世经验，了解这个职业的精神内涵和职业要求，力争减少差距；二是你觉得这个职业可有可无，那还是趁早换个职业，去发现适合你的，你热爱的职业，那样你的发展前途也会更大，对单位和个人都有好处。

8. 在完成某项工作时，你认为领导要求的方式不是最好的，自己还有更好的方法，你应该怎么做？

回答提示：原则上我会尊重和服从领导的工作安排；同时私底下找机会以请教的口吻，婉转地表达自己的想法，看看领导是否能改变想法；如果领导没有采纳我的建议，我也同样会按领导的要求认真地去完成这项工作；还有一种情况，假如领导要求的方式违背原则，我会坚决提出反对意见；如领导仍固执己见，我会毫不犹豫地再向上级领导反映。

9. 如果你的工作出现失误，给本公司造成经济损失，你认为该怎么办？

回答提示：我本意是为公司努力工作，如果造成经济损失，我认为首要的问题是想方设法去弥补或挽回经济损失。如果我没有能力负责，希望单位帮助解决；如果是责任问题。分清责任，各负其责，如果是我的责任，我甘愿受罚；如果是一个我负责的团队中别人的失误，也不能幸灾乐祸，作为一个团队，需要互相提携共同完成工作，安慰同事并且帮助同事查找原因总结经验。

10. 工作中你难以和同事、上司相处，你该怎么办？

回答提示：我会服从领导的指挥，配合同事的工作。我会从自身找原因，仔细分析是不是自己工作做得不好让领导不满意，同事看不惯。还要看看是不是为人处世方面做得不好，如果是这样我会努力改正。如果我找不到原因，我会找机会跟他们沟通，请他们指出我的不足。有问题就及时改正。作为优秀的员工，应该时刻以大局为重，即使在一段时间内，领导和同事对我不理解，我也会做好本职工作，虚心向他们学习，我相信，他们会看见我在努力，总有一天会对我微笑的！

第三节 笔试与技能考核

※案例引入

刚刚大学毕业的阿斗，在经过几次笔试后，得了"笔试恐惧综合征"，一听到要笔试拔腿就跑。

阿斗第一次去应聘的是一家公司的财务助理，笔试试卷体量很大，但是接待的人说，笔试结束后半小时就公布第二轮可以面试的名单。拿到试卷，阿斗做着做着发现其中一道问答题"为什么要选择一份工作"竟然出现了三次，看看时间不够，第二次和第三次阿斗都跳了过去没做。时间到了，阿斗刚好答完最后一题，他不禁为自己的明智之举沾沾自喜，谁知道名单公布，竟然没有自己的名字。阿斗追问原因，那个负责人解释说：财务助理平常从事的工作都很琐碎、枯燥，所以要有耐心，没有把那三道相同的题都答了的首先就会被淘汰。于是，阿斗的第一次笔试就这样失败了，他安慰自己说：反正我又不喜欢这种枯燥的工作。

第二次是应聘一家广告公司的创意人员。笔试试卷发下来，题目不多，只有10道题，但是"为什么要选择广告行业"又出现了三次。阿斗想：又想耍我，幸好有前车之鉴。于是他把三道题都一模一样地作答。为了显示自己的耐心，每行的字数还一样，对得整整齐齐。但结果还是名落孙山，这次的解释是：广告是非常讲究创意的，三道题目答得一模一样就证明你没有创意，一点求新的欲望都没有，怎么在广告公司混?! 于是，他又绊倒在同一块石头上了。阿斗还是很乐观，说"天将降大任于斯人也，必先苦其心志"。

第三次应聘的是一家超市的主管助理。笔试试卷的题目又是这样一题三出，阿斗想了想，事不过三，他很认真，很有创意地想了很久，每道题目都给了不同的答案。但是，又是名落孙山。这次的理由是，主管助理主要是配合主管做事情，那些想法多多、朝秦暮楚的人是做不长久的，难以管理。阿斗这次唯有安慰自己："否极泰来，否极泰来"。

第四次是银行。一看到试卷里又有一题三出，阿斗无名火生，拍案而起，夺门而出。后来听说这次真的是印错了题目，他走后就有人进来说其他两道题不用做。这次，阿斗仰天长叹："天欲亡我阿斗啊！"所以，现在阿斗找工作，一看到要笔试就掉头而去，"我惹不起还躲不起吗?"

笔试是用人单位了解和甄选求职者的重要手段之一，如何让自己在这次甄选中脱颖而出？读完以下内容后你就不会成为下一个"阿斗"。

笔试是用人单位对求职者的专业知识、文字表达能力及书写态度等综合能力的测试，在企业针对应届毕业生的校园招聘环节中，有时会采用笔试作为面试之前的筛选方式，其主要目的是进一步筛选出那些具备职位要求的专业知识、符合公司的企业文化、具有用人单位所希望的思维方式和个人能力的求职者。

笔试主要是以文字为载体，通过求职者对预先设定的笔试题目的回答，判定求职者是否具备用人单位要求的一些基本素质和能力，如逻辑推理及数理分析能力、案例分析及写作能力等。主要适用于求职人数较多、需要考核的知识面较广或需要重点考核文字表达能力的情况。相对面试来说，笔试可以对大量的求职者在同一时间集中考核其特定方面的素质能力，而这些能力通过面试等其他方式很难考查，如书面表达能力、公文阅读及理解能力以及职位要求的特定知识或技能等。很多专业性、技术性很强的职位，笔试是必用的考核方式之一，如计算机软硬件开发类职位等。

但笔试在招聘环节也存在一定局限性。首先，笔试很难测评求职者的兴趣、能力、价值观等个人特质。有些人笔试成绩很高，但靠的只是死记硬背，其真正分析问题和解决问题的能力很差。再如，一个人的仪表风度、口才、反应的敏捷性等综合素质也无法通过笔试测评。而且，如果参加笔试的人数很多，设计多套笔试题，安排考场、监考人员等流程较为复杂，成本较大。所以，笔试并不是每家用人单位招聘流程中都会涉及的环节。

大学生应该注意择业过程中的笔试和学校课程考试的不同之处。要有针对性地准备，掌握一定的答题技巧，以赢得笔试的成功。

一、笔试的类型

（一）专业考试

有些用人单位专业性较强，对大学生的专业知识要求比较高，需要通过笔试的方式对求职者进行文化和专业知识的考核。考核的目的主要是检验求职者是否具备职位要求的专业知识水平和相关的实际能力。这种方式已经被越来越多的企事业单位所采用。例如，外资企业招聘人员要考外语，公检法机关录用干部要考法律知识，文秘工作要测试应用文文种的写作，会计工作要考核相关的会计知识和政策法规，教师招聘要考核相应的教师综合技能等。

（二）智商和心理测试

智商测试主要为一些著名跨国公司所采用，他们对毕业生所学专业一般没有特殊要求，但对毕业生的素质要求较高。他们认为，专业能力可以通过公司的培训获得，因此，有没有专业训练背景无关紧要，但毕业生是否具有不断接受新知识的能力则是至关重要的。智商测试并不神秘。一类是图形识别，比如，一组有四种图形，让求职者指出其相似点和不同点。这类题目在一些面向中小学生的智力游戏中是最常见的。另一类是算术题，主要测试求职者对数字的敏感程度以及基本的计算能力。比如，给定一组数据，让求职者根据不同的要求求出平均值，其难度绝不超过对中学生计算能力的要求。这类测试尤其在会计师、审计师等职业招聘中所常见。

心理测试是用事先编制好的标准化量表或问卷要求求职者完成，根据完成的数量和质量来判定求职者职业心理水平或个性差异的方法。一些用人单位常常以此来测试求职者的态度、兴趣、动机、智力个性等心理素质，然后根据对个人的要求决定取舍，职业心理测试之所以得到广泛运用，在于个体的心理素质与职业之间有着密切关系。很多人会因为个人的心理素质与职业不相符合，导致工作频繁失误，而产生焦虑、失望等不良情绪，影响职业发展。

（三）综合能力测试

综合能力测试兼有智商测试的要求，但要求更高，主要考查毕业生的文字表达能力以及分析、解决问题和逻辑思维的能力。例如，IT、电子、通信、机械重工类企业，在招收技术人员时，就会着重考查逻辑推理能力、数字计算能力及行业相关综合知识。比如，求职者要在规定的时间内对一组数据、一组资料进行分析，找出其合理的地方和存在的问题，并设计出解决问题的方案。通过这种测试，可以考查求职者的阅读理解能力，发现、分析和解决问题的能力等。

国家机关招聘公务员，一律实行考试录用。近年来，国家公务员招聘考试的笔试科目为行政职业能力倾向测试和申论。其中，行政职业能力倾向测试是极具代表性的综合能力测试，这个测试是用来测试应试者与拟任职位相关的知识、技能和能力，是考查应试者从事公务员工作所必须具备的一般潜能的一种职业能力测试。考试题型有语言理解与表达、数量关系、判断推理、常识判断、资料分析等。主要测试应试者的知觉速度与准确性、语言理解及运用、数量关系、判断推理、资料分析等方面的能力；申论则是测试应试者的综合分析及文字表达方面的能力。

二、笔试的方法

笔试的考试方法有很多种，归纳起来主要有测验法、论文法、作文法。它们相互补充使笔试方法形成一个较为完善的体系。

1. 测验法

测验法是一些具体方法的总称。与作文法、论文法相比，它是运用得最多的一种方法。测验法的实施方法很多，常见的有以下几种。

（1）填充法：也称填空法，主要是往缺少词语的句子里填充词语，做法有简有繁。

（2）是非法：也称订正法或正误判断法，是要求判断内容正误的方法。

（3）选择法：即对某一词句或问题提出若干容易混淆的解释，要求肯定一种正确的解释作为答案。

（4）问答法：要求应试者对提出的问题做出回答。大多是要求用简单的词语回答简单的问题。

以上这些方法，常常是相互交叉的。这些题目的特点是：问题明确、简练；出题量大；问题涉及面广；问题的难度适当。所以，应试者在准备参加测验时要明确考核范围，根据题型的特点去复习，以免产生失误。

2. 论文法

论文法就是用人单位提出较大的问题，由应试者用文字作答，以测验其思考能力的方法。其形式是一种论述题，也可以是自由应答型试题。这种方法在我国已有较长的历史，在招聘选拔人才的笔试中曾被普遍采用。这种方法与测验法的明显不同是，它可以使应试者做出自己的答案。如果说测验法是封闭性考试或识别性考试方法的话，那么论文测验则是开放性考试的方法，应试者在解答这类题型时应该读透题意、解释全面。论文测试的内容，主要是让应试者对职业选择的具体问题做出评价，对某种现象做出分析或写出感想。案例分析、对公司的评价及读后感等都属于论文测试性质。在测试方法上，主要是让应试者叙述和评价事实，或比较异同，或阐明因果关系，或分析实质，或评价高低，或叙述认识和感想等。

3. 作文法

这种方法可分为两种：一是供给条件，实行限制性作文；二是分项给分、综合评定。供给条件的作文，就是让应试者根据考试者提供的一定条件，在一定范围内作文。分项给分、综合评定，就是按作文的构成因素，区分项目，分别给分，然后给予综合性的评定。应试者在进行作文考试的时候，一定要在主题表达清楚的同时，认真对待字、词、句及标点符号，给用人单位留下好印象，并取得高分。

三、笔试前的准备

对于求职者来说，如果有机会参加企业招聘的笔试，那么一定要在笔试前做好准备。

1. 研究职位要求，熟悉笔试题型，模拟真实笔试时的状态

在接到用人单位笔试通知之后，我们可以先通过多种渠道和方式了解用人单位历年招聘笔试的题型，并模拟笔试时的状态做一些模拟题，看看自己能否在指定的时间完成，正确率有多少，找出错误原因，总结笔试经验，针对自己的弱项突击练习。如果确实找不到往年笔试的题型，我们则可以通过研究职位招聘中对相关技能要求的说明，来间接判断笔试题考核

的题型和内容。

在做模拟题的时候，建议模拟真实笔试时的状态，尤其是一些考场的特殊规定，如时间的限制、不允许使用计算器等。因为对于多数应试者来说，如果给予充足的时间，招聘的笔试是能够拿下高分的，但很多情况下，为了在笔试阶段尽可能全面、综合地考查应试者的素质能力，企业设计的笔试题题量很大，有些应试者在有时间限制的情况下，没有掌握答题的技巧，容易产生不能合理利用时间，情绪受影响，从而发挥失常的情况。

2. 复习相关基础知识及专业知识

在熟悉笔试题型之后，应该就考核的知识面进行延伸复习，毕竟在真实笔试时碰到做过的笔试题的概率是比较小的。实际上在校园招聘中，用人单位招聘笔试题中出现的一些基础知识及专业知识点都是我们在大学课堂上学习过的，笔试前，将相关的知识点再复习一遍，有助于从容应对笔试。

3. 明确用人单位招聘笔试要求，准备好相关物件

在接到笔试通知之后，一定要把笔试的时间、考场都先确定好，如果不放心，可以事先到考场去"踩点"，以免迟到。同时，根据笔试通知中的要求，带好相关的物件，包括一些个人证明（如身份证、学生证或记下申请职位时的 ID 号等）、笔试用具等。

4. 休息好，调整好自己的状态

笔试前一天晚上一定要休息好，调整自己的心态，使自己能够以放松的心态去应对笔试。

四、笔试时的注意事项

1. 注意时间管理

要有策略地做题，先做擅长的，保证答题率和正确率。

2. 良好的考试环境

如果在网上考试，要给自己营造一个安静不被打扰的环境，手机静音，电话拔线，门口挂上"请勿打扰"的牌子，调节舒服的光线来答题。

3. 注意考场纪律

一定要遵从监考人员的指示，在没有得到指令的情况下翻阅试卷，很有可能被取消考试资格，有很多用人单位都非常看重应试者的守纪与诚信。大家要明确一点，笔试不仅仅是一场考试，也是求职过程中的一个环节，考场上的表现很可能会影响你之后的面试。

4. 注意心理调节

有时候我们可能会受到同考场内其他情况的影响，如别人早交卷等，这个时候，我们要注意调节自己的心理，不要紧张，相信自己一定能够做好题目。

第七章
就业权益与法律保障

※ 学习目标

（1）了解高校毕业生就业的相关法律权利。
（2）掌握劳动争议的解决途径。
（3）了解就业协议书和劳动合同的签订程序和法律地位。
（4）在就业过程中学会维护自己的就业权益。

※ 案例引入

2020年3月，应届毕业生小杨到北京一家食品生产公司应聘市场业务员职位，此时小杨尚未毕业，经过公司的笔试、面试后，公司人力资源部经理通知小杨公司决定正式录用她并要求她尽快到公司上班。小杨通过网络信息搜索、实地考察和向辅导员咨询等方式详细了解了该公司的情况，对该公司的未来发展和薪资待遇也很满意，因此接受了该公司的入职邀请。而此时辅导员提醒小杨应按学校就业工作要求，尽快与用人单位签订就业协议书，以便维护自身的合法权益，于是她带着毕业生就业推荐表和就业协议书来到了公司，希望尽快签订就业协议书。在与公司签订了就业协议书后，招聘负责人提出要与小杨签订劳动合同，并约定合同期限为三年，试用期六个月，在校期间的工作时间包含在试用期内。小杨虽然觉得应该在取得毕业证后再与该公司签订劳动合同，但是在当前严峻的就业形势压力下，还是签下了这份劳动合同。

2020年5月，小杨在下班的路上发生了车祸，头部受伤、右臂骨折，住院治疗了两个月，其间学校同意她以网络方式完成论文，小杨于6月底正式毕业。7月初，痊愈后的小杨多次与公司交涉，要求公司认定工伤并报销部分医疗费用。小杨认为双方签订了劳动合同，她的身份就是公司员工，根据《工伤保险条例》的规定，她是在公司工作下班途中遭遇车祸受伤，应该认定为工伤，要求公司给予工伤待遇。但是公司则认为，小杨出车祸时还是在校大学生，归学校管理，双方签订的劳动合同是无效的。既然合同无效，小杨不能享受工伤待遇。小杨不服，于2020年11月向劳动争议仲裁委员会申请工伤认定；与此同时，食品公司也向劳动争议仲裁委员会申请劳动仲裁，根据《关于贯彻执行〈中华人民共和国劳动法〉

若干问题的意见》中的规定"在校生利用业余时间勤工俭学，不视为就业，未建立劳动关系，可以不签订劳动合同"，要求确认双方签订的劳动合同无效。

即将毕业的大学生就业身份是在校学生还是劳动者？他们与用人单位签订的劳动合同是否合法？由于劳动法中并没有相关规定，一旦双方发生纠纷，大学生的权益如何保护成了引人关注的问题。首先，我们看一下"劳动者"的含义。法律赋予劳动者的劳动权利能力和劳动行为能力基于以下两个条件：一是法定年龄。《中华人民共和国劳动法》第十五条规定：禁止用人单位招用未满16周岁的未成年人。二是具有完全劳动能力和部分劳动能力的自然人可以建立劳动关系。其次，绝大多数毕业生在毕业当年1—5月就开始联系工作，参加就业实习，甚至直接就业，这是客观存在的，也是与中央鼓励就业的政策相符合的。《关于贯彻执行〈中华人民共和国劳动法〉若干问题的意见》第十二条所指的是在校学生不以就业为目的，参加短期或不定期劳务工作以获取一定劳动报酬的情况，实际上，小杨的情况不属于勤工助学或实习，而属于就业。

在这个案例中，小杨在签订劳动合同时已经年满16周岁，受过高等教育，身心健全，具有完全劳动能力，并取得学校颁发的毕业生就业推荐表，已具备面向社会求职和就业的条件。公司与小杨签订劳动合同时，对她的基本情况进行了审查和考核，在此基础上，双方就应聘、录用达成一致意见签订的劳动合同是真实意思的表示。并且我国现行的劳动法律法规并没有将大学生排除于劳动法意义上的劳动者之外，因此劳动关系应该得到法律的保护，双方签订的劳动合同合法有效。

※ 思考问题

（1）大学生可以享受哪些就业权益？
（2）如果在就业过程中出现劳动争议，大学生可以通过哪些途径来解决？

第一节 就业协议书

就业协议书是《全国普通高等学校毕业生就业协议书》的简称，也叫作"三方协议"。是为明确毕业生、用人单位、毕业生所在学校三方在毕业生就业工作中的权利和义务，经协商签订的协议。就业协议书也是学校派遣毕业生的依据，在大学生毕业离校前，学校将根据就业协议书的内容开具毕业生就业报到证和户口迁移证，同时转递学生档案。如果毕业生未签订就业协议书，学校将把其关系和档案转递回原籍。每位毕业生各拥有唯一编号的就业协议书（一式三份），实行编号管理。

一、就业协议书的作用

就业协议书是毕业生与用人单位建立就业关系的正式凭证，也是毕业生毕业后到人事、教育等部门办理就业报到手续的必备材料之一，因此，毕业生必须妥善保管。

就业协议书是高校毕业生与用人单位订立的确立劳动关系的协议，实质上是劳动合同的一种特殊表现形式。求职最终签署的合约具有法律效力，因此签约一定要慎重，同时就业协议书的填写更加不可忽视。

就业协议书一旦签署，就意味着大学生第一份工作就基本确定，因此，应届毕业生要特别注意签约事项。大学生在签订就业协议书前，要认真查看用人单位的资质及工商注册的信用信息，核实用人单位的经营状态，对自己的就业行为负责，同时还要对不同地方相关部门的特殊规定有所了解。

二、签订就业协议书的注意事项

（1）签协议前，毕业生一定要全方位地了解用人单位的相关情况。例如，企业的发展趋势、企业招聘的岗位性质、企业的员工培养机制、待遇状况、福利项目等一系列内容，不但要掌握资料，更要实地考察。此外，还需重点了解单位的人事状况，了解单位是否具有应届毕业生的接收权。

（2）按照教育部就业统计信息化的相关工作要求，结合学校就业信息系统发展状况，目前毕业生与用人单位签约统一使用系统线上签约形式，也称"网签"。网签协议中的毕业生（乙方）信息，源自每一轮的毕业生生源统计数据，所以毕业生应务必保证在生源统计过程中，填写的个人信息完整、准确，这样才能保证由系统自动生成的就业协议书，与本人生源信息一致。

（3）毕业生在签约时要按照正常程序进行。毕业生先由系统下载打印经本人和单位同时确认通过的就业协议书纸质版，至用人单位加盖企业公章（或人事章），同时本人手写签名后，报送所在院系审核系统，最终由学校盖章后纳入整体就业数据，协议书正式生效。有的毕业生为省事，要求学校先加盖校章，但这样做使学校无法起到监督、鉴证的作用，最可能受到不利影响的将是毕业生本人。

（4）毕业生在签约时也要考虑对自身权益的保护。下载打印协议书时，一定要认真核实协议书内容。协议书具有双向约定的作用，如果有双方需要相互承诺的部分，一定要在协议书或补充协议上加以说明。就业协议书中可以规定违约金的数额，根据现行法规规定的上限是12个月的工资总和。

（5）毕业生在签约时，一定要注意条款的合理性。《中华人民共和国劳动法》，明确规定，用人单位不得以任何理由，向毕业生收取报名费、培训费、押金、保证金等，并以此作为是否录用的决定条件。

（6）毕业生、用人单位双方都不得单方面拖延签约周期。毕业生遇到问题而犹豫不决时，最好能够及时咨询高校就业部门负责老师，征求相关的意见和指导。

（7）就业协议书一定要严肃对待，妥善保管。正式的劳动合同可能是学生毕业前签订、毕业后生效的，也可能是毕业后签订、立即生效的。一般就业协议书也会在劳动合同生效时，而终止其效力。

三、就业协议书的签订流程

（1）网签条件：学生在学校就业系统内完成生源统计，确保本人基本信息准确完整，企业应当进行平台注册审核，上传资质材料并完善企业信息，发布招聘岗位。

（2）毕业生浏览招聘信息，对意向岗位发送求职简历，寻求面试机会，在这期间毕业生要全面了解用人单位基本情况及接收毕业生的基本条件和要求，面试期间与用人单位进行双向选择、洽谈，如实向用人单位介绍自己。

（3）通过面试笔试，经双方充分协商达成一致意见后，用人单位通过系统平台，向毕业生发送邀请（Offer），其中明确双方约定，毕业生在平台内收到 Offer 并确认同意后，返回用人单位审核确认，经单位确认通过后，毕业生方可在系统平台内下载、打印本人电子版就业协议书。

（4）毕业生打印本人就业协议书（一式四联）并核对无误后，须本人手写签名，并报送至签约单位加盖公章（或人事章），如有其他约定，以文字方式在协议中另加注明。用人单位上级主管或委托存档单位，视用人单位性质、隶属关系等因素或要求，另行加盖单位公章。经双方签署完成的就业协议书，由学生报送至所在院系，进行系统平台审核，最终由学校盖章后纳入整体就业数据，协议书正式生效。

（4）学校招生就业处汇总协议，系统审核后，加盖学校就业主管部门（即就业指导中心）公章。其中一份学校备案，一份所在院系备案，一份返回用人单位，一份由毕业生妥善保管。

四、签订就业协议书时常遇到的问题

（一）签"保底"协议出现违约

就业协议书是明确毕业生、用人单位、学校在毕业生就业中权利义务关系的法律文书。因为就业协议书在三方共同签署后立即生效，是一个民事合同行为，对签约三方均有合同的约束力，所以在签订协议之前一定要三思而后行。毕业生在签订就业协议书前要熟悉就业的有关法律、法规和政策，要清楚用人单位的情况和自己的权利义务，要认识到违约行为是对自己乃至学校诚信度的减损，而不仅仅是双向选择的问题，应慎重签约。对于在就业中处于弱势地位的毕业生而言，在就业时往往会面临多种选择。这时，要慎重考虑自己的选择，否则就可能耽误其他毕业生就业，打乱用人单位的招聘计划，有损学校的声誉，最后还得自己花钱缴纳违约金。

对于签订"保底"协议，许多毕业生认为这种做法不是不讲诚信，而是双向选择。这种认识其实是完全错误的，草率地和用人单位签订协议是危险的，毕业生和用人单位签的就业协议不是一张废纸，都具备相应的法律效力，不能轻易反悔，否则要承担违约责任，如果给用人单位造成损失，还必须承担损害赔偿责任。因为就目前的就业形势而言，用人单位大多掌握着主动权，有时本应双方协商的违约金数额变成了用人单位单方面制定，毕业生只能被动地接受，所以毕业生在签约前一定要慎重。毕业生在遭遇用人单位违约的时候要依法维护自己的利益，及时调整心态，寻找别的工作机会，学校应帮助毕业生维权。

学校应利用自己在资金、设备、信息等方面的优势帮助毕业生了解用人单位的有关情况，防止毕业生上当受骗。毕业生违约会使用人单位对学校整体信誉产生负面评价，可能会对其他毕业生就业产生不良影响；而用人单位违约会损害学生的利益，也给学校的就业指导工作带来困难。因此，学校一定要处理好毕业生就业协议书的签订工作。作为受过高等教育的高校毕业生应当遵守诚信原则，不可随意毁约或与多家用人单位签订就业协议书。

最后还需提醒的是，毕业生千万不要认为和用人单位签订了就业协议书就万事大吉了，为避免到用人单位报到后发生纠纷，签约前达成的收入、住房和保险等福利待遇最好在协议书的"备注"栏中注明。如若做不到这一点，毕业生应注意报到后及时和用人单位签订劳动合同。为保险起见，可在签协议时了解劳动合同的内容，尤其是工作年限和待遇，毕业生

应向招聘人员索要样本或复印件,如发生纠纷也能及时向法庭举证。

(二) 可否要求换发未经学校盖章的就业协议书?

教育部明确规定,学校在制定毕业生建议就业方案时,要完善相应的管理措施,与用人单位和毕业生一起维护就业协议书的严肃性。毕业生一旦与用人单位签订就业协议,双方就已构成契约关系(不论是否经学校盖章),毕业生如因故要终止与原签约单位的协议,必须按流程办理相应手续,提供原单位离职证明,方可重新办理签约手续。

(三) 就业协议书签订时是否可先由学校盖章?

按照正常签约流程,就业协议书原则上应当由用人单位先行盖章,若用人单位提出,希望学校先盖章,学生需要出具用人单位接收函(可用传真件)及个人申请后学校可先行审核盖章。

(四) 用人单位若只答应一年后签订劳动合同,但毕业前不肯签就业协议书,即不肯接受派遣,对毕业生本人有哪些影响?

(1) 人事档案等关系只能派回原籍,而不是工作所在地。
(2) 当地人事就业主管部门不再对该毕业生履行对大学生权益的保护责任。
(3) 所有与自己有关的人事关系都必须通过原籍的人才服务机构代理委托。
(4) 对日后的工作调动及相关待遇产生负面影响。

(五) 如何办理就业协议书解约、改签新单位手续?

就业协议书是一份具有法律效力的文件,签订就业协议书是非常严肃的事,要慎重签约,签约以后,原则上不得违约。至于个别毕业生由于种种原因不得不与用人单位解除协议,或者改签新单位就业协议书的,必须满足以下条件、提供相应材料才能办理。

(1) 原签约单位(包括协议书上盖过章的上级主管部门)书面同意解除协议的函件;
(2) 本人经过系统平台,提交解约申请;
(3) 原签约单位经系统平台,同意解约协议;
(4) 原签约协议书须同解约函一起,退回所在院系;
(5) 所在院系通过系统平台审核通过学生解约申请。

如果确实由于个人原因不能履行协议书的内容,须与原签约单位做好解释、协商工作,征得原单位书面同意后(提供解约函或离职证明,加盖公章),方可通过系统平台申请解约,并提交材料至所在院系进行审核,解约流程完成后,方可重新获取签约权,按照就业协议书签订流程,重新签约新的用人单位。

(六) 签订协议后,考取了公务员或自费出国留学,怎么办?

只要毕业生提供如下材料,学校不做违约处理。
(1) 原签约单位同意解除就业协议的书面证明。
(2) 公务员录取通知书,或国外高校录取通知书的复印件。
毕业生将以上材料报送所在院系,经审核同意后即可。

(七) 学校依据就业协议已开具报到证,学生不到单位报到,如何处理?

有下列情形之一的毕业生,由学校报地方主管毕业生调配部门批准,不再负责其就业,在其向学校交纳全部培养费和奖(助)学金后,将其户口关系和档案转至家庭所在地,按社会待业人员处理。

(1) 自领取报到证之日起,无正当理由,超过三个月不去就业单位报到的。

(2) 报到落户后，未经批准擅自离开接收单位，经教育拒不改正的。
(3) 不顾国家需要，强调个人无理要求，扰乱毕业生就业秩序的。
(4) 无理要求用人单位将其退回学校的。
(5) 其他违反毕业生就业规定的。

（八）毕业生到用人单位需要办理哪些报到手续？

毕业生到用人单位报到需持就业报到证、毕业证、户口迁移证、党（团）关系介绍信、毕业生档案（由校学生处学生档案室通过机要局邮寄）。毕业生持以上证件到单位报到后，还要及时办理落户手续（由个人或用人单位办理），询问用人单位是否已收到个人档案并和用人单位签订劳动合同。

（九）"专升本"的学生在接到录取通知前，又不想放弃就业机会，怎么办？

面对用人单位实话实说。征得单位同意后，签就业协议书时需再签订一个附加协议以说明情况，并报学校。否则，按违约处罚。

（十）"专升本"的学生接到录取通知书后，要放弃就学怎么办？

早做决定，赶在 6 月前告知学校的就业指导办公室以便办理报到证。否则，毕业生的档案将无法明确去向，只能发往录取院校。

※ 拓展阅读

全国普通高等学校毕业生就业协议书

第二节 劳动合同制度

大学生经过努力落实了工作或与用人单位确定了工作意向,并不意味着就此完成就业。对于初涉职场的大学生来说,就业之前还有一个关键环节,就是与用人单位签订劳动合同,它是劳动者合法权益得到有力保障的重要举措之一。

一、什么是劳动合同

《中华人民共和国劳动法》第十六条规定:"劳动合同是劳动者与用人单位确立劳动关系、明确双方权利和义务的协议。"劳动合同按照标准可划分为不同的种类,以合同的目的为标准,划分为聘用合同、录用合同、借调合同、停薪留职合同;按照有效期限的不同,划分为有固定期限的合同、无固定期限的合同和以完成一定的工作为期限的劳动合同;按照劳动者人数不同,则分为个人劳动合同和集体劳动合同。

二、劳动合同的订立、履行、变更、解除和终止

《中华人民共和国劳动法》规定,劳动合同应当以书面形式订立,即应采用书面协议。劳动合同的书面形式有主件附件之分,劳动合同的主件即为劳动合同书;附件一般指劳动合同的补充协议,如岗位协议书、专项劳动协议书、用人单位依法制定的内部劳动规则等。

(一)劳动合同的订立原则

《中华人民共和国劳动法》第十七条规定:"订立和变更劳动合同,应当遵循平等自愿、协商一致的原则,不得违反法律,行政法规的规定。"根据这一规定,订立劳动合同必须遵循下列原则。

1. 合法性原则

劳动合同的订立必须遵守国家的宪法和法律法规,不得违反法律、行政法规的规定。

案例:利用假文凭求职签订劳动合同无效。2020年3月,某大学学生小李由于多门功课不及格,不能顺利拿到毕业证和学位证书,于是通过非法渠道购买了仿造的某大学本科文凭。在通过一系列的笔试、面试后,小李被一公司录用。双方签订了三年的劳动合同,约定试用期为三个月。在合同履行三个月后,公司为小李调取档案办理医疗保险、失业保险、养老保险时,发现小李的证明系仿造,遂通知小李立即解除劳动合同。小李不服向当地劳动争议仲裁委员会提出申诉,要求确定劳动合同有效,并要求公司支付解除合同的经济补偿金。

当地劳动争议仲裁委员会裁决申诉人小李的申诉请求不予支持,视双方签订的劳动合同无效,小李要求公司经济补偿的要求无法律依据,故也不能得到支持。

法律分析:劳动合同作为合同的一种,首先应该是签约双方真实意思表示一致的协议。求职者使用假文凭求职,致使用人单位对事实做出错误的判断,录用了该毕业生,公司的录用行为不是一种真实意思的表示。小李为了追求自己的利益,违背诚实信用的基本原则,侵犯了公司合法权益,其行为构成欺诈,小李采取欺诈手段与公司订立的劳动合同,属于无效合同。

2. 平等自愿、协商一致的原则

平等是指订立劳动合同过程中,双方当事人的法律地位平等。毕业生和用人单位在自愿

的基础上订立劳动合同，任何一方不得将自己的意志强加于对方，也不允许第三者非法干预。

案例：强迫毕业生续订的劳动合同无效。2019年5月，毕业生小黄与某企业签订了为期两年的劳动合同。合同期间，企业为了上新项目派小黄到香港培训半年，并且双方约定，培训期间劳动合同继续有效，培训时间计入劳动合同履行期间，2021年5月，合同期满，但企业不同意办理小黄解除劳动关系的手续，要求小黄必须续订劳动合同，否则企业要求小黄赔偿为其支付的培训费六万元，为此双方发生纠纷。小黄向当地劳动仲裁部门提出仲裁申请，经过调解，企业同意与小黄解除劳动关系，并自动放弃收取培训费的要求。

法律分析：这是一起因强迫续订劳动合同而产生的劳动纠纷。

本案例中，小黄与该企业的劳动合同期满，双方按照合同规定的条款履行了各自的权利和义务。合同终止后，双方的劳动关系也解除，因为《中华人民共和国劳动法》第二十三条明确规定："劳动合同期满或者当事人约定的劳动合同终止条件出现，劳动合同即行终止。"如果想继续维持双方的劳动关系，那就必须在平等自愿、协商一致的基础上续订劳动合同，如果一方不同意，则不能续订劳动合同。

（二）劳动合同的必备条款

根据《中华人民共和国劳动法》的规定，劳动合同有必备条款和补充条款，下面就劳动合同的必备条款加以阐述。

1. 劳动合同的期限

劳动合同的期限是指所签订的劳动合同是有固定期限、无固定期限和以完成一定工作为期限的劳动合同。如果是有固定期限的劳动合同，则应约定期限是一年或几年。应届毕业生所遇到的劳动合同绝大多数是有固定期限的劳动合同。所以大家一定要注意劳动合同中对期限的约定，以及关于期限的违约责任的约定。

2. 工作内容

工作内容是指用人单位安排劳动者从事什么工作，是劳动合同中确定的应当履行的劳动义务的主要内容。包括劳动者从事劳动的岗位、工作性质、工作范围以及劳动生产任务所要达到的效果、质量指标等。

3. 劳动保护和劳动条件

劳动保护和劳动条件是指在劳动合同中约定的用人单位对劳动者所从事的劳动必须提供的生产、工作和劳动安全卫生保护措施。即用人单位保证劳动者完成劳动任务和劳动过程中安全健康保护的基本要求。包括劳动场所和设备，劳动安全卫生设施、劳动防护用品等。用人单位不仅必须为劳动者提供必需的劳动条件和劳动保护，而且必须提供符合国家规定的劳动安全卫生条件和劳动保护。

4. 劳动报酬

劳动报酬是指用人单位根据劳动者的劳动岗位、技能及工作数量、质量，以货币形式支付给劳动者的工资。包括工资的数额、支付日期、支付地点以及其他社会保险（养老、失业、医疗、工伤、生育）待遇。劳动报酬的内容和标准不得低于国家法律、行政法规的规定，也不得低于集体合同的规定。

5. 劳动纪律

劳动纪律是指劳动者在劳动过程中必须遵守的劳动规则，它是劳动者的行为规范。劳动合同的劳动纪律包括国家法律、行政法规,以及用人单位内部制定的规定纪律对劳动者的个人纪律要求等,如上下班制度、工作制度、岗位纪律奖惩的条件等。

6. 劳动合同的终止条件

劳动合同的终止条件是指劳动关系终止的客观要求,即劳动合同终止的事实理由。劳动合同中约定的劳动合同终止条件,一般是指劳动者和用人单位在国家法律、行政法规规定的劳动合同终止条件以及协商确定的劳动合同终止的条件。特别是在签订无固定期限劳动合同时,双方应约定劳动合同终止的条件。

7. 违反劳动合同的责任

违反劳动合同的责任是指劳动合同履行过程中,当事人一方故意或过失违反劳动合同,致使劳动合同不能正常履行,给对方造成经济损失时应承担的法律后果。在劳动合同中约定违反劳动合同的责任,一般是指国家法律、行政法规对违约没有做出明确规定的内容;若法律、行政法规已有明确规定的,一方当事人违反劳动合同,应依照法律、行政法规的规定承担违约责任。当事人在劳动合同中约定违反劳动合同的责任,应当符合法律、行政法规的基本精神和原则,公平合理。

(三)劳动合同的履行

劳动合同的履行是指劳动合同的双方当事人按照合同规定,履行各自承担义务的行为。依法订立的劳动合同具有法律约束力,当事人必须履行合同约定的义务,任何个人或第三方不得非法干涉劳动合同的履行,履行劳动合同一般应遵循以下原则:亲自履行原则、全面履行原则、协作履行原则。

(四)劳动合同的变更

劳动合同的变更是指双方当事人对尚未履行的合同,依照法律规定的条件和程序,对原劳动合同进行修改或增删的法律行为。劳动合同变更应遵循平等自愿、协商一致的原则,不得违反法律、行政法规的规定,任何一方不得擅自变更劳动合同,否则要承担相应的法律责任。

(五)劳动合同的解除

劳动合同的解除是指劳动合同双方当事人在劳动合同期限届满之前依法提前终止劳动合同关系的法律行为。劳动合同的解除可分为协商解除、用人单位单方面解除、劳动者单方面解除以及自行解除等。

(六)劳动合同的终止

劳动合同的终止是指符合法律规定或当事人约定的情形时,劳动合同的效力即行终止。《中华人民共和国劳动法》规定:"劳动合同期满或者当事人约定的劳动合同终止条件出现,劳动合同即行终止。"

三、劳动合同签订过程中的注意事项

签订劳动合同是毕业生就业后面临的第一个考验。对没有什么社会经历的毕业生来说,签订劳动合同过程中有可能遭遇"就业陷阱"。为避免毕业生遭受不必要的挫折和损失,下面将有关毕业生在签订劳动合同过程中应注意的事项进行介绍。

(一)及时与用人单位签订劳动合同

就业协议书是毕业生与用人单位确立的就业关系的法律依据。毕业生报到后,用人单位应当与毕业生签订正式的劳动合同，在双方签订了劳动合同后，双方的具体劳动关系应当以劳动合同为准。

如果不签订劳动合同，用人单位则可能以就业协议书为双方处理劳动关系的依据，主动权更多地掌握在用人单位手里，因为就业协议很简单，一般不会包括工作（劳动合同）期限；工作岗位和工作内容；劳动保护和工作条件；工资报酬和福利待遇；就业协议终止的条件；违反就业协议的责任等条款。

（二）明确劳动合同的必备条款

个别用人单位可能会钻劳动合同的空子，有意在工作内容、劳动报酬、劳动保护和劳动条件等劳动合同的必备条款方面侵害劳动者的合法权益，劳动关系应以书面文书为基础，口头承诺不能作为依据。

（三）毕业生有知情权，应了解用人单位的相关规章制度

在签订劳动合同时，不少用人单位可能会给毕业生一本员工工作手册或规章制度等材料，此举意味着单位已告知你相关规章制度，因此，发现合同中有涉及单位规章制度的条款，你应当先了解这些规章制度，能接受的，才签字。

（四）签订劳动合同贵在协商、重在约定

劳动关系属于民事关系。所以它也适用"有约定从约定，没有约定从法定"的法律原则。法律法规和政策不可能对所有问题都做出规定，鼓励"约定"是劳动关系中重要的指导原则之一。所以"约定"在劳动关系中有着非常重要的作用，由于一般的合同往往不可能包含所有约定条款，所以我们可根据自己劳动合同的重点，确定约定条款的内容。从劳动争议案例来看，在约定条款中，比较容易引起矛盾的往往是在服务期限、就业限制、商业秘密、经济赔偿等方面，这也就是劳动者或用人单位都要重视的约定内容。

（五）双方可以约定试用期，但不能无视法律的规定

《中华人民共和国劳动法》对试用期有明确规定："劳动合同期限6个月以下的，试用期不得超过15日（一般不设试用期）；劳动合同期限在6个月以上1年以下的，试用期不得超过30日；劳动合同期限在1年以上2年以下的，试用期不得超过60日；劳动合同期限2年以上的，试用期不得超过6个月，试用期包含在劳动合同期限内。"根据这个规定，劳动和社会保障部门做出进一步规定：凡是合同中有关试用期的约定超过上述规定的，其超过部分视为正式合同。也就是说，如果你的合同期为5年，而合同规定试用期为9个月，超过规定3个月，当你被试用了6个月后你已自动成为正式职工了。

（六）明确违约金的设立依据

《中华人民共和国劳动法》规定：劳动合同对劳动者的违约金条款的设立仅限于下列情形。

（1）违反服务期约定。《中华人民共和国劳动法》规定："劳动合同当事人可以对由用人单位出资招用、培训或者提供其他特殊待遇的劳动者的服务期做出约定。"

（2）违反保守商业秘密的约定。《中华人民共和国劳动法》中规定："在劳动合同中约定保密或者单独签订保密协议；对负有保守用人单位商业秘密义务的劳动者，劳动合同或者保密协议中约定就业限制条款。"

在劳动过程中若要设违约金条款。首先，合同中要有服务期内容，或者合同中要有保密约定。没有这其中任何一个作为前提，那就不允许设违约金条款，违约金的金额不应高于毕

业生的年薪。

第三节 劳动争议的解决

在工作过程中经常存在着由于双方对劳动权利、义务存在不同认识而产生的劳动纠纷。随着劳动合同自治原则的不断深入，劳动合同当事人对合同内容的约定更趋宽泛，因此纠纷的范围、处理程序也表现得更加复杂。高校毕业生由于其主体和参与劳动时间的特殊性，使其可能涉及的劳动争议关系更为复杂。

一、劳动争议概述

（一）劳动争议的概念及分类

劳动争议，又称劳动纠纷，是指劳动关系双方当事人因执行劳动法律、法规或者履行劳动合同、集体合同而发生的纠纷。劳动争议双方当事人是建立起劳动关系的用人单位与劳动者；劳动争议以劳动权利、义务的纠纷为内容；劳动争议可以表现为对抗性矛盾，也可能表现为非对抗性矛盾。

劳动争议按照不同的标准，可以划分为以下几种类型。

（1）按照当事人的国籍不同，可以分为国内劳动争议与涉外劳动争议。国内劳动争议，是指中国的用人单位与具有中国国籍的劳动者之间发生的劳动争议；涉外劳动争议，是指具有涉外因素的劳动争议，包括中国在国（境）外设立的机构与中国派往该机构工作的人员之间发生的劳动争议、外商投资企业的用人单位与劳动者之间发生的劳动争议。

（2）按照劳动争议的内容可分为：因确认劳动关系发生的争议；因订立、变更、解除和终止劳动合同发生的争议；因除名、辞退和辞职、离职发生的争议；因工作时间、休息休假、社会保险、福利、培训以及劳动保护发生的争议；因劳动报酬、工伤医疗费、经济补偿或者赔偿金等发生的争议；法律法规规定的其他劳动争议。上述劳动争议属于《中华人民共和国劳动争议调解仲裁法》的调整范围。

（3）按照劳动争议当事人人数多少的不同，可分为个人劳动争议和集体劳动争议。个人劳动争议，是指劳动者个人与用人单位发生的劳动争议；集体劳动争议，是指劳动者一方当事人在3人以上，有共同理由的劳动争议。发生劳动争议的劳动者一方在10人以上，并有共同请求的，可以推举代表参加调解、仲裁或者诉讼活动。

根据《中华人民共和国劳动争议调解仲裁法》第五十四条规定，下列纠纷不属于劳动争议：劳动者请求社会保险经办机构发放社会保险金的纠纷；劳动者与用人单位因住房制度改革产生的公有住房转让纠纷；劳动者对劳动能力鉴定委员会的伤残等级鉴定结论或者对职业病诊断鉴定委员会的职业病诊断鉴定结论的异议纠纷；家庭或者个人与家政服务人员之间的纠纷；个体工匠与帮工、学徒之间的纠纷；农村承包经营户与受雇人之间的纠纷。

（二）劳动争议的处理机构

1. 劳动争议调解机构

劳动争议调解委员会，是依法成立的调解本单位发生的劳动争议的群众性组织。我国的劳动争议调解委员会主要有企业劳动争议调解委员会，依法设立的基层人民调解组织，在乡镇、街道设立的具有劳动争议调解职能的组织。企业劳动争议调解委员会由职工代表和企业代表组成。职工代表由工会成员担任或者由全体职工推举产生，企业代表由企业负责人指定。企业劳动争议调解委员会主任由工会成员或者双方推举的人员担任。

2. 劳动争议仲裁机构

劳动争议仲裁委员会，是国家授权、依法独立地对劳动争议案件进行仲裁的专门机构。劳动争议仲裁委员会不按行政区划层层设立。劳动争议仲裁委员会由劳动行政部门代表、工会代表和企业方面代表组成。劳动争议仲裁委员会组成人员应当是单数。

劳动争议由劳动合同履行地或者用人单位所在地的劳动争议仲裁委员会管辖，劳动合同履行地的劳动争议仲裁委员会具有优先管辖权。

劳动争议仲裁委员会仲裁劳动争议，实行仲裁庭仲裁制度。仲裁庭仲裁实行少数服从多数的原则。劳动争议仲裁不收费，劳动争议仲裁委员会的经费由财政予以保障。

3. 人民法院

人民法院是审理劳动争议案件的司法机构，由各级人民法院的民事审判庭审理劳动争议案件。人民法院受案范围是《中华人民共和国劳动法》第二条规定的劳动争议，当事人不服劳动争议仲裁委员会做出的裁决，依法向人民法院起诉的，人民法院应当受理。

二、劳动争议处理的基本原则

劳动争议处理的基本原则，是指劳动争议调解、仲裁，司法机构在处理劳动争议时应当遵守的处理准则。我国处理劳动争议的基本原则包括依法处理原则，着重调解、及时处理原则，法律适用平等原则。

（一）依法处理原则

依法处理，是指劳动争议处理机构和劳动争议当事人，必须在查明事实的基础上依法协商、依法解决劳动争议。处理劳动争议，要依据法律规定的程序要求和权利、义务要求去解决争议，同时遵循法律的效力层级依法处理。

（二）着重调解、及时处理原则

着重调解，是指在处理劳动争议时，要重视运用调解的方式。它是处理劳动争议的必经程序。着重调解，要在当事人自愿调解的基础上，依法、及时地进行。当遇到当事人不愿调解或者调解不成的情况时，要及时做出裁决，以保障当事人的利益。

及时处理，劳动争议的处理应当遵循调解、仲裁、诉讼的程序要求，尽快进行相应程序的处理，保障劳动争议当事人切身利益。

（三）法律适用平等原则

劳动争议当事人在其劳动关系中存在着隶属关系，但是双方的法律地位是平等的。在适用法律处理劳动争议的时候，不能因人而异，要严格遵循法律面前人人平等的原则，处理争议的权利义务关系。

三、劳动争议处理的基本程序

根据《中华人民共和国劳动争议调解仲裁法》第四条、第五条的规定，发生劳动争议，劳动者可以与用人单位协商，也可以请工会或者第三方共同与用人单位协商，达成和解协议。发生劳动争议，当事人不愿意协商、协商不成或者达成和解协议后不履行的，可以向调解组织申请调解；不愿调解、调解不成或者达成调解协议后不履行的，可以向劳动争议仲裁委员会申请仲裁；对仲裁裁决不服的，除本法另有规定外，可以向人民法院提起诉讼。

（一）协商

发生劳动争议后，当事人应当协商解决，协商一致后，双方可以达成和解协议，当事人可以自觉履行和解协议，但和解协议没有必须履行的法律效力。协商不是处理劳动争议的必经程序。

（二）调解

发生劳动争议，当事人不愿协商、协商不成或者达成和解协议后不履行的，可以向调解组织申请调解。调解委员会调解劳动争议，应当自当事人申请调解之日起15日内结束，到期不能结束的，视为调解不成，当事人可以向当地劳动争议仲裁委员会申请仲裁。

调解达成协议的，制作调解协议书，调解协议书一经生效具有法律效力。当事人在协议约定期限内不履行调解协议的，另一方当事人可以依法申请仲裁。

调解不是劳动争议解决的必经程序，当事人可以不经调解直接向劳动争议仲裁委员会申请仲裁。

（三）仲裁

仲裁是处理劳动争议的必经程序，只要有一方当事人申请仲裁，且争议属于仲裁案件受理范围的，仲裁委员会即予以受理。发生法律效力的仲裁裁决书，一方当事人逾期不履行的，另一方当事人可以向人民法院申请强制执行。我国法律规定，劳动争议案件中当事人如果想要起诉至法院，就必须先经过仲裁程序，未经仲裁的劳动争议案件，人民法院不予受理。

（四）诉讼

当事人对可诉的仲裁裁决不服的，可自收到仲裁裁决书之日起15日内向人民法院提起诉讼。对经过仲裁裁决，当事人起诉至法院的劳动争议案件，人民法院应当受理。人民法院审理劳动争议案件实行两审终审制。人民法院一审审结后，对一审判决不服的，当事人可以在15日内向上一级人民法院提起上诉；对一审裁定不服的，当事人可在10日内向上一级人民法院提起上诉。经过二审审理做出的裁决是终审裁决，自送达之日起发生法律效力，当事人必须履行。

四、处理劳动争议的注意事项

社会生活中，由于参与社会关系各方当事人的利益诉求千差万别，各方由于利益不同而发生纠纷争执是在所难免的。当事人各方为了更好地维护自己的合法权益，往往求助国家机关要求支持自己的利益主张。在实际生活中，可能发生利益主张得不到支持，或者虽然得到支持却没有实现自身权益的最大化。在劳动争议的处理过程中也同样存在着以上问题。为了更好地维护自身权益，高校毕业生在面对劳动争议时应该冷静分析情况，并关注以下几方面的问题。

（一）选择最优争议解决方式

在竭力追求和谐、稳定的劳动关系过程中，发生劳动争议虽不为人所愿，却也是常有之事。一旦发生劳动争议，作为当事人的高校毕业生应该冷静分析，选择最优的解决方式。在分析过程中应当重点比较解决问题前后的劳动关系变化，个人权益得失，各种解决方式的经济成本、时间成本、人际关系成本以及自身实际需求等方面的问题给自身带来的实际损益。在充分考虑以上情况的基础上做出协商、调解、仲裁和诉讼等方式的选择。

（二）穷尽其他手段方得启动诉讼程序

司法救济，具有最后保障手段的性质，它是在当事人穷尽了其他非司法救济手段而无法维护自身合法权益的情况下才向相关国家机关请求保护其权益的一种方式。司法救济的最后保障手段的性质体现在：首先，司法救济在解决各类社会矛盾的方法中处于最高权威，其做出的解决方案具有终局性；其次，司法资源具有稀缺性的特征，它无法完全满足社会纠纷解决的需要。因此，高校毕业生在遇到劳动争议需要解决的时候切勿不顾一切地提起诉讼请求，造成不必要的司法资源浪费，并激化劳资矛盾。在我国劳动争议处理程序中，法律规定了劳动争议仲裁作为劳动争议诉讼的前置程序的立法目的也正在于此。同时，诉讼程序中，当事人所耗费的时间、精力和金钱根据案件的实际情况而大有不同。当事人因为诉讼请求不当或者得不到法律支持，很可能造成极其巨大的损失。

（三）细心留存"劳动痕迹"

我国劳动争议仲裁和诉讼程序中，劳动者作为一方当事人承担着相当程度的举证责任。如当事人提起工伤保险赔偿的仲裁或者诉讼就必须提供相应的证据证明其与用人单位存在劳动合同关系、发生工伤损害的事实、因工伤损害造成的医疗费用等损失。如果劳动者无法提供相应的证据证明这些事实，则很有可能承担举证不能的法律责任。因此，高校毕业生在劳动就业过程中要做一个有心人，将可能证明劳动关系发生、侵害事故发生等法律事实发生的证据逐一存留，以更好地维护自身权益。

※ 拓展阅读

五险一金

养老保险：实行社会统筹和个人账户相结合的模式。用人单位的缴费比例为工资总额的20%，个人缴费比例为本人工资的8%并记入个人账户。养老保险累计缴满十五年达到法定退休年龄后才能领取养老金。

失业保险：所有组织及其职工必须缴纳失业保险。用人单位的缴费比例为工资总额的2%，个人缴费比例为本人工资的1%。失业保险缴满一年、符合规定才能享受失业保险的待遇。

医疗保险：实行社会统筹和个人账户相结合的模式。用人单位的缴费比例为工资总额的8%，个人缴费比例为本人工资的2%并记入个人账户。

生育保险：生育保险费由用人单位缴纳，职工个人不缴费。生育保险主要支付生育发生的医疗费用和产假期间按月发放的生育津贴。

工伤保险：工伤保险费由用人单位缴纳，职工个人不缴费。工伤保险主要支付工伤医疗费、伤残补助金、抚恤金、伤残护理费等。

住房公积金：单位缴基数的7%~12%，个人与单位缴的一样，全部进入个人公积金卡，购房时可提取或申请公积金贷款，利率较低。

第八章 职业适应与发展

※ 学习目标

（1）了解角色转换的相关知识。
（2）掌握角色转变的方法，顺利完成角色转变。
（3）明确职业适应的主要内容，提高自己的职业适应能力。
（4）掌握职场沟通的方法与技巧。

※ 案例引入

小李以优异的成绩获得了大学毕业证书。但他从小学、中学到大学，整日埋头在书海之中，从未想过未来，因而毕业使他感到害怕，他不敢走入社会、不敢面对新的环境。不过后来，他还是进入了工作单位，走向了职场。

可他在单位自视清高，还认为自己是佼佼者，因而对同事不屑一顾。另外，在单位任务重需要加班加点工作时，他却按时到按时走，绝不在单位加班，而且只做领导布置的工作，多做一点便会不停抱怨。久而久之，同事们都疏远他，他也在一年后离开了这个单位。

大学生在完成了学业以后，绝大部分会选择自己理想或较理想的职业与单位，从而开始进入社会。这对大学生来说，无疑是其人生的一大转折，也是一种典型的角色转换。而如何尽快并顺利完成这一角色转换，实现良好的职业适应，是摆在高校毕业生面前的一个重要的现实问题。

当然，高校毕业生在选择了某一职业与某一单位后，并不意味着其一生都要待在这一职业与单位之中，而是可以根据自己的职业规划和实际情况在事业上有更好的发展，以更好地完成自己的职业生涯规划。

※ 思考问题

（1）校园环境与职业环境有哪些区别？应如何迅速完成角色转换？
（2）进入职场后，应注意哪些问题才能使自己快速成长？

第一节 角色转换与职业适应

从学生角色到职业角色的转换是每个大学生必须经历的过程，也是我们人生中最重要的一次转折，那么，大学生怎样实现华丽的转身呢？

一、角色转换

"角色"本意指演戏的人化装后扮演的戏剧中的人物。后来这一概念也运用到社会心理学中，社会也是一个大舞台，社会中的人也扮演着各种各样的角色。

在社会生活中，人的社会任务或职业生涯随着自身所处的内外环境变化而变化，社会角色也随之变化。一个人从一种角色转换为另一种角色的过程称为角色转换。通常一个人会经常变换自己的角色，就如同舞台上的演员一样。人处在不同的社会地位，从事不同的职业，都有相应的个人行为模式，即扮演不同的社会角色，如下班回家，就要从职业角色变换为家庭成员的角色，这种经常性的由上级到下级、由领导到子女、由学生到老师等都是角色的转换。

角色冲突是普遍存在的。从事职业的变化，职务的升迁，家庭成员的增减，都会产生新旧角色的转换。新旧角色转换过程中必然伴随新旧角色的冲突，不过可以通过角色协调使角色冲突尽可能降至最低限度，协调新旧角色冲突的有效方法是角色学习，即通过观念培养和技能训练以提高角色扮演能力，使角色得以成功转换。

（一）学生角色与职业角色的转换

从学生角色向职业角色的转换是人生最重要的角色转换之一。根据社会心理学的角色理论，高校毕业生从学生角色到职业角色的转换，必然伴随角色冲突、角色学习和角色协调等一系列过程。因此，大学生在开始自己的职业生涯之前，应该学习一些相关的知识，对自我、对社会、对即将从事的职业进行细致深入的了解和调查分析，找出自身的不足，提高心理承受能力和抗挫折能力，加强角色认知，做好上岗前的各项准备，以顺利实现角色转换。

1. 学生角色向职业角色转换的三个阶段

（1）在校期间的实践是角色转换的基础。

学习期间的专业劳动和社会实践是学生接触社会、走向社会的第一步。通过专业劳动技能能够使学生充分认识专业特点，巩固专业思想，有利于大学生更好地锻炼自己的专业技能，有利于大学生对职业角色的认可。社会实践是大学生运用自身专业特长，展示才能、服务社会的重要渠道，可以作为角色转换的预备阶段，它可有力地推动大学生在毕业实习期间演习角色的转换，促进学生角色向职业角色转换。

（2）毕业前的角色转换。

目前，我国高校毕业生在每年的6—7月离校，奔赴工作岗位，但是就业工作一般从大三下学期就开始了，可以说，这一时期是毕业生转换角色的重要阶段，主要表现在：毕业前夕是择业的黄金时期，毕业生在与用人单位接触的过程中，能够比较全面地了解用人单位的基本情况，切身体会社会对自己的认可程度，并依据自身的感受调整职业期望值，实事求是地定位自己的职业，这是从学生角色向职业角色转换的第一步，这为大学生的职业角色确定了一个基调，对角色的转换将产生深远的影响。

（3）见习期的角色转换。

一般来说，大学生工作的第一年为见习期，之后转为正式人员。有人形象地称之为"磨合期"。初到工作岗位，生活和工作环境与大学相比，都有很大区别，高校大多位于大中城市，学习和生活环境比较优越，空闲的时间比较多，生活节奏比较缓和，压力较小。而职业岗位不一定在城市，有的环境甚至相当艰苦，由于工作繁忙，经常要加班，属于自己的时间很少，从大学学习环境向职业环境转变，往往会加剧角色冲突。为此，大学生要加强见习期的角色学习，使角色转变顺利。

2. 职业角色的基本要求

刚参加工作的高校毕业生要在较短的时间内获得同事的认同和领导的肯定，应当从几个方面提高和锻炼自己。

（1）要善于展现自己的优良品格。

大学生因为具有新知识而受到同事的青睐和尊重，但也会因此容易与一些同事产生一定的距离，因此，大学生在同事面前一定要表现得谦虚、随和，在尊重有经验的老同事的同时，适度地展现自己的知识，以谦虚诚恳的态度与同事探讨问题，真诚待人。也可以利用业余娱乐的机会，在交流中让大家了解你的为人和性格，表明自己的世界观、人生观和价值观，缩短与同事间的距离，成为大家的朋友。

（2）要树立工作的责任意识。

大学生对未来都有美好的愿望，都想在事业上有所作为，但多数大学生在走上工作岗位时不会被委以重任，而是先从简单的辅助工作做起，这也符合人才成长的基本规律，但是，有不少人认为自己被大材小用了，有一些工作不愿意干，甚至闹情绪。其实，这是缺乏责任意识的表现，干任何一项工作，都要有足够的热情，要有丰富的经验和随机应变的能力。这种经验和能力的获得并非一朝一夕之功，而是要靠平时工作中的积累和训练，因此，不管工作大小，大学生都要以满腔的热情、高度的事业心和责任感来圆满完成任务。

（3）要培养实事求是的工作作风。

大学生具有较强的自尊心和自立意识，在工作上想独当一面，取得成就，但有时工作难免出错。工作上出现错误并不可怕，可怕的是不能正确面对错误，实事求是地承认错误。工作中一旦出现错误，要认真分析原因，总结经验教训找准失误点。要敢于向领导和同事承认错误，勇于承担责任，以获得领导和同事的同情和理解。同时，要虚心学习、请教，吸取教训，防止类似的错误再次发生。

（4）要重视岗前培训。

岗前培训对于刚刚走上工作岗位的大学生的角色转换是非常重要和必要的。它不仅是让新员工了解单位的基本情况，熟悉规章制度和工作程序，更重要的是通过岗前培训来树立集体主义观念，培养新员工的人际协调能力和奉献精神，从某种意义上讲，岗前培训可以直接反映出新员工的素质，因此单位都非常重视岗前培训，并依此择优录用，分配岗位，毕业生一定要以认真的态度把握好这样一次充实自己、表现自己和提升自己的良机。事实证明，很多毕业生就是因为在岗前培训期间显露才华、表现出色而被委以重任的。

（二）职业角色转换中容易出现的问题

大学生在从学生角色向职业角色转换的过程中，往往会面临着新旧角色的冲突。有些人由于受到社会因素、家庭因素尤其是自身认知能力、人格心理发展、意志品质以及情绪情感等因素影响，不能正确认识角色转换的实质，或在角色转换中不能持之以恒，于是从学生角色到职业角色的转换过程中会出现以下问题。

1. 对学生角色的依恋

经过多年的学生生涯，对学生的角色体验非常深刻。学生生活使每位学生在学习、生活和思维方式上都养成了一种相对固定的习惯，因此在职业生涯开始之初，许多人常常不自觉地把自己置身于学生角色之中，以学生角色的社会义务和社会规范来要求自己、对待工作，以学生角色的习惯方式来待人接物，来观察和分析事物。

2. 对职业角色的畏惧

一些大学生在刚走进新的工作环境时，不知道工作该从何入手，如何应对。他们在工作中缩手缩脚，怕担责任，怕出事故，怕闹笑话，怕造成不好的影响，于是工作上就放不开手脚，前怕狼后怕虎，缺乏年轻人的朝气和锐气。

3. 思想上的自傲

有的大学生对人才的理解不够全面和准确，认为自己接受了比较系统正规的高等教育，拿到文凭，学到了知识，已经是较高层次的人才了，因而往往看不起基层工作和基层工作人员，甚至以为自己做一些琐碎的、不起眼的工作是大材小用，于是就轻视实践，眼高手低。

4. 作风上的浮躁

一些人在角色转换的过程中表现出不踏实的浮躁作风和不稳定的情绪情感，一会儿想干这项工作，一会儿又想干那项工作，不能深入工作内部去了解工作的性质、工作职责及工作技巧，有的大学生就职相当长时间还不能稳定情绪，不能去适应职业角色，反而认为单位有问题，没有适合自己的职位。其实，如果不能静下心来踏踏实实地学习，适应工作，不管什么样的工作职位都不会适合。

以上这些问题的存在，会严重影响高校毕业生顺利从学生角色转换为职业角色，每个刚参加工作的毕业生都必须认真对待，加以克服。

二、职业适应

职业适应包括从生理层面，到心理层面、工作层面，再到社会层面的适应等几个方面。

（一）生理适应

生理适应包括对工作时间、劳动强度以及紧张程度、情绪调控等方面的适应。

步入职场，从学生角色转换成职业角色，原来的许多生活习惯就都要适时改变。在学校的时候，喜欢睡懒觉，上课经常迟到或者频繁请假，也许会得到老师的谅解，但是，在职场中，迟到、早退等无视工作纪律的问题，可能会带来非常严重的后果。所以，首先要调整生活规律，早睡早起，坚持锻炼身体，关注职业形象，遵守职业纪律和职业道德，在短时间内适应职场生活。

（二）心理适应

心理适应包括个人观念和意识的适应、角色适应、情感态度适应、意志适应和个性适应等方面。

1. 公正的自我评价

进入工作单位，熟悉工作环境之后，首先要对自己所从事的工作从整体上进行分析。首先分析自己对工作的适应条件，然后对自己的能力进行正确评估，对未来进行职业目标规划。

这个阶段心理调适的重点在于：保持心态平和，切忌攀比和轻易跳槽。很多职场新手目光短浅、眼高手低，稍不满意就轻言放弃，受损失的不仅是用人单位，更是本人。因此在职场中要兢兢业业、踏踏实实地工作，善于抓住机遇，全面展示自己的才华。

2. 正确调整失落心态

人的失落心态总是在动机冲突难以解决的情况下才会出现。怀有失落心态的人，始终贯穿的就是现状和理想之间的剧烈冲突。这种无法控制外面世界的无力感与梦想的破灭感交织，形成相互加强的效果，心理旋涡反复出现，消耗的心神能量超越限度，自然而然就会激发严重的失落感。产生这种失落心态与不正确的心理定位直接相关。解决的办法是要放掉思想包袱。悲观的人，先被自己打败，然后才被生活打败；乐观的人，先战胜自己，然后才战胜生活。对自我有一个充分、全面、正确的了解，这样有利于对自我情绪的有效控制和调整。例如，你如果能够客观地认识到自己性格的急躁，那么你就能因自我暗示或是有意识地控制而保持一颗平和的心，从而不容易再因别人跟不上自己的步调而生气了。工作后，你到了一个更大的环境中，这里高手如云，可能自己显得相对较弱，可能出现心理失落。其实只要经过自己的刻苦努力，情况是可以得到改变的，不要过分纠缠于结果，而是着手做应做的事。

3. 调节自己的认知方式

人对事物的不同认知会导致情绪的极大不同。情绪往往取决于人对事物的看法，换个角度心情会迥然不同。相同的半杯水在有的人眼中是"只剩下半杯，挨不了多久了"，而有的人看到的是"还有半杯呢，希望还在"。因此，在受到情绪困扰的时候，通过调节自己的认知方式来调节情绪，就是将自己从原有的思维方式中抽离出来，试着从另一个层面思考。不要总是执着于"我"如何如何，换一个角色看，从别人的角度看"我"。设想一下如果是你的朋友遇到现在的问题，你会怎么办，你是怎么安慰开导他的。或者可以自问：为什么别人可以有这样的失败记录，自己就不可以呢？当局者迷，旁观者清。你需要不时地走出"此山"，看看"此山"的真面目。

认识是一个不断发展的过程。对于自我认知要不停地重新审视是否合理，适时做出调整。对于相同的刺激，不同的评价会带来不同的情绪反应。失落也许并不是因为事情真的非常糟糕，而仅仅是因为你认为它很糟糕，所以它就"无奈"地变得糟糕了。

4. 转移注意力

心理学研究表明，在发生情绪反应时，大脑皮层上会出现一个强烈的兴奋中心。这时如果另外找一些新的刺激，引起新的兴奋中心，就可以抵消或冲淡原来的兴奋中心。所以当你失落时最好采取行动，分散自己的注意力。

转移也是有技巧的，消极转移到抽烟、喝酒上只会让失落感加强，甚至自暴自弃。而积极的转移则是将时间、精力从消极情绪中转到有利于个人未来发展的方向上来。体育运动就不失为一种积极的转移方法。体育运动可以松弛紧张情绪，又可以消耗体力，使消沉者活跃、激愤者平静，达到平衡的目的。

失落往往伴随挫败感，而挫败感是可以由成功后带来的自信抵消的。所以找出一个你认可的长处，不论大小，在失落的时候，就做自己擅长的事，从中得到成就感，并且告诉自己："你看，我不是也可以做得很好嘛！既然我可以做好这件事，那么当然也能做好其他的事。"

5. 克服工作压力，尽快进入职业角色

大学生在校期间学到的知识和技能是很有限的，初入职场心理压力往往比较大，害怕在工作中出现过失和错误。所以，消除初入职场时的心理压力是重中之重。

这一阶段心理调适的重点，首先，要使自己适应工作节奏，为承担重要工作做好准备；其次，要虚心学习，不断丰富自己的专业知识，提高专业技能，运用自身掌握的知识去解决问题，培养自己的独立见解，展示自己的潜能，使自己逐步具备独立开展工作的能力；最后，要尽快融入集体，建立良好的人际关系，更好地承担角色责任。总之，要努力为单位创造效益，做出贡献。

（三）知识技能适应和岗位适应

这是指对工作岗位所需的知识、技术和能力的适应，以及对劳动制度和岗位规范的适应等。

步入职场的大学生要特别重视再学习。再学习可以让你尽快掌握工作的知识和技能，正所谓"干到老，学到老"。竞争在加剧，学习不但是一种心态，更应该是一种生活方式。

人在职场，所有人都是老师。谁疏于学习，谁就难以提高，谁就不会创新，谁就会被社会淘汰。谁能够终身学习，谁就能使自己适应职业岗位不断变化的要求，学习不但增强了自己的竞争力，也增强了单位的整体竞争力。

（四）环境适应

在管理学中有一个"蘑菇定律"：长在阴暗角落的蘑菇因为得不到阳光又没有肥料，常面临着自生自灭的状况，只有长到足够高、足够壮的时候，才被人们关注。蘑菇定律通常是指初学者被置于不受重视的部门或干打杂跑腿的工作，处于"自生自灭"（得不到必要的指导和提携）的过程中。这个定律是组织对待初出茅庐者经常使用的一种管理方法，组织对新进的人员都是一视同仁的，从起薪到工作都不会有大的差别。无论你是多么优秀的人，在刚开始的时候，都只能从最简单的事情做起。很多职场新人心气高、目标远大，希望走上工作岗位就可以大展拳脚，对于上级交办的简单工作不屑一顾，眼高手低，最后连基础的工作都做不好。对于职场新人而言，只有快速跨越这个阶段，树立端正的职业态度，正确进行职业定位，才能早日摆脱"蘑菇定律"。

1. 踏踏实实做好每项工作

职场新人对单位的整个工作环境及工作流程都比较陌生，可能连最基本的复印、传真都需要他人指导。在这种情况下，上级对待新人的通常做法是交派一些如打字、翻译、资料检索等最基本，也是最简单的工作，这是每个新人进入职场后通常接受的第一门功课。然而，许多职场新人对此心存抱怨，"领导根本不把重要的工作交给我，我简直就是个打杂的"。其实，看似简单的工作是让职场新人了解工作的整体操作流程，同时也可以考验一名员工的品质，磨砺其工作态度。初入职场的大学生犹如一张白纸，在上面书写任何东西都是经验的积累，所以大家不要嫌工作琐碎，要有耐心，要学会在工作中积累。

2. 积极适应环境

毕业生在进入职场之前总会有很多的幻想，比如理想的行业、理想的职位、理想的收入等，直到真正进入职场才发现理想和现实存在差距。事实上，理想的工作环境是不存在的，现实的工作环境总有各种不如意。因此，职场新人要学会自我调节，认清自己的优缺点，明确自己的优势和不足，客观地看待职场生活，以愉快的心情适应工作环境，立足现实，求得自身发展。

很多大学生以为在学校里学到了"真理"，然后期望用这些"真理"去改造世界。可真正到了工作岗位才发现，很多书本里的知识，在现实岗位中的用途却不大，单位需要有足够的执行能力、足够的应用能力，这些在校园里并没有学过。有的学生不适应艰苦、紧张的基层生活，不习惯单位的一些制度、做法，在心理上产生很大的落差，甚至对现有岗位感到失望，觉得处处不如意、事事不顺心。因此大学生在踏上工作岗位后，根据现实环境调整自己的期望值和目标就变得十分重要。看问题不能理想化，对外部要求要切合实际，承受挫折的能力要强，要擅长自我调整，不断地充实和提高自己，这样获得的积累将是职业生涯中一笔宝贵的财富。遇到挫折、困难不能失落与彷徨，要找时间与老员工、同事谈谈心，与朋友聊聊天，把"掉在地上的心"重新拾起来，所谓"适者生存，能者成功"，所以，初入职场的大学生要学会适应自己的工作岗位，做到适应别人，适应工作环境，遇到困难、挫折冷静地思考，彻底地解决。

3. 等待机会，厚积薄发

机会永远只垂青有准备的人。对于职场新人而言，在这个信息爆炸的社会里，缺乏的不是机会，而是蓄势的远见与忍受平淡的耐力。职场竞赛，比的是耐力和信念，这是一场长跑，短暂的热情和速度都难以获得最终的胜利。因此，毕业生在进入职场后，仍需要不断提高自己，提升信念，等待时机来临，脱颖而出。

（五）人际关系适应

职场的人际关系相比单纯的校园人际关系要复杂得多。职场新人应该把姿态放低一点，谦恭有礼，赢得好感，这样才有利于开创工作局面。要努力工作，适当表现自己，最大限度地争取上级和同事的认可。

1. 正确处理人际关系的重要原则

处理好人际关系的关键是要意识到他人的存在，理解他人的感受，既满足自己，又尊重别人。

（1）真诚原则。真诚是打开别人心灵的金钥匙，因为真诚的人使人产生安全感，减少心理防卫。越是好的人际关系越需要双方暴露一部分自我，也就是把自己真实的想法与人交流，当然，这样做也会冒一定的风险，但是完全把自己包裹起来是无法获得别人信任的。

（2）主动原则。对人友好，主动表达善意，能够使人产生受重视的感觉。主动的人往往令人产生好感。

（3）交互原则。人的善意和恶意都是相互的，一般情况下，真诚换来真诚，敌意招致敌意。因此，与人交往应该从良好的动机出发。

（4）平等原则。良好的人际关系让人体验到自由、无拘无束的感觉。如果一方受到另一方的限制，或者一方需要看另一方的脸色行事，就无法建立起高质量的心理关系。

2. 如何正确处理人际关系

人际关系是职业生涯中一个非常重要的课题，特别是对大企业的职业人士来说，良好的人际关系是舒心工作、安心生活的必要条件。如今的毕业生绝大部分是独生子女，刚从学校里出来，自我意识较强，来到社会错综复杂的大环境里，更应在人际关系方面调整好自己的坐标。

(1) 与上司的关系。

①先尊重后磨合。任何一个上司，干到这个职位上，至少有某些过人之处。他们丰富的工作经验和待人处世的方法，都是值得我们学习借鉴的，我们应该尊重他们精彩的过去和骄人的业绩。但每个上司都不是完美的，所以在工作中，"唯上司之命是听"并非必要，但也应记住，给上司提意见只是本职工作中的一小部分，尽量完善、改进、迈向新的台阶才是最终目的。要让上司心悦诚服地接纳你的观点，应在尊重的氛围里，有礼、有节、有分寸地磨合。不过，在提出意见前，一定要拿出详细的足以说服对方的理由。

②主动请示汇报工作。上级最苦恼的事情之一就是不知道下级在干什么、干得如何。上级总是直接问下级，下级就会认为上级不信任他，上级也会担心给下级造成不必要的压力和误解；如果上级不问，下级也不主动汇报，上级也会担心下级没有认真执行到位，不知是否有需要上级帮助解决的重要问题。称职的下级必须主动、及时地向上级汇报自己的工作。要知道，汇报是下级的义务，听不听是上级的选择。一定不要担心上级没时间听而不主动汇报。汇报时，要着重两个方面：一是做了什么，有什么结果或者成果，不必讲细节；二是还打算做什么，怎么做，为什么这么做，也不要讲细节。既不要在汇报中夹带请示事项，也不要把汇报当成请功，领导心里自有一本账，而且不仅要报喜，更要报忧。

对于超越自己管理权限的事项，下级必须请示，不能先斩后奏、越权办理。请示时，必须给出至少两个可供上级选择的建议，而且必须有自己明确的主张，绝不能只把问题抛给上级，自己没有任何主见，要让上级做选择题，而不是做问答题。对于属于自己管理权限之内的事项。特别是日常的、例行的工作，只要依照权限主动去做就行了，只需及时向上级汇报结果即可。如此，上级会认为下级是一个有主见、有魄力、有领导力的人。如果出于对上级的"敬畏"而事事请示，上级就会对下级的工作主见、工作魄力甚至领导力产生疑问。

(2) 与同事的关系。

多理解、慎支持。在办公室里上班，与同事相处得久了，彼此都有了一定的了解。作为同事，我们没有理由苛求人家为自己尽忠效力。在发生误解和争执的时候，一定要换个角度、站在对方的立场上为人家想想，理解一下人家的处境，千万别情绪化，把人家的隐私说出来。任何背后议论和指桑骂槐都会破坏自己的形象，并受到旁人的抵触。同时，对工作我们要拥有诚挚的热情，对同事则必须选择慎重地支持。支持意味着接纳他人的观点和思想，而一味地支持只能导致盲从，也会有拉帮结派的嫌疑。

(3) 与朋友的关系。

善交际、勤联络。现代社会竞争激烈，铁饭碗不复存在，一个人很少在一个单位终其一生，所以多交一些朋友很有必要，所谓朋友多了路好走。因此，空闲的时候给朋友打个电话、发个电子邮件，哪怕只是片言只语，朋友也会心存感激，这比叫大伙"撮一顿"更有意义。

(4) 与下属的关系。

多帮助、细聆听。在工作上，只有职位上的差异，人格上都是平等的。在员工及下属面前，我们只是一个领头带班的而已，没什么值得荣耀和得意之处。帮助下属，其实是帮助自己。因为员工们的积极性发挥得越好，工作就会完成得越出色，也能让你自己获得更多的尊重，树立开明的形象。聆听能体会到下属的心境和了解工作中的情况，为准确反馈信息、调整管理方式提供准确的依据。

(5) 与竞争对手的关系。

在我们的工作中，处处都有竞争对手。许多人对竞争者处处设防，更有甚者，还会在背后冷不防地"插上一刀、踩上一脚"。这种做法只会增加彼此间的隔阂，制造紧张气氛，对工作无疑是百害无益的。其实，在一个整体里，每个人的工作都很重要，任何人都有闪光之处。当你超越对手时，没必要蔑视人家，别人也在寻求上进；当对手超越你时，你也不必存心添乱找茬儿，因为工作成绩是大家团结一致努力的结果，"一个都不能少"。无论对手如何使你难堪，千万别跟他较劲，先静下心干好手中的工作吧！

※ 拓展阅读

如何快速走出"蘑菇期"

"蘑菇定律"是指初入世者常常会被置于阴暗的角落，不受重视或打杂跑腿，就像蘑菇培育一样还要被浇上大粪，接受各种无端的批评、指责、代人受过，得不到必要的指导和提携，处于自生自灭的过程中。蘑菇生长必须经历这样一个过程，而人的成长也肯定会经历这样一个过程，这就是"蘑菇期"，也叫"萌发期"。

刚踏入社会的时候，无论你是多么优秀的人才，都只能从最简单的事情做起，都需要经历"蘑菇期"，这段经历对于成长中的年轻人来说犹如破茧成蝶，如果承受不起这些磨难就永远不会成为展翅的蝴蝶，所以如果平和地走过生命的这段"蘑菇期"，就能够汲取经验，尽快成长起来，成为各行各业的佼佼者。当然，如果"蘑菇期"过长，就有可能成为众人眼中的无能者，自己也会最终无奈认同这个角色。因此，如何高效率地走过人生的这段"蘑菇期"，为日后成功积累工作经验和人生阅历，是每个刚入社会的年轻人必须面对的课题。

1. 要摆正心态，放低姿态

心态的调整对于组织的初入者，尤其是那些象牙塔里走出来的大学生们很重要。现在有许多刚毕业的职场新人，放不下大学生或研究生身份，委屈地做些不愿做的小事情，如端茶倒水、跑腿送报，他们忍受不了做这种平凡或平庸的工作，从而态度消极想跳槽，这也就是现代年轻人所流露出的眼高手低的陋习。"不经历风雨怎么见彩虹，没有人能随随便便成功"，想一口吃成大胖子更是不切实际。古人云："吃得苦中苦，方为人上人""天将降大任于斯人也，必先苦其心志，劳其筋骨，饿其体肤"。吃苦受难并非坏事，特别是刚走向社会步入工作岗位的年轻人，放低姿态，初出茅庐就不要抱太多幻想，当上几天"蘑菇"，可以让我们看问题更加实际，不仅能够消除很多不切实际的幻想，也能够对形形色色的人与事物有更深的了解，为今后的发展打下坚实的基础。

众所周知，在西方的那些世界级大公司里，管理人员都要从基层小事做起，就连老板自己的儿子要接班也得从基层做起，主要是出于以下几点考虑：从基层干起，才能了解企业生产经营的整体运作，在日后工作中方能更得心应手；从基层干起有利于积累经验、诚信和人气，这是成功相当重要的不可缺少的要素；从基层干起，可让员工经受艰苦的磨砺和考验，体验不同岗位乃至于人生奋斗的艰辛，更加懂得珍惜，企业也便于从中发现人才、培养人才、重视人才，所以对年轻人来说，不管接不接受，"蘑菇期"都是成长必经的一步。因此，职场新人应调整心态，放低姿态，老老实实做人，踏踏实实做事，这对于他们走出职业生涯的那段"蘑菇期"是最基本的要求。

2. 要适应环境，找准定位

从学生到职场新人，从较单纯的学校走向纷繁复杂的社会，最重要的是适应性问题。学生有学生的行为标准和思考模式，职场人有职场人的行为标准和思考模式，两者并不是完全相同的，因此，职场新人要沉下心来，学会独立思考，独立行事，学会承受和忍耐，少说多做，努力适应工作环境，适应社会。即使当你到了一个并不满意的公司，或者被分配在某个不理想的岗位，做着无聊的工作时，也要学会适应。这是因为，要想改变环境，前提便是先适应环境。

正如康佳公司所表示的那样，他们喜欢志存高远、脚踏实地的人。他要有远大志向，对自己、对企业有较高的要求，他也要能沉得下去，一步一步地提升自己。激情是不能磨灭的，但忍耐和等待比冲动和激情更重要。既有激情又能忍耐，说明这个人是成熟的，只有激情就容易冲动。

除了适应环境，职场新人要运用 SWOT 分析法进行职业定位，评估自己的长处、短处，明白外界面临的机会和威胁，把有限的精力投入到那些能真正给自己的事业带来发展机会的工作中；同时，工作仅仅是完善自我的一部分，还要积极参加单位组织的各项文体活动，在那里展现自我，锻炼能力，尽快适应职场环境，得到同事、上司的认可，真正融入这个团队中。

3. 要争取养分，茁壮成长

在你被看成"蘑菇"时，一味强调自己是"灵芝"并没有用，利用环境尽快成长才是最重要的。职场新人发展能力这是最基本的，只有同时提高认识社会和认识自我的能力，认真地对待每件小事，力争把每件小事都做好，使自己处于不断学习、充电之中，这也是个人能力的一种递增。同时以乐观、自信、向上的心态去面对你的组织、上司和同事，得到同事、上司的认可，找到适合自己的职业规划，要有效地从"蘑菇期"中吸取经验教训，令心智等方面成熟起来。只有这样，你才能高效顺利地走出职业发展的"蘑菇期"，当你真的从"蘑菇堆"里脱颖而出时，人们就会认可你的价值。

4. 要贵在坚持，等待机会

很多人在"蘑菇期"时最容易产生的念头，就是放弃。但是，真正的成功，属于坚持不懈的人。只有认准目标，不断坚持，在"蘑菇期"中积累一些可贵的经验和素质，才能为以后的"厚积薄发"做好铺垫。在没有成功时，往往会遭遇歧视、侮辱等不公平的对待，不要停留在对这些问题的纠缠上。明智的做法是，自强自立，不断增强自身实力，以实际行动来证实自己的价值。但如果说单靠辛勤工作、埋头苦干就能在职场上出人头地，那就有点无知了。一个聪明的人不仅要善于做事，还要"善于表现"，寻找机会让自己迅速脱颖而出，毕竟现在是酒香也怕巷子深的时代了。

总之，对于职场新人或没突破"蘑菇期"的年轻人来说，如果明白"蘑菇定律"的道理，首先需要的就是摆正心态，放低姿态；其次要磨去棱角，适应社会，把年轻人的傲气和知识分子的清高去掉，找准职业定位；然后从最简单最单调的事情中学习，努力做好每件小事，多干活少抱怨，争取养分，茁壮成长，更快进入社会角色；最后不断坚持，等待机会，赢得前辈们的认同和信任，从而较早地结束"蘑菇期"，进入真正能发挥才干的领域。

第二节 初入职场的人际沟通

职场人士每天至少有三分之一的时间是在职场中度过的，能否从工作中获得满足与快乐，能否爱岗敬业并最终成就一番事业，领导、同事和下属均发挥着很重要的影响。因此，在职场中，如何与领导、同事及下属进行交往和沟通，是职场人士必须积极面对的一个问题。讲究职场沟通艺术，不仅可以使职场人际关系更加和谐融洽，大大提高工作效率，还可以减少矛盾与冲突，营造健康优良的工作环境。松下幸之助指出："企业管理过去是沟通，现在是沟通，未来还是沟通。"

一、初入职场人际沟通原则

人际沟通的关键是要意识到他人的存在，理解他人的感受，既满足自己，又尊重别人。初入职场者在进行人际沟通时要注意遵循以下几个基本原则。

（一）尊重对方

尊重对方是沟通的前提，礼貌是对他人尊重的情感外露，是谈话双方心心相印的导线。因此，在与人沟通时，首先要尊重对方，其次要多用礼貌语言。

（二）真诚守信

真诚是打开他人心灵的金钥匙，因为真诚的人能使人产生安全感，减少心理防卫。良好的人际关系需要沟通双方暴露一部分自我，把自己真实的想法说出来。答应他人的事一定要尽力完成，因种种原因难以践行承诺的，要及时说明原因。

（三）主动交往

主动与人友好、主动表达善意能够使对方产生受重视的感觉，主动的人往往令人产生好感。要想做好本职工作，不仅要取得上司的信任，还必须与同事保持和谐的关系，只有这样，在工作中才能得到他们的支持与帮助。只要有机会，初入职场者就要主动与同事多交流、多沟通。同事之间难免会出现一些误会和矛盾，很多初入职场的年轻人一遇到这种情况，就会马上质疑对方的人品，甚至上纲上线，以为对方有什么企图，最后决定以牙还牙。这样，双方的关系很快就会变僵。因此，初入职场，一定要做到宽容、与人为善。与同事出现了误会，首先要从自身反思，然后主动想办法化解和消除。只有这样，人际关系才会更加顺畅。

（四）信息组织

所谓信息组织，就是沟通双方在沟通之前应该尽可能地掌握相关的信息，在向对方传递这些信息时，尽可能地简明、清晰、具体。初入职场的年轻人由于以前没有任何工作经验，在与人沟通时很容易给同事或上级一种"异想天开、脱离实际、年轻气盛"的感觉。降低或消除这种感觉最好的办法就是尽可能做好充分的准备，使自己的建议建立在事实基础之上，具有说服力和可执行性，切不可仅凭自己的观察和主观判断就提出问题，而且没有针对问题的解决方案。

（五）保持适当距离

在人际交往中，一方面要积极主动地与各方面交往，扩大交际范围，保持良好的人际关系；另一方面要注意不给人一种拉帮结派的印象，也就是说，既要积极主动与人交往，又要注意保持适当距离。所谓适当距离，就是无论关系多密切、交情多深，双方都有自己的隐私，要在彼此真诚相待的基础上互相尊重，不干扰对方的私生活，在和谐中保持各自的独立。

二、初入职场人际沟通技巧

（一）自信的态度

自信是取得良好沟通效果的前提。在职场沟通过程中，不随波逐流或唯唯诺诺，有自己的想法才能赢得他人的尊重与信赖，才能充分调动交际对象沟通的积极性。

（二）体谅他人的行为

所谓体谅他人，是指设身处地为别人着想，并且体会对方的感受与需要。在人际交往过程中，要想有效地对他人表示体谅和关心，唯有设身处地地为对方着想。由于我们的了解与尊重，对方也会体谅我们的立场与好意，从而做出积极而合适的回应。

（三）有效地直接告诉对方

一位知名的谈判专家在谈到他成功的谈判经验时说道："我在各个国际商谈场合中，时常会以'我觉得'（说出自己的感受）、'我希望'（说出自己的要求或期望）为开端，结果常会令人极为满意。"其实，这种行为就是直言不讳地告诉对方自己的要求与感受，若能有效地直接告诉对方自己想要表达的思想，会有利于建立良好的人际关系。但是在沟通时，也要善于控制自我表达。有一种说法："强势的建议，是一种攻击。"有时，即使说话的出发点是善良的，但如果讲话的口气太强势，对方听起来，就像是一种攻击一样，很不舒服。因此，在与人沟通时，尽量做到"异中求同，圆融沟通"，有话直说，口气可以委婉，但一定要能很好地传情达意。

（四）善用询问与倾听

询问与倾听是用来控制自己，让自己不要为了维护权利而侵犯他人的行为。尤其是在对方行为退缩、默不作声或欲言又止的时候，可用询问引出对方真正的想法，了解对方的立场、需求、愿望、意见与感受，并且运用积极倾听的方式来诱导对方发表意见，进而对自己产生好感。一位善于沟通的人绝对善于询问及倾听他人的意见与感受。

职场沟通的对象包括领导、同事等。对象不同，沟通的技巧也有所不同。

三、与上级的沟通

上下级之间的良好沟通，无论对个人还是对组织，都具有非常重要的意义。对于下级来说，通过与上级的良好沟通，既能全面、准确地了解相关信息，进而提高工作效率，又可以向领导及时表达自己的思想、观念，有利于自己在职场上快速发展。另外，在与上级沟通时，一定要注意选择合适的沟通渠道，确保沟通的质量。

（一）与上级沟通的原则

与职场上其他交际对象相比，"上级领导"这个群体具有特殊性。从在组织机构中的作用方面来看，他们位高权重、影响范围广；从个性特征来讲，他们稳重老练、能力过人而又多少有点自尊自恋、好为人师。因此，在与上级沟通的过程中，除了遵循一般的人际沟通原则，还有一些特殊的原则。

1. 服从至上

上级在组织机构中处于高层,对于自己领导的组织,他们一般都能够掌握全局情况,对问题的分析、处理比较周全,能够从大局出发。在与上级沟通中,坚持服从原则,是现代管理的基本特征,是一切组织通行的原则,也是组织得以生存和不断发展的基本条件。如果下属与上级沟通时持对抗态度、拒不服从,这样的组织是无法形成统一的意志的,组织就会如同一盘散沙,不可能有大的发展。当然,服从不是盲从,下属一旦发现上级有明显失误,就要敢于建言,及时向领导反映。

2. 不卑不亢

与上级沟通,既不能唯唯诺诺、一味附和,也不要恃才傲物、目无领导。作为下级,一定要尊重领导的意见,维护领导的威信,理解领导的难处与苦衷,提出不同的意见或建议时,要选择适当的时机,用上级易于接受的方式。这样,无论是对工作,还是对沟通双方的感情、建立融洽的人际关系,都是很有益处的。

3. 充分准备,工作为重

上下级之间的关系主要是工作关系,因此,下属在与上级沟通时,应从工作出发,以工作的开展作为沟通的主要内容。切不可在上级面前搬弄是非或一味地对上级讨好谄媚、阿谀奉承,丧失理性和原则。在与上级沟通之前,一定要广泛收集相关信息,做好信息的分析与整理,尽量形成非常明确的结论。

4. 掌握有效的沟通技巧

同普通人一样,上级领导的性格特征也千差万别、各种各样,作为下属,一定要在对上级充分了解的基础上,寻找沟通的最佳方式和技巧。

(二)与上级沟通的技巧

1. 坦诚相待,主动沟通

初入职场,最为重要的就是要与人坦诚相待,给人留下坦诚的印象。在与上级沟通时,对工作中的事情不要力图保密和隐瞒,要以开放而坦率的态度与之交流,这样才能赢得上级的信赖。在实际工作中,任何人都难免犯错误,犯错误不要紧,重要的是要尽早与上级沟通,得到他们的批评、指正和帮助,同时取得谅解。消极隐瞒,不仅不能取得上级的谅解,反而有可能让他们产生误解。

2. 心怀仰慕,把握尺度

只有对上级怀有仰慕的心情,才能实现有效沟通。与上级交谈时,要有一个积极的心态,还要把握尺度。对上级交办的事情要慎重,看问题要有自己的立场和观点,不能一味附和,对上级个人的事情,作为下属,不要妄加评论。对上级提出的问题发表评论时,应当很好地掌握分寸。

3. 注意场合,选择时机

上级的心情如何,在很大程度上影响与之沟通的效果。当上级的工作比较顺利、心情比较轻松的时候,进行沟通效果会好一些。上级心情不好时,最好不要与之沟通。

4. 尊重权威,委婉交谈

上级的权威不容挑战。不论上级是否值得敬佩,下属都必须尊重他。与上级沟通时要采取委婉的语气,切不可意气用事,更不能放任自己的情绪。总之,下属与上级沟通要讲究方法、运用技巧。

（三）与各种性格的领导打交道的技巧

由于个人的素质和经历不同，领导会有不同的领导风格。仔细揣摩每位领导的不同性格，在与他们交往的过程中区别对待，运用不同的沟通技巧，会获得更好的沟通效果。

1. 与控制型的领导进行沟通

（1）控制型领导的性格特征是：强硬的态度；充满竞争心态；要求下属立即服从；讲实际、果决，旨在求胜，对琐事不感兴趣。

（2）沟通技巧：与控制型领导沟通，重在简明扼要，干脆利索，不拖泥带水，不拐弯抹角。面对这一类领导，无关紧要的话少说，直截了当、开门见山地谈即可。

此外，他们很重视自己的权威性，不喜欢下属违抗自己的命令，所以应该更加尊重他们的权威，认真对待他们的命令，在称赞他们时也应该称赞他们的成就，而不是他们的个性和人品。

2. 与互动型的领导进行沟通

（1）互动型领导的性格特征是：善于交际，喜欢与他人互动交流；喜欢享受他人对他们的赞美，凡事喜欢参与。

（2）沟通技巧：面对互动型领导，赞美的话语一定要出自真心诚意、言之有物，虚情假意的赞美会被他们认为是阿谀奉承，从而影响他们对你的整体看法。他们还喜欢与下属当面沟通，喜欢下属能与自己开诚布公地谈问题，即使对他有意见，也希望能够摆在桌面上交谈，厌恶在私下里发泄不满情绪的下属。

3. 与实事求是型的领导进行沟通

（1）实事求是型领导的性格特征：讲究逻辑性，不喜欢感情用事；为人处世自有一套标准；喜欢弄清楚事情的来龙去脉；理性思考而缺乏想象力；是方法论的最佳实践者。

（1）沟通技巧：与实事求是型领导沟通时，可以省掉闲话家常的时间，直接谈他们感兴趣而且实质性的内容。他们同样喜欢直截了当的方式，对他们提出的问题也最好直接作答。同时在进行工作汇报时，多就一些关键性的细节加以说明。

四、与同事的沟通

对职场人士来说，处理好同事关系至关重要。所谓同事关系，是指同一组织内部处于同一层次的员工之间的横向人际关系。同事之间最容易形成利益关系，如果不能及时、有效地沟通，就容易形成隔阂。因此，适时地与同事进行沟通，既有利于营造和谐的工作环境，也有利于各项工作的顺利开展。

（一）与同事沟通的技巧

同事之间既是合作者又是潜在的竞争者，这是一种非常微妙的人际关系，因此，职场人士在与同事相处时一定要特别注意沟通艺术。

在与同事沟通时，通常要注意以下几个方面。

1. 主动交流沟通

人际关系要顺畅，彼此的交流是前提。因此，在紧张的工作之余主动找同事谈谈心、聊聊天和请教一些问题是非常必要的。在主动沟通中应注意把握以下几点：一是要选择合适的时间、地点、场合，选择易引起对方兴趣的话题；二是要保持诚恳、谦虚的态度；三是要随时观察对方的心理变化，因势利导，随机应变；四是要注意语言艺术。

2. 懂得相互欣赏。

职场人士都有得到赞许的欲望，都希望自己的职业和工作受到别人的重视，得到他人较高的评价。因此，在职场人际交往过程中，要善于发现同事的优点、长处及其工作中取得的成绩和进步，并加以及时地肯定和赞美。一句由衷的赞美，既可以表达对同事的尊重，又会赢得对方的好感，进而融洽彼此之间的关系。

3. 保持适当距离

同事之间保持适当距离，对人、处事才可能客观公正。每个人都有自己的私人空间，搞好职场人际关系并不等于无话不谈、亲密无私。所以，当自己的个人生活出现危机时，不要在办公室随意倾诉；同时，要尊重同事的权利和隐私，不打探同事的秘密，不私自翻阅同事的文件、信件，不查看对方的计算机；对同事不品头论足。

4. 重视团队合作

随着社会分工越来越细，现代企业越来越强调员工之间的沟通协调。作为团队中的一员，无论自己处于什么职位，在保持自己个性特点的同时，一定要很好地融入集体。在工作中，同事之间要同心协力、相互支持；需要大家协同完成的，要事先进行充分的沟通，配合中要守时、守信、守约；自己分内的事认真完成，出现问题或差错要主动承担责任，不拖延、不推诿；确需他人协助完成的，要用请求的态度和商量的语气，不能颐指气使、居高临下。

5. 善处分歧和矛盾

同事之间会不可避免地出现分歧和矛盾，在发生分歧和矛盾时，一定要学会用适当的交流方式去化解。通常的做法是：第一，不要激化矛盾。对于那些原则性并不是很强的问题，不必非要和同事分个胜负。第二，学会换位思考。与同事发生矛盾时，要学会站在他人的角度想问题，同时，多从自身找原因，主动忍让。第三，主动打破僵局。如果与同事之间已经产生矛盾，自己又确实不对，这时就要放下面子，进行道歉，以诚待人，以诚感人。

（二）与同事沟通的基本要求

1. 确立一种观念：和为贵

折中的处世哲学中，中庸之道被奉为经典，中庸之道的精华就是以和为贵。与同事相处，难免会有利益上的或其他方面的冲突，处理这些矛盾的时候，首先想到的解决办法应该是和解。能始终与同事和睦相处，往往也极易赢得上级的信赖，因为人际关系的和谐处理不仅仅是一种生存的需要，更是工作上的需要。

2. 明确一种态度：尊重同事

在人际交往中，自己待人的态度往往决定了别人对自己的态度，因此，若想获取他人的好感与尊重，必须首先尊重他人。每个人都有强烈的友爱和受尊重的欲望。在某方面不如你的人，很可能因为自卑而表现出强烈的自尊，如果你能以平等的姿态与其沟通，对方会觉得受到极大的尊重，从而对你产生好感。因此，可以说，没有尊重就没有友谊。

3. 坚持一个原则：避免与同事产生矛盾

同事与你在一个单位工作，几乎天天见面，彼此之间免不了会有各种各样鸡毛蒜皮的事情发生，个人的性格、脾气秉性、优点和缺点也暴露得比较明显，尤其每个人的行为上的缺点和性格上的弱点暴露得多了，会引出各种各样的瓜葛、冲突。这种瓜葛和冲突有些是表面的，有些是背后的，有些是公开的，有些是隐蔽的，种种不愉快交织在一起，很容易引发各种矛盾。为此，要非常理性地对待他人的缺点、弱点，多一点宽容、多一份担当。

4. 学会一种能力：与各种类型的同事打交道

每个人都有自己独特的生活方式与性格。在任何一个组织中，总有些人是不易打交道的。职场人士必须要学会因人而异，采取不同的交往策略。下面简要列举一下日常工作中可能遇到的几类同事及与其交往的策略。

（1）傲慢的同事：往往性格高傲、举止无礼、出言不逊。与其交往不妨这样：其一，尽量减少与他相处的时间，在和他相处的有限时间里，尽量充分表达自己的意见，不给他表现傲慢的机会；其二，交谈言简意赅，尽量用短句子来清楚说明你的来意和要求，给对方一个干脆利落的印象，也使他难以施展，即使想摆架子也摆不了。

（2）过于死板的同事：与这一类人打交道，不必在意他的冷面孔，相反，应该热情洋溢，以热情来化解他的冷漠，并仔细观察他的言谈举止，找出他感兴趣的问题和比较关心的事进行交流。同时，与这种人打交道一定要有耐心，不要急于求成，只要能找出共同的话题，他的那种死板会荡然无存，而且会表现出少有的热情。

（3）好胜的同事：这类同事狂妄自大，喜欢炫耀，总是不失时机地表现自我，力求显示出高人一等的样子，在各个方面都好占上风。交往时，可在适当时机挫其锐气，使他知道，山外有山，人外有人。

（4）城府较深的同事：这种人对事物不缺乏见解，但是不到万不得已或水到渠成的时候，他绝不轻易表达自己的意见。他们一般工于心计，总是把真面目隐藏起来，希望更多地了解对方，从而能在交往中处于主动地位，周旋在各种矛盾中立于不败之地。和这种人交往，首先要有所防范，不要让他完全掌握你的全部秘密，更不要被他所利用，以致陷入他的圈套之中而不能自拔。

（5）急性子的同事：遇上性情急躁的同事，头脑一定要保持冷静，对他的莽撞完全可以采取宽容的态度，一笑置之，尽量避免争吵。

第三节 职业发展

职场如战场，毕业生在初入职场，感到种种不适之后，常常希望能够获得一些职场上的通关秘籍，借此为他们指点迷津。下面讲解一些职业发展的相关知识，希望可以对初入职场的毕业生的职业发展有所助益。

一、职业成功的因素

人在求职过程中，真正找准自己的位置之前，都会或多或少遇到失败与挫折，这也是求职者面临的机遇与挑战。在这些困难和现实面前，要想真正得到一份理想的工作，真正成就一番事业，是多种因素相互作用的结果。大致来说，国内研究职业的相关资料和文献综合表明，通俗和普遍的提法至少包括四个因素，即先天因素、后天学习、职业决策、人际/人才决策。人的成功，是这些因素相互加强彼此作用的结果。当然，在人生发展的不同阶段，各类因素可能发挥着不同的重要性。

（一）先天因素

人才筛选与培养领域的国际权威专家莱尔·斯宾塞用最简洁的方式对潜力进行了总结："你当然可以去教一只火鸡爬树，但我宁愿直接雇一只松鼠来干这事儿。"所谓先天因素，主要指个体出生时受之于父母的遗传素质，也是人一生中持续扮演、最为恒定的因素。它是一个人与生俱来的一种天赋，让他们对某些事物一学就会，甚至不学也会，对于那些不具备这种天赋的人，他们在从事同样工作的时候，就感觉困难得多。当然，遗传在给我们提供先天的条件，在帮助我们打开一扇方便之门的同时，也会让我们在其他方面受到一些束缚。最新研究表明，遗传因素在成功公式中是一个常量，但绝不是静止不变的，遗传特征同样具有动态的性质。麦特·瑞德利在《先天，后天》一书中指出，你的日常活动决定了你体内哪些基因会激活，这些激活的基因又决定了你体内会制造出哪些蛋白质，而这些蛋白质最终形成了你脑细胞之间的突触。由此可见，我们的父母授之于我们的优势，并不仅仅是单一的，而是多重因素的结合体，关键在于我们后天如何激发、如何利用、如何激活。

（二）后天学习

王安石有一篇著名的文章叫《伤仲永》，讲述的是方仲永这个神童，5岁便可指物作诗，天生才华出众，因为后天不学和被父亲当作造钱工具而沦落为普通人的故事。所谓后天学习，是指一个人终其一生所进行的正式与非正式的学习，这是促进一个人职业成功最强有力的工具。人的一生，天赋只是一个方面，真正想要成就事业，必须得靠后天的打拼。"三分天注定，七分靠打拼"，是先天天赋和后天学习之间关系的真实写照，因此，只有不断学习、勤劳打拼，才可能占据事业最高峰。人的知识才能决不可单纯依靠天资，必须注重后天的教育和学习，必须强调后天的教育和学习对成才的重要作用。

（三）职业选择

有一个不算太古老的命题是"'爱一行，干一行'，还是'干一行，爱一行'"。换言之，人生的轨迹究竟是从理想兴趣开始还是从工作开始。所谓职业选择，是个人对于自己就业的种类、方向的挑选和确定。它是人们真正进入社会生活领域的重要行为，是人生的关键环节。我们应重视职业选择对于个人成功的影响。许多人在初入职场时，水平可能相差无几，但因为选择了不同的工作环境，他们在职业成就上却有天壤之别，令我们大为感叹。简而言之，明智的职业选择可成倍增大你自我教化的努力成果，从而成为决定你职业成功的关键因素。

（四）人际/人才决策

表现为人与人之间的沟通，包括思想、情感和知识等信息的交流与传播，主要通过言语、副言语、表情、手势、体态以及社会距离等因素来实现，主要表现为人际间的交往和对人才的决策两个方面。就大多数人而言，大学期间的交往与决策尤为重要，对今后人生的成功与否能起到关键性作用。一般而言，读书时人际关系处理得当，步入社会后，对职场关系的处理同样灵活。

进入社会，达到一定高度，成为一个部门负责人，你的人才决策便成了决定你领导的部门工作绩效的关键因素。随着肩头的责任日渐加重，从管理一个部门到管理一家企业，利害关系也越来越大。因为你只能通过自己所建立的团队来施加对企业的控制和影响。随着从部门经理一路上升到CEO或董事长，人才决策逐渐成为你最大的挑战和最大的机遇。

当然，除上述四大关键因素之外，个人的奋斗与努力必不可少，包括进取心、责任心、自信心、自我认识和自我调节能力、情绪稳定性、社会敏感性、社会接纳性以及社会影响力等，当然，还少不了一定的机遇和运气。

二、拥有积极的行为态度

我们常说，细节决定成败，态度决定一切，这话一点不假。我们在关注自己每个细节的同时，首先要特别注意自己的工作态度，工作态度好，成功的概率就高。因此，一件事情的成败，好的工作态度至关重要。如果事情还没开始，就认为不可能成功，那肯定不会成功，或者在做的过程中不认真负责，同样不会有好的结果。因此，没有做不好的事，只有态度不端正的人，只要对工作充满热情、激情和活力，只要具备了好的工作态度，就不怕遇到任何挫折，这样的人在事业上也更能成功。因此，成败往往在一念之间，一个人成功与否关键看他对事业的态度，只要用积极、乐观的心态，只要用最细致的行为对待任何一件事，成功必定伴随而来。因此，毕业生步入职场，知识、技能都是次要的，关键在于有良好的工作态度。毕业生应持有的工作态度主要包括以下几个方面。

（一）立足岗位，更新观念

大学生要适应工作和社会，必须明确自己的职责岗位，更新思维观念。具体要从三个方面与时俱进，即独立意识、主人翁意识和团队意识。首先，大学生工作后必须承担相应社会责任，这些责任随着所要参与、管理及决策工作的增加，所要承担的义务也越来越多，这就要求学生除了具备独立的意识，还必须要有主人翁的意识。因为个人工作业绩，与单位、部门的兴衰与荣辱息息相关。因此，初入职场的大学生一定要"识大体，顾大局"，从整体利益出发，树立团队意识。

（二）终身学习，不断充实

大学生适应社会的过程是一个"学习—适应—再学习—再适应"的循环动态过程，只有通过不断学习才能不断完善自己的知识结构。高校毕业生初到工作岗位，对自己工作岗位的基本情况都要有所了解，这种了解和熟悉过程只有通过不断学习、勤于思考、善于总结，才能尽快完成并完全掌握有关的业务知识，从而更好地适应工作。同时，大学生只有不断学习，才能跟上社会和科技的迅猛发展；同时，飞速发展的科技，也要求科技人才对知识不断更新。

（三）把握时机，相机而动

就刚毕业的大学生而言，第一份工作并不意味着就是终身的职业。因受初次择业时众多条件限制及其他种种因素的影响，很多大学生初次就业后对自己的职业岗位仍不满意。对此大学生应具体问题具体分析。首先应该考虑的是国家的需要，要安心从事现在的工作。当然，随着社会需求的变化，大学生也可根据自己的实际条件，适时调整奋斗目标，重新选择新的机会，找到适合自己的职业。

（四）善于沟通，学会共赢

中国有句俗话："一言能使人笑，一言也能使人跳。"人作为社会性的动物需要彼此间的沟通与交流，而在工作场合中这种沟通与交流显得更为重要。现代社会中很多工作都需要众人协力完成，因此，大学生必须掌握有关的人际沟通技巧。

大学生在毕业后除少数自主创业和升学外，大部分都进入企业，也因此，在组织内部成员之间、与组织以外的客户之间的人际沟通就显得尤为重要。这就要求大学生能正确对待沟通在职场中所发挥的巨大作用，实现积极的转变，一是要有积极的沟通态度，二要全方位沟通，三要学会合作共赢，并在此基础上恰当处理沟通和其他人员之间的关系，在沟通方式上，也要恰到好处，选择恰当的沟通渠道，不同渠道有着不同的沟通效果。

三、不断进取，在适应变化中成长

要不断适应环境，在任何环境下都能做好职业发展规划。人生无时不在面对顺境与逆境，刚毕业的大学生也是一样。当你处在顺境时千万不要得意忘形，因为你的终极目标是追求事业成功和人生幸福。并不是人人都能实现这一目标，现在的顺境只是万里长征的第一步，要更加谦虚谨慎地做人，更加踏踏实实地做事，以坚定的步伐向自己的目标前进。

面对逆境，面对工作中的困难要有足够的心理准备，尤其是刚步入社会的高校毕业生。如果你对新环境、新工作的困难有足够的心理准备，当你遇到逆境时就不会惊慌失措，而是泰然处之。在遇到困难时，要冷静分析造成困难的主、客观原因，尤其是主观原因，以便对症下药。如果领导、同事一时不理解你、误会你。要学会沟通和忍耐，等待机遇，不能简单地与领导、同事对抗。高校毕业生在步入社会之前，最需要的是建立起坚定的信念、不屈不挠的毅力和坚韧的意志品质等健康的心理素质。

要有所作为，就要学会在变化中找到自己的位置。工作生活中各种变化会随时发生，处在其中，会使人感到紧张不安，但我们可以预先做好准备，坦然以对。《谁动了我的奶酪》中讲述了一个关于"变化"的故事。故事发生在一个迷宫中，有四个可爱的小生灵在迷宫中寻找他们的奶酪。故事里的"奶酪"是对我们现实生活中追求目标的一种比喻，它可以是一份工作、一栋房屋或健康，可以是社会的认可和老板的赏识……当我们一旦得到自己梦寐以求的奶酪，常常对它产生依赖心理，甚至成为奶酪的附庸，停止前进，结果奶酪被吃完或被人抢走。如今竞争无时不在，找工作时有竞争，找好工作后，在工作中还是有竞争，假如你不努力，不利用空余时间继续学习，继续提高业务能力和其他方面的能力，你的位置很有可能被人取代。所以要想成功，就必须不断制定目标，做好职业生涯规划，不断提升自我。只有这样，才能得到长足的进步。

※ 拓展阅读

MKASH 原则

MKASH 原则即动机（Motivation）、知识（Knowledge）、行动（Action）、技能（Skill）、习惯（Habit）英文单词的首字母组合。

现代化的管理要求经理必须职业化，人们不会仅仅因为一纸委任书而信任你，而是更愿意因你的职业化水平而维护你的权威，接受你的领导。唯有使自己的表现不断职业化你才能不断提高管理效率，创建优秀的管理团队，创造管理高绩效的团队文化。

现代化的经理必须是职业化、高效能的经理。

1. 动机（Motivation）

动机就像一部汽车车轮的轴心，处于核心的地位，动机的大小和强弱决定了车轮的运转速度和运行状况。

积极心态影响下的动机会加速车轮的运转，从而加速经理的成功；反之，消极心态影响下的动机则不但对经理的成长不利，反而可能起到很大的破坏作用。

所以，必须正确认识积极动机对成功的激励性作用，不断调整自己的心态，以积极的动机面对工作和挑战，不断激励与超越自我，在积极动机的引领下去实现所制定的目标和远景。

2. 知识（Knowledge）

知识经济时代的经理首先必须具备从事那份工作的专业知识，而且应该比下属更为专业，职业化必须以专业化为基础和背景。

做任何一项工作，首先要具备的就是应对那份工作的专业知识，要做得好还得具备与其相关的其他知识，以形成完整的知识体系，支持工作的开展和拓展。

唯有不断获取专业化的知识，经理才能做到职业化，才能在激烈的竞争中不断得到认可，获得更多的发展机会和更大的发展空间。

3. 行动（Action）

具备了良好的动机、专业化的知识、熟练的技能水平是不是就可以了呢？显然还不够。高效能的经理还必须具备快速行动的能力，具备强劲的执行力。有的人方方面面都比较优秀，知识水平很高，能力很强，可就是做不出出色的工作业绩，原因就出在行动能力的欠缺上。汤姆·彼得斯说，"快速制订计划并采取行动应该成为一种修养"。要想成为一个职业化的人才，就必须改掉犹豫不决、瞻前顾后、拖拖拉拉的办事作风，在自己认准的事情上认认真真地采取行动，用行动来证明一切，不断提高自己的执行力。

4. 技能（Skill）

技能是经理赖以开展工作的必要手段。

只有知识，没有技能，也是寸步难行。试想，一个经理如果不具备沟通的技能，怎么与人沟通，怎么开展工作，没有人际交往技能，怎么与同事合作，怎么和下属建立和谐的人际关系？

技能的锻炼应该提高到与知识同等的高度，高度重视，不断将知识转化为技能，转化为能力。

5. 习惯（Habit）

习惯决定命运，这句话一点都不夸张。良好的习惯给人好的印象和感觉，能在很大程度上帮助你成功。

职业化的人才必须具备良好的习惯，无论是生活还是工作，都要时刻注意自己的习惯，改掉曾经不好的习惯，养成职业化的行为习惯，使你的一举一动都体现出你职业的风采。

附 录

附录一　霍兰德职业性向测验量表

本测验量表将帮助你发现和确定自己的职业兴趣和能力特长，从而更好地做出求职择业的决策。如果你已经考虑好或选择好了自己的职业，本测验将使你的这种考虑或选择具有理论基础，或向你展示其他合适的职业；如果你至今尚未确定职业方向，本测验将帮助你根据自己的情况选择一个恰当的职业目标。

本测验共有七个部分，每部分测验都没有时间限制，但请你尽快按要求完成。

第一部分　你心目中的理想职业（专业）

对于未来的职业（或升学进修的专业）你也许早有考虑，它可能很抽象、很朦胧，也可能很具体、很清晰。不管是哪种情况，现在都请你把你最想干的三种工作或最想读的三种专业，按顺序写下来。

(1) _____；
(2) _____；
(3) _____。

好，第一部分已完成。现在请继续做第二部分。

第二部分　你所感兴趣的活动

下面列举了一些十分具体的活动。这些活动无所谓好坏，如果你喜欢去参加（包括过去、现在或将来），就请在试题后面的"是"一栏的方框内画"√"，如果不喜欢就请在"否"一栏的方框内画"√"。注意，这一部分测验主要想确定你的职业兴趣，而不是让你选择工作，你喜欢某种活动并不意味着你一定要从事这种活动。答题时不必考虑过去是否干过和是否擅长这种活动，只根据你的兴趣直接判断即可。请务必做完每道题目。

一、R 型（现实型活动）

"是"的总数：

你喜欢做下列事情吗？ 是 否

(1) 装配修理电器。 ☐ ☐
(2) 修理自行车。 ☐ ☐
(3) 装修机器或机器零件。 ☐ ☐
(4) 做木工活。 ☐ ☐
(5) 驾驶卡车或拖拉机。 ☐ ☐
(6) 开机床。 ☐ ☐
(7) 开摩托车。 ☐ ☐
(8) 上金属工艺课。 ☐ ☐
(9) 上机械制图课。 ☐ ☐
(10) 上木工手艺课。 ☐ ☐
(11) 上电气自动化技术课。 ☐ ☐

二、I 型（研究型活动）

"是"的总数：

你喜欢做下列事情吗？ 是 否

(1) 阅读科技书刊。 ☐ ☐
(2) 在实验室工作。 ☐ ☐
(3) 研究某个科研项目。 ☐ ☐
(4) 制作飞机、汽车模型。 ☐ ☐
(5) 做化学实验。 ☐ ☐
(6) 阅读专业性论文。 ☐ ☐
(7) 解一道数学或棋艺难题。 ☐ ☐
(8) 上物理课。 ☐ ☐
(9) 上化学课。 ☐ ☐
(10) 上几何课。 ☐ ☐
(11) 上生物课。 ☐ ☐

三、A 型（艺术型活动）

"是"的总数：

你喜欢做下列事情吗？ 是 否

(1) 素描、制图或绘画。 ☐ ☐
(2) 表演戏剧、小品或相声节目。 ☐ ☐
(3) 设计家具或房屋。 ☐ ☐
(4) 在舞台上演唱或跳舞。 ☐ ☐
(5) 演奏一种乐器。 ☐ ☐
(6) 阅读流行小说。 ☐ ☐
(7) 听音乐会。 ☐ ☐
(8) 从事摄影创作。 ☐ ☐
(9) 阅读电影、电视剧本。 ☐ ☐
(10) 读诗、写诗。 ☐ ☐
(11) 上书法、美术课。 ☐ ☐

四、S型（社会型活动）

"是"的总数：

你喜欢做下列事情吗？　　　　　　　　　　　　　　　　　　　是　否

(1) 给朋友们写信。　　　　　　　　　　　　　　　　　　　□　□
(2) 参加学校、单位组织的正式活动。　　　　　　　　　　　□　□
(3) 加入某个社会团体或俱乐部。　　　　　　　　　　　　　□　□
(4) 帮助别人解决困难。　　　　　　　　　　　　　　　　　□　□
(5) 照看小孩。　　　　　　　　　　　　　　　　　　　　　□　□
(6) 参加宴会、茶话会或联欢晚会。　　　　　　　　　　　　□　□
(7) 跳交谊舞。　　　　　　　　　　　　　　　　　　　　　□　□
(8) 参加讨论会或辩论会。　　　　　　　　　　　　　　　　□　□
(9) 观看运动会或体育比赛。　　　　　　　　　　　　　　　□　□
(10) 寻亲访友。　　　　　　　　　　　　　　　　　　　　□　□
(11) 阅读与人际交往有关的书刊。　　　　　　　　　　　　□　□

五、E型（企业型活动）

"是"的总数：

你喜欢做下列事情吗？　　　　　　　　　　　　　　　　　　　是　否

(1) 对他人做劝说工作。　　　　　　　　　　　　　　　　　□　□
(2) 买东西与人讨价还价。　　　　　　　　　　　　　　　　□　□
(3) 讨论政治问题。　　　　　　　　　　　　　　　　　　　□　□
(4) 从事个体或独立的经营活动。　　　　　　　　　　　　　□　□
(5) 出席正式会议。　　　　　　　　　　　　　　　　　　　□　□
(6) 做演讲。　　　　　　　　　　　　　　　　　　　　　　□　□
(7) 在社会团体中做一名理事。　　　　　　　　　　　　　　□　□
(8) 检查与评价别人的工作。　　　　　　　　　　　　　　　□　□
(9) 结识名流。　　　　　　　　　　　　　　　　　　　　　□　□
(10) 带领一群人去完成某项任务。　　　　　　　　　　　　□　□
(11) 参与政治活动。　　　　　　　　　　　　　　　　　　□　□

六、C型（传统型活动）

"是"的总数：

你喜欢做下列事情吗？　　　　　　　　　　　　　　　　　　　是　否

(1) 保持桌子和房间整洁。　　　　　　　　　　　　　　　　□　□
(2) 抄写文章或信件。　　　　　　　　　　　　　　　　　　□　□
(3) 开发票、写收据或打回条。　　　　　　　　　　　　　　□　□
(4) 打算盘或用计算机计算。　　　　　　　　　　　　　　　□　□
(5) 记流水账或备忘录。　　　　　　　　　　　　　　　　　□　□
(6) 上打字课或学速记法。　　　　　　　　　　　　　　　　□　□
(7) 上会计课。　　　　　　　　　　　　　　　　　　　　　□　□
(8) 上商业统计课。　　　　　　　　　　　　　　　　　　　□　□
(9) 将文件、报告、记录分类与归档。　　　　　　　　　　　□　□
(10) 为领导写公务信函与报告。　　　　　　　　　　　　　□　□
(11) 检查个人收支情况。　　　　　　　　　　　　　　　　□　□

好,第二部分已完成。现在请继续做第三部分。

第三部分　你所擅长或胜任的活动

下面从六个方面分别列举一些十分具体的活动,以确定你具备哪一方面的工作特长。回答时,只须考虑你过去或现在对所列活动是否擅长、胜任,不必考虑你是否喜欢这种活动。如果你认为你擅长从事某一活动,就请在试题后面的"是"一栏的方框内画"√",如果不擅长,就请在"否"一栏的方框内画"√"。注意,你如果从未从事过某一活动,那就请考虑你将来是否会擅长从事该项活动。请你务必做完每道题目。

一、R型(现实型能力)　　　　　　　　　　　　　　　　　　　　"是"的总数:

你擅长做或胜任下列事情吗?　　　　　　　　　　　　　　　　　　　　　是　否
（1）使用锯子、钳子、车床、砂轮等工具。　　　　　　　　　　　　　　□　□
（2）使用万能电表。　　　　　　　　　　　　　　　　　　　　　　　　□　□
（3）给自行车或机器加油使它们正常运转。　　　　　　　　　　　　　　□　□
（4）使用钻床、研磨机、缝纫机等。　　　　　　　　　　　　　　　　　□　□
（5）修整木器家具表面。　　　　　　　　　　　　　　　　　　　　　　□　□
（6）看机械、建筑设计图纸。　　　　　　　　　　　　　　　　　　　　□　□
（7）修理结构简单的家用电器。　　　　　　　　　　　　　　　　　　　□　□
（8）制作简单的家具。　　　　　　　　　　　　　　　　　　　　　　　□　□
（9）绘制机械设计图纸。　　　　　　　　　　　　　　　　　　　　　　□　□
（10）修理录音机的简单部件。　　　　　　　　　　　　　　　　　　　　□　□
（11）疏通、修理自来水管或下水道。　　　　　　　　　　　　　　　　　□　□

二、I型(研究型能力)　　　　　　　　　　　　　　　　　　　　"是"的总数:

你擅长做或胜任下列事情吗?　　　　　　　　　　　　　　　　　　　　　是　否
（1）了解真空管的工作原理。　　　　　　　　　　　　　　　　　　　　□　□
（2）知道三种以上蛋白质含量高的食物。　　　　　　　　　　　　　　　□　□
（3）知道一种放射性元素的"半衰期"。　　　　　　　　　　　　　　　□　□
（4）使用对数表。　　　　　　　　　　　　　　　　　　　　　　　　　□　□
（5）使用计算器或计算尺。　　　　　　　　　　　　　　　　　　　　　□　□
（6）使用显微镜。　　　　　　　　　　　　　　　　　　　　　　　　　□　□
（7）辨认三个星座。　　　　　　　　　　　　　　　　　　　　　　　　□　□
（8）说明白血球的功能。　　　　　　　　　　　　　　　　　　　　　　□　□
（9）解释简单的化学分子式。　　　　　　　　　　　　　　　　　　　　□　□
（10）理解人造卫星不会落地的道理。　　　　　　　　　　　　　　　　　□　□
（11）参加科技竞赛或科研成果交流会。　　　　　　　　　　　　　　　　□　□

三、A型(艺术型能力)　　　　　　　　　　　　　　　　　　　　"是"的总数:

你擅长做或胜任下列事情吗?　　　　　　　　　　　　　　　　　　　　　是　否
（1）演奏一种乐器。　　　　　　　　　　　　　　　　　　　　　　　　□　□
（2）参加二重唱或四重唱表演。　　　　　　　　　　　　　　　　　　　□　□
（3）独奏或独唱。　　　　　　　　　　　　　　　　　　　　　　　　　□　□

(4) 扮演剧中角色。　　　　　　　　　　　　　　　　　　　　□　□
(5) 说书或讲故事。　　　　　　　　　　　　　　　　　　　　□　□
(6) 表演现代舞或芭蕾舞。　　　　　　　　　　　　　　　　　□　□
(7) 人物素描。　　　　　　　　　　　　　　　　　　　　　　□　□
(8) 油画或雕塑。　　　　　　　　　　　　　　　　　　　　　□　□
(9) 制造陶器、捏泥塑或剪纸。　　　　　　　　　　　　　　　□　□
(10) 设计服装、海报或家具。　　　　　　　　　　　　　　　□　□
(11) 写得一手好文章。　　　　　　　　　　　　　　　　　　□　□

四、S型（社会型能力）

"是"的总数：

你擅长做或胜任下列事情吗？　　　　　　　　　　　　　　　　是　否
(1) 善于向别人解释问题。　　　　　　　　　　　　　　　　　□　□
(2) 参加慰问或救济活动。　　　　　　　　　　　　　　　　　□　□
(3) 善于与人合作、配合默契。　　　　　　　　　　　　　　　□　□
(4) 殷勤待客。　　　　　　　　　　　　　　　　　　　　　　□　□
(5) 能深入浅出地教育儿童。　　　　　　　　　　　　　　　　□　□
(6) 为一次宴会安排娱乐活动。　　　　　　　　　　　　　　　□　□
(7) 帮助他人解决困难。　　　　　　　　　　　　　　　　　　□　□
(8) 帮助护理病人或伤员。　　　　　　　　　　　　　　　　　□　□
(9) 安排学校或社团组织的各种集体事务。　　　　　　　　　　□　□
(10) 善于观察人心或善于判断人的性格。　　　　　　　　　　□　□
(11) 善于与年长者相处。　　　　　　　　　　　　　　　　　□　□

五、E型（企业型能力）

"是"的总数：

你擅长做或胜任下列事情吗？　　　　　　　　　　　　　　　　是　否
(1) 学校里当过班干部并且干得不错。　　　　　　　　　　　　□　□
(2) 善于督促他人工作。　　　　　　　　　　　　　　　　　　□　□
(3) 善于使他人按你的习惯做事。　　　　　　　　　　　　　　□　□
(4) 做事具有超常的经历和热情。　　　　　　　　　　　　　　□　□
(5) 能做一个称职的推销员。　　　　　　　　　　　　　　　　□　□
(6) 代表某个团体向有关部门提出建议或反映意见。　　　　　　□　□
(7) 担任某种领导职务期间获过奖或受表扬。　　　　　　　　　□　□
(8) 说服别人加入你所在的团体（俱乐部、运动队、工作或研究组等）。□　□
(9) 创办一家商店或企业。　　　　　　　　　　　　　　　　　□　□
(10) 知道如何做一位成功的领导人。　　　　　　　　　　　　□　□
(11) 有很好的口才。　　　　　　　　　　　　　　　　　　　□　□

六、C型（传统型能力）

"是"的总数：

你擅长做或胜任下列事情吗？　　　　　　　　　　　　　　　　是　否
(1) 一天能誊抄近一万字。　　　　　　　　　　　　　　　　　□　□
(2) 能熟练地使用算盘或计算器。　　　　　　　　　　　　　　□　□
(3) 能够熟练地使用中文打字机。　　　　　　　　　　　　　　□　□

（4）善于将书信、文件迅速归档。　　　　　　　　　　　　□　□
（5）做过办公室职员工作且干得不错。　　　　　　　　　　□　□
（6）核对数据或文章时既快又准确。　　　　　　　　　　　□　□
（7）会使用外文打字机或复印机。　　　　　　　　　　　　□　□
（8）善于在短时间内分类和处理大量文件。　　　　　　　　□　□
（9）记账或开发票时既快又准确。　　　　　　　　　　　　□　□
（10）善于为自己或集体作财务预算（表）。　　　　　　　 □　□
（11）能迅速誊清贷方和借方的账目。　　　　　　　　　　 □　□

好，第三部分已完成。现在请继续做第四部分。

第四部分　你所喜欢的职业

下面列举了许多职业，对这些职业的基本情况你或多或少都有所了解，并在此基础上形成了自己的评价态度。如果你对某项职业喜欢的话，请在答题卷的相应题号上的"是"一栏中画"√"，如果不喜欢则请在"否"一栏中画"√"。这一部分测验也要求每题必做。

一、R型（现实型职业）　　　　　　　　　　　　　　　　"是"的总数：
你喜欢做下列事情吗？　　　　　　　　　　　　　　　　　是　否
（1）飞行机械技术人员。　　　　　　　　　　　　　　　　□　□
（2）鱼类和野生动物专家。　　　　　　　　　　　　　　　□　□
（3）自动化工程技术人员。　　　　　　　　　　　　　　　□　□
（4）木工。　　　　　　　　　　　　　　　　　　　　　　□　□
（5）机床安装工或钳工。　　　　　　　　　　　　　　　　□　□
（6）电工。　　　　　　　　　　　　　　　　　　　　　　□　□
（7）无线电报务员。　　　　　　　　　　　　　　　　　　□　□
（8）长途汽车司机。　　　　　　　　　　　　　　　　　　□　□
（9）火车司机。　　　　　　　　　　　　　　　　　　　　□　□
（10）机械师。　　　　　　　　　　　　　　　　　　　　 □　□
（11）测绘、水文技术人员。　　　　　　　　　　　　　　 □　□

二、I型（研究型职业）　　　　　　　　　　　　　　　　"是"的总数：
你喜欢做下列事情吗？　　　　　　　　　　　　　　　　　是　否
（1）气象研究人员。　　　　　　　　　　　　　　　　　　□　□
（2）生物学研究人员。　　　　　　　　　　　　　　　　　□　□
（3）天文学研究人员。　　　　　　　　　　　　　　　　　□　□
（4）药剂师。　　　　　　　　　　　　　　　　　　　　　□　□
（5）人类学研究人员。　　　　　　　　　　　　　　　　　□　□
（6）化学研究人员。　　　　　　　　　　　　　　　　　　□　□
（7）科学杂志编辑。　　　　　　　　　　　　　　　　　　□　□
（8）植物学研究人员。　　　　　　　　　　　　　　　　　□　□
（9）物理学研究人员。　　　　　　　　　　　　　　　　　□　□
（10）科普工作者。　　　　　　　　　　　　　　　　　　 □　□

(11) 地质学研究人员。

三、A 型（艺术型职业）　　　　　　　　　　　　　　"是"的总数：

你喜欢下列职业吗？　　　　　　　　　　　　　　　　　　是　否

(1) 诗人。
(2) 文学艺术评论家。
(3) 作家。
(4) 记者。
(5) 歌唱家或歌手。
(6) 作曲家。
(7) 剧本写作人员。
(8) 画家。
(9) 相声演员。
(10) 乐团指挥。
(11) 电影演员。

四、S 型（社会型职业）　　　　　　　　　　　　　　"是"的总数：

你喜欢下列职业吗？　　　　　　　　　　　　　　　　　　是　否

(1) 街道、工会或妇联负责人。
(2) 中学教师。
(3) 青少年犯罪问题专家。
(4) 中学校长。
(5) 心理咨询人员。
(6) 精神病医生。
(7) 职业介绍所工作人员。
(8) 导游。
(9) 青年团体负责人。
(10) 福利机构负责人。
(11) 婚姻介绍所工作人员。

五、E 型（企业型职业）　　　　　　　　　　　　　　"是"的总数：

你喜欢下列职业吗？　　　　　　　　　　　　　　　　　　是　否

(1) 供销科长。
(2) 推销员。
(3) 旅馆经理。
(4) 商店管理费用人员。
(5) 厂长。
(6) 律师或法官。
(7) 电视剧制作人。
(8) 饭店经理。
(9) 人民代表。
(10) 服装批发商。

(11) 企业管理咨询人员。　　　　　　　　　　　　　☐　☐

六、C 型（传统型职业）

"是"的总数：

你喜欢下列职业吗？　　　　　　　　　　　　　　　是　否

(1) 簿记员。　　　　　　　　　　　　　　　　　　☐　☐
(2) 会计师。　　　　　　　　　　　　　　　　　　☐　☐
(3) 银行出纳员。　　　　　　　　　　　　　　　　☐　☐
(4) 法庭书记员。　　　　　　　　　　　　　　　　☐　☐
(5) 人口普查登记员。　　　　　　　　　　　　　　☐　☐
(6) 成本核算员。　　　　　　　　　　　　　　　　☐　☐
(7) 税务工作者。　　　　　　　　　　　　　　　　☐　☐
(8) 校对员。　　　　　　　　　　　　　　　　　　☐　☐
(9) 打字员。　　　　　　　　　　　　　　　　　　☐　☐
(10) 办公室秘书。　　　　　　　　　　　　　　　　☐　☐
(11) 质量检查员。　　　　　　　　　　　　　　　　☐　☐

好，第四部分已完成。现在请继续做第五部分。

第五部分　你的能力类型简评

表1和表2是你在六个职业能力方面的自我评分表。你可以先与同龄人比较一下自己在每一方面的能力，经斟酌以后对自己的能力做出评价。评分时请在表1和表2中适当的数字上画圈。数字越大表示你的能力越强。

注意，请勿全部圈画同样的数字，因为人的每项能力不可能完全一样。

表1　能力类型简评（一）

R 型	I 型	A 型	S 型	E 型	C 型
机械操作能力	科学研究能力	艺术创造能力	解释表达能力	商业洽谈能力	事务执行能力
7	7	7	7	7	7
6	6	6	6	6	6
5	5	5	5	5	5
4	4	4	4	4	4
3	3	3	3	3	3
2	2	2	2	2	2
1	1	1	1	1	1

表2　能力类型简评（二）

R 型	I 型	A 型	S 型	E 型	C 型
体力技能	数学技能	音乐技能	交际技能	领导技能	办公技能
7	7	7	7	7	7
6	6	6	6	6	6
5	5	5	5	5	5
4	4	4	4	4	4
3	3	3	3	3	3
2	2	2	2	2	2
1	1	1	1	1	1

好,第五部分已完成。请继续做第六部分。

第六部分　统计和确定你的职业倾向

请将第二部分到第五部分的全部测验分数按前面已统计好的六种职业倾向(R型、I型、A型、S型、E型和C型)得分填入表3,并做纵向累加。

表3　职业倾向测验评分

测验	R型	I型	A型	S型	E型	C型
第二部分						
第三部分						
第四部分						
第五部分(表1)						
第五部分(表2)						
总分						

请将表3中的六种职业倾向总分按大小顺序依次从左到右重新排列:
_____型、_____型、_____型、_____型、_____型、_____型。

得分最高的职业类型意味着最适合你的职业。比如你在I型上得分最高,说明你适合做自然科学方面的研究工作,如气象研究、生物学研究、天文学研究等等、或科学杂志编辑,其余类推。

如果最适合你的工作和你在第一部分所写的理想工作之间不太一致,或者在各种类型的职业上你的能力和兴趣不相匹配,那么请你参照第七部分——你的职业价值观来做出最佳选择。比如第二部分你在I型上得分最高,但第三部分你在A型上得分高,那么请参考你最看重的因素:假如你最看重能充分发挥自己的能力特长或工作环境舒适,那么A型工作最适合你;假如你最看重能从事自己感兴趣的工作或工作稳定有保障,那么I型工作最适合你;假如你最看重的是其他因素,那么请向A型职业方面的专家咨询,选择和你的职业价值观最接近的工作。

第七部分　你所看重的东西——职业价值观

这一部分测验列出了人们在选择工作时通常会考虑的十种要素(见所附工作价值标准)。请你在其中选出对你最重要的两项因素,以及最不重要的两项因素,并将序号填入下边相应横线上。

最重要:_____;
最不重要:_____;
次重要:_____;
次不重要:_____;

附:工作价值标准
(1) 工资高福利好。

(2) 工作环境（物质方面）舒适。
(3) 人际关系良好。
(4) 工作稳定有保障。
(5) 能提供较好的受教育机会。
(6) 有较高的社会地位。
(7) 工作不太紧张、外部压力少。
(8) 能充分发挥自己的能力特长。
(9) 社会需要与社会贡献较大。
(10) 能从事自己感兴趣的工作。

以上全部测验完毕。

现在，将你测验得分居第一位的职业类型找出来，对照下面的职业索引，判断自己适合的职业类型。

职业索引——职业兴趣代号与其相应的职业对照

R（现实型）：木匠、农民、操作 X 光的技师、工程师、飞机机械师、鱼类和野生动物专家、自动化技师、机械工（车工、钳工等）、电工、无线电报务员、火车司机、长途公共汽车司机、机械制图员、修理机器、电器师。

I（研究型）：气象学者、生物学者、天文学家、药剂师、动物学者、化学家、科学报刊编辑、地质学者、植物学者、物理学者、数学家、实验员、科研人员、科技工作者。

A（艺术型）：室内装饰专家、图书管理专家、摄影师、音乐教师、作家、演员、记者、诗人、作曲家、编剧、雕刻家、漫画家。

S（社会型）：社会学者、导游、福利机构工作者、咨询人员、社会工作者、社会科学教师、学校领导、精神病工作者、公共保健护士。

E（企业型）：推销员、进货员、商品批发员、旅馆经理、饭店经理、广告宣传员、调度员、律师、政治家、零售商。

C（传统型）：记账员、会计、银行出纳、法庭速记员、成本估算员、税务员、核算员、打字员、办公室职员、统计员、计算机操作员、秘书。

下面介绍与你三个代号的职业兴趣类型一致的职业，对照的方法如下：首先根据你的职业兴趣代号，在下面找出相应的职业，例如你的职业兴趣代号是 RIA，那么牙科技术人员、陶工等是适合你兴趣的职业。然后寻找与你职业兴趣代号相近的职业，如你的职业兴趣代号是 RIA，那么，其他由这三个字母组合成的编号（如 IRA、IAR、ARI 等）对应的职业，也较适合你的兴趣。

RIA：牙科技术员、陶工、建筑设计员、模型工、细木工、制作链条人员。

RIS：厨师、林务员、跳水员、潜水员、染色员、电器修理、眼镜制作、电工、纺织机器装配工、服务员、装玻璃工人、发电厂工人、焊接工。

RIE：建筑和桥梁工程、环境工程、航空工程、公路工程、电力工程、信号工程、电话工程、一般机械工程、自动工程、矿业工程、海洋工程、交通工程技术人员、制图员、家政经济人员、计量员、农民、农场工人、农业机器操作工、清洁工、无线电修理、汽车修理、手表修理、管子工、线路装配工、工具仓库管理员。

RIC：船上工作人员、接待员、杂志保管员、牙医助手、制帽工、磨坊工、石匠、机器制造、机车（火车头）制造、农业机器装配工、汽车装配工、缝纫机装配工、钟表装配和检验、电动器具装配、鞋匠、锁匠、货物检验员、电梯机修工、幼儿园园长、钢琴调音员、装配工、印刷工、建筑钢铁工人、卡车司机。

RAI：手工雕刻、玻璃雕刻、制作模型人员、家具木工、制作皮革品、手工绣花、手工钩针编织、排字工人、印刷工人、图画雕刻、装订工。

RSE：消防员、交通巡警、警察、门卫、理发师、房间清洁工、屠夫、锻工、开凿工人、管道安装工、出租汽车驾驶员、货物搬运工、送报员、勘探员、娱乐场所的服务员、起卸机操作工、灭害虫者、电梯操作工、厨房助手。

RSI：纺织工、编织工、农业学校教师、某些职业课程教师（如艺术、商业、技术、工艺课程）、雨衣上胶工。

REC：抄水表员、保姆、实验室动物饲养员、动物管理员。

REI：轮船船长、航海领航员、大副、试管实验员。

RES：旅馆服务员、家畜饲养员、渔民、渔网修补工、水手长、收割机操作工、搬运行李工人、公园服务员、救生员、登山导游、火车工程技术员、建筑工人、铺轨工人。

RCI：测量员、勘测员、仪表操作者、农业工程技术、化学工程技师、民用工程技师、石油工程技师、资料室管理员、探矿工、煅烧工、烧窑工、矿工、保养工、磨床工、取样工、样品检验员、纺纱工、炮手、漂洗工、电焊工、锯木工、刨床工、制帽工、手工缝纫工、油漆工、染色工、按摩工、木匠、农民建筑工人、电影放映员、勘测员助手。

RCS：公共汽车驾驶员、一等水手、游泳池服务员、裁缝、建筑工人、石匠、烟囱修建工、混凝土工、电话修理工、爆炸手、邮递员、矿工、裱糊工人、纺纱工。

RCE：打井工、吊车驾驶员、农场工人、邮件分类员、铲车司机、拖拉机司机。

IAS：普通经济学家、农场经济学家、财政经济学家、国际贸易经济学家、实验心理学家、工程心理学家、心理学家、哲学家、内科医生、数学家。

IAR：人类学家、天文学家、化学家、物理学家、医学病理学家、动物标本剥制者、化石修复者、艺术品管理员。

ISE：营养学家、饮食顾问、火灾检查员、邮政服务检查员。

ISC：侦察员、电视播音室修理员、电视修理服务员、验尸室人员、编目录者、医学实验室技师、调查研究者。

ISR：水生生物学者、昆虫学者、微生物学家、配镜师、矫正视力者、细菌学家、牙科医生、骨科医生。

ISA：实验心理学家、普通心理学家、发展心理学家、教育心理学家、社会心理学家、临床心理学家、目录学家、皮肤病学家、精神病学家、妇产科医生、眼科医生、五官科医生、医学实验室技术专家、民航医务人员、护士。

IES：细菌学家、生理学家、化学专家、地质专家、地理物理学专家、纺织技术专家、医院药剂师、工业药剂师、药房营业员。

IEC：档案保管员、保险统计员。

ICR：质量检验技术员、地质学技师、工程师、法官、图书馆技术辅导员、计算机操作员、医院听诊员、家禽检查员。

IRA：地理学家、地质学家、水文学家、矿物学家、古生物学家、石油学家、地震学家、声学物理学家、原子和分子物理学家、电学和磁学物理学家、气象学家、设计审核员、人口统计学家、数学统计学家、外科医生、城市规划家、气象员。

IRS：流体物理学家、物理海洋学家、等离子体物理学家、农业科学家、动物学家、食品科学家、园艺学家、植物学家、细菌学家、解剖学家、动物病理学家、作物病理学家、药物学家、生物化学家、生物物理学家、细胞生物学家、临床化学家、遗传学家、分子生物学家、质量控制工程师、地理学家、兽医、放射治疗技师。

IRE：化验员、化学工程师、纺织工程师、食品技师、渔业技术专家、材料和测试工程师、电气工程师、土木工程师、航空工程师、行政官员、冶金专家、原子核工程师、陶瓷工程师、地质工程师、电力工程师、口腔科医生、牙科医生。

IRC：飞机领航员、飞行员、物理实验室技师、文献检查员、农业技术专家、动植物技术专家、生物技师、油管检查员、工商业规划者、矿藏安全检查员、纺织品检验员、照相机修理者、工程技术员、编计算机程序者、工具设计者、仪器维修工。

CRI：簿记员、会计、记时员、铸造机操作工、打字员、按键操作工、复印机操作工。

CRS：仓库保管员、档案管理员、缝纫工、讲述员、收款人。

CRE：标价员、实验室工作者、广告管理员、自动打字机操作员、电动机装配工、缝纫机操作工。

CIS：记账员、顾客服务员、报刊发行员、土地测量员、保险公司职员、会计师、估价员、邮政检查员、外贸检查员。

CIE：打字员、统计员、支票记录员、订货员、校对员、办公室工作人员。

CIR：校对员、工程职员、海底电报员、检修计划员、发报员。

CSE：接待员、通信员、电话接线员、卖票员、旅馆服务员、私人职员、商学教师、旅游办事员。

CSR：运货代理商、铁路职员、交通检查员、办公室通信员、簿记员、出纳员、银行财务职员。

CSA：秘书、图书管理员、办公室办事员。

CER：邮递员、数据处理员、航空邮件检查员。

CEI：推销员、经济分析家。

CES：银行会计、记账员、法人秘书、速记员、法院报告人。

ECI：银行行长、审记员、信用管理员、地产管理员、商业管理员。

ECS：信用办事员、保险人员、各类进货员、海关服务经理、售货员、购买员、会计。

ERI：建筑物管理员、工业工程师、农场管理员、护士长、农业经营管理人员。

ERS：仓库管理员、房屋管理员、货运监督管理员。

ERC：邮政局长、渔船船长、机械操作领班、木工领班、瓦工领班、驾驶员领班。

EIR：科学、技术和有关周期出版物的管理员。

EIC：专利代理人、鉴定人、运输服务检查员、安全检查员、废品收购人员。

EIS：警官、侦察员、交通检验员、安全咨询员、合同管理者、商人。

EAS：法官、律师、公证人。

EAR：展览室管理员、舞台管理员、播音员、驯兽员。

ESC：理发师、裁判员、政府行政管理员、财政管理员、工程管理员、职业病防治、售货员、商业经理、办公室主任、人事负责人、调度员。

ESR：家具售货员、书店售货员、公共汽车驾驶员、日用品售货员、护士长、自然科学和工程的行政领导。

ESI：博物馆管理员、图书馆管理员、古迹管理员、饮食业经理、地区安全服务管理员、技术服务咨询者、超级市场管理员、零售商品店店员、批发商、出租汽车服务站调度。

ESA：博物馆馆长、报刊管理员、音乐器材售货员、广告商、售画营业员、导游、（轮船或班机上的）事务长、飞机上的服务员、船员、法官、律师。

ASE：戏剧导演、舞蹈教师、广告撰稿人、报刊专栏作者、记者、演员、英语翻译。

ASI：音乐教师、乐器教师、美术教师、管弦乐指挥、合唱队指挥、歌星、演奏家、哲学家、作家、广告经理、时装模特。

AER：新闻摄影师、电视摄像师、艺术指导、录音指导、丑角演员、魔术师、木偶戏演员、骑士、跳水员。

AEI：音乐指挥、舞台指导、电影导演。

AES：流行歌手、舞蹈演员、电影导演、广播节目主持人、舞蹈教师、口技表演者、喜剧演员、模特。

AIS：画家、剧作家、编辑、评论家、时装艺术大师、新闻摄影师、男演员、文学作者。

AIE：花匠、皮衣设计师、工业产品设计师、剪影艺术家、复制雕刻品大师。

AIR：建筑师、画家、摄影师、绘图员、环境美化工、雕刻家、包装设计师、陶器设计师、绣花工、漫画工。

SEC：社会活动家、退伍军人服务官员、工商会事务代表、教育咨询者、宿舍管理员、旅馆经理、饮食服务管理员。

SER：体育教练、游泳指导。

SEI：大学校长、学院院长、医院行政管理员、历史学家、家政经济学家、职业学校教师、资料员。

SEA：娱乐活动管理员、国外服务办事员、社会服务助理、一般咨询者、宗教教育工作者。

SCE：部长助理、福利机构职员、生产协调人、环境卫生管理人员、戏院经理、餐馆经理、售票员。

SRI：外科医师助手、医院服务员。

SRE：体育教师、职业病治疗者、体育教练、专业运动员、房管员、儿童家庭教师、警察、引座员、传达员、保姆。

SRC：护理员、护理助理、医院勤杂工、理发师、学校儿童服务人员。

SIA：社会学家、心理咨询者、学校心理学家、政治科学家、大学或学院的系主任、大学或学院的教育学教师、大学农业教师、大学工程和建筑课程的教师、大学法律教师、大学数学、医学、物理、社会科学和生命科学的教师、研究生助教、成人教育教师。

SIE：营养学家、饮食学家、海关检查员、安全检查员、税务稽查员、校长。

SIC：描图员、兽医助手、诊所助理、体检检查员、监督缓刑犯的工作者、娱乐指导者、咨询人员、社会科学教师。

SIR：理疗员、救护队工作人员、手足病医生、职业病治疗助手。
SAC：理发师、指甲修剪师、包装艺术家、美容师、整容专家、发型设计师。
SAE：听觉病治疗者、演讲矫正者。
SAI：图书馆管理员、小学教师、幼儿园教师、学前儿童教师、中学教师、师范学院教师、盲人教师、智力障碍人的教师、聋哑人的教师、学校护士、牙科助理、飞行指导员。

附录二 大学生就业创业相关政策

1. 高校毕业生怎样办理人事代理？

按照《人才市场管理规定》，人事代理方式可由单位集体委托代理，也可由个人委托代理；可多项委托代理，也可单项委托代理；可单位全员委托代理，也可部分人员委托代理。

单位办理委托人事代理，须向代理机构提交有效证件以及委托书，确定委托代理项目。经代理机构审定后，由代理机构与委托单位签订人事代理合同书，明确双方的权利和义务，确立人事代理关系。

2. 国家鼓励毕业生到基层就业的主要优惠政策包括哪些？

按照《国务院关于进一步做好新形势下就业创业工作的意见》（国发〔2015〕23号）、《国务院办公厅关于做好2014年全国普通高等学校毕业生就业创业工作的通知》（国发〔2014〕22号）、《国务院办公厅关于做好2013年全国普通高等学校毕业生就业工作的通知》（国办发〔2013〕35号）和《国务院关于进一步做好普通高等学校毕业生就业工作的通知》（国发〔2011〕16号）等文件规定：

（1）完善工资待遇进一步向基层倾斜的办法，健全高校毕业生到基层工作的服务保障机制，鼓励毕业生到乡镇特别是困难乡镇机关事业单位工作。

（2）对高校毕业生到中西部地区、艰苦边远地区和老工业基地县以下基层单位就业、履行一定服务期限的，按规定给予学费补偿和国家助学贷款代偿（本专科学生每人每年最高不超过8000元、研究生每人每年最高不超过12000元）。

（3）结合政府购买服务工作的推进，在基层特别是街道（乡镇）、社区（村）购买一批公共管理和社会服务岗位，优先用于吸纳高校毕业生就业。

（4）落实完善见习补贴政策，对见习期满留用率达到50%以上的见习单位，适当提高见习补贴标准。

（5）将求职补贴调整为求职创业补贴，对象范围扩展到已获得国家助学贷款的毕业年度高校毕业生。

各地区要结合城镇化进程和公共服务均等化要求，充分挖掘教育、劳动就业、社会保障、医疗卫生、住房保障、社会工作、文化体育及残疾人服务、农技推广等基层公共管理和服务领域的就业潜力，吸纳高校毕业生就业。要结合推进农业科技创新、健全农业社会化服务体系等，引导更多高校毕业生投身现代农业。

高校毕业生在中西部地区和艰苦边远地区县以下基层单位从事专业技术工作，申报相应职称时，可不参加职称外语考试或放宽外语成绩要求。充分挖掘社会组织吸纳高校毕业生就业潜力，对到省会及省会以下城市的社会团体、基金会、民办非企业单位就业的高校毕业生,所在地的公共就业人才服务机构要协助办理落户手续,在专业技术职称评定方面享受与国有企事业单位同类人员同等待遇。

对到农村基层和城市社区从事社会管理和公共服务工作的高校毕业生,符合公益性岗位就业条件并在公益性岗位就业的,按照国家现行促进就业政策的规定,给予社会保险补贴和公益性岗位补贴。

(1) 对到农村基层和城市社区其他社会管理和公共服务岗位就业的,给予薪酬或生活补贴,同时按规定参加有关社会保险。

(2) 自2012年起,省级以上机关录用公务员,除部分特殊职位外,均应从具有2年以上基层工作经历的人员中录用。市(地)级以下机关特别是县乡机关招录公务员,应采取有效措施积极吸引优秀应届高校毕业生报考,录用计划应主要用于招收应届高校毕业生。

(3) 对具有基层工作经历的高校毕业生,在研究生招录和事业单位选聘时实行优先。

3. 什么是"三支一扶"计划?

三支一扶是支教、支医、支农、扶贫的简称。2006年,中组部、原人事部等八部门下发《关于组织开展高校毕业生到农村基层从事支教、支农、支医和扶贫工作的通知》(国人部发〔2006〕16号),以公开招募、自愿报名、组织选拔、统一派遣的方式,从2006年开始连续5年,每年招募2万名高校毕业生,主要安排到乡镇从事支教、支农、支医和扶贫工作。服务期限一般为2~3年。招募对象主要为全国普通高校应届毕业生。

2011年4月,人力资源社会保障部下发《关于继续做好高校毕业生三支一扶计划实施工作的通知》(人社部发〔2011〕27号),决定继续组织开展高校毕业生"三支一扶"计划,从2011年起,每年选拔2万名,五年内选拔10万名高校毕业生到基层从事"三支一扶"服务。

4. 什么是农业技术推广服务特设岗位计划?

农业技术推广服务特设岗位计划由农业部牵头,人力资源社会保障部、教育部和科技部共同组织实施。从2013年开始,每年招募一批普通高等学校应届毕业生,到乡镇或区域性农业技术推广机构从事为期2~3年的农业技术推广、动植物疫病防控、农产品质量安全服务等工作。

5. 参加中央部门组织实施的基层就业项目,服务期满后享受哪些优惠政策?

根据中组部、人力资源社会保障部、教育部、财政部、共青团中央《关于统筹实施引导高校毕业生到农村基层服务项目工作的通知》(人社部发〔2009〕42号)等政策规定,参加中央部门组织实施的基层就业项目、服务期满的毕业生,享受以下优惠政策:

(1) 公务员招录优惠:每年拿出公务员考录计划的一定比例,专门用于定向招录服务期满且考核称职(合格)的服务基层项目人员。服务基层项目人员也可报考其他职位。

(2) 事业单位招聘优惠:鼓励在项目结束后留在当地就业,参加各基层就业项目相对应的自然减员空岗,全部聘用服务期满的高校毕业生。从2009年起,到乡镇事业单位服务的高校毕业生服务满1年后,在现岗位空缺情况下,经考核合格,即可与所在单位签订不少于3年的聘用合同。同时,各省(区、市)县及县以上相关的事业单位公开招聘工作人员,应拿出不低于40%的比例,聘用各专门项目服务期满考核合格的高校毕业生。

(3) 考学升学优惠:服务期满后三年内报考硕士研究生初试总分加10分;同等条件下优先录取;高职(高专)学生可免试入读成人本科。

(4) 国家补偿学费和代偿助学贷款政策：参加各基层就业项目的毕业生，符合规定条件的，可享受相应的学费补偿和助学贷款代偿政策。

(5) 服务期满自主创业的，可享受税收优惠、行政事业性收费减免、小额贷款担保和贴息等有关政策。

(6) 其他：各基层就业项目服务年限计算工龄。服务期满到企业就业的，按照规定转接社会保险关系。

6. 高校毕业生应征入伍"四个优先"政策是怎样规定的？

高校毕业生预征对象参军入伍享受"四优先"政策：

(1) 优先报名应征。报名由县级兵役机关直接办理。夏秋季征兵开始前，县级兵役机关通知其报名时间、地点、注意事项等。确定为预征对象的高校毕业生，持《应届毕业生预征对象登记表》，可以直接到学校所在地或户籍所在地县级兵役机关报名应征。

(2) 优先体检政审。体检由县级兵役机关直接办理。夏秋季征兵体检前，县级兵役机关通知其体检时间、地点、注意事项等。确定为预征对象的高校毕业生，未能在规定时间内在学校参加体检的，本人持《应届毕业生预征对象登记表》，可在征兵体检时间内报名直接参加体检。

(3) 优先审批定兵。审批定兵时，应当优先批准体检政审合格的高校毕业生入伍。高职（专科）以上文化程度的合格青年未被批准入伍前，不得批准高中文化程度的青年入伍。

(4) 优先安排使用。在安排兵员去向时，根据高校毕业生的学历、专业和个人特长，优先安排到军兵种或专业技术要求高的部队服役；部队对征集入伍的高校毕业生，优先安排到适合的岗位，充分发挥其专长。

7. 高校毕业生自主创业，可以享受哪些优惠政策？

按照《国务院关于进一步做好新形势下就业创业工作的意见》（国发〔2015〕23号）、《国务院办公厅关于深化高等学校创新创业教育改革的实施意见》（国办发〔2015〕36号）等文件规定，高校毕业生自主创业优惠政策主要包括：

(1) 税收优惠：简化大学生创业流程，取消"大学生自主创业证"。持人社部门核发"就业创业证"（注明"毕业年度内自主创业税收政策"）的高校毕业生在毕业年度内（指毕业所在自然年，即1月1日至12月31日）创办个体工商户、个人独资企业的，3年内按每户每年8000元为限额依次扣减其当年实际应缴纳的营业税、城市维护建设税、教育费附加和个人所得税。对高校毕业生创办的小型微利企业，按国家规定享受相关税收支持政策。

(2) 创业担保贷款和贴息支持：对符合条件的高校毕业生自主创业的，可在创业地按规定申请创业担保贷款，贷款额度为10万元。鼓励金融机构参照贷款基础利率，结合风险分担情况，合理确定贷款利率水平，对个人发放的创业担保贷款，在贷款基础利率基础上上浮3个百分点以内的，由财政给予贴息。

(3) 免收有关行政事业性收费：毕业2年以内的普通高校毕业生从事个体经营（除国家限制的行业外）的，自其在工商部门首次注册登记之日起3年内，免收管理类、登记类和证照类等有关行政事业性收费。

(4) 享受培训补贴：对高校毕业生在毕业学年（即从毕业前一年7月1日起的12个月）内参加创业培训的，根据其获得创业培训合格证书或就业、创业情况，按规定给予培训补贴。

（5）免费创业服务：有创业意愿的高校毕业生，可免费获得公共就业和人才服务机构提供的创业指导服务，包括政策咨询、信息服务、项目开发、风险评估、开业指导、融资服务、跟踪扶持等"一条龙"创业服务。各地在充分发挥各类创业孵化基地作用的基础上，因地制宜建设一批大学生创业孵化基地，并给予相关政策扶持。对基地内大学生创业企业要提供培训和指导服务，落实扶持政策，努力提高创业成功率，延长企业存活期。

（6）取消高校毕业生落户限制，允许高校毕业生在创业地办理落户手续（直辖市按有关规定执行）。

8. 高校毕业生能否享受职业技能鉴定补贴政策，如何申请技能鉴定补贴？

按照《财政部、人力资源社会保障部关于进一步加强就业专项资金管理有关问题的通知》（财社〔2011〕64号）等文件规定，对高校毕业生在毕业年度内通过初次职业技能鉴定并取得职业资格证书或专项职业能力证书的，按规定给予一次性职业技能鉴定补贴。

通过初次职业技能鉴定并取得职业资格证书或专项职业能力证书的，可向职业技能鉴定所在地人力资源社会保障部门申请一次性职业技能鉴定补贴。职业技能鉴定补贴申请材料应附：申请人身份证复印件、就业创业证复印件、职业资格证书复印件、职业技能鉴定机构开具的行政事业性收费票据（或税务发票）等凭证材料，经人力资源社会保障部门审核后，财政部门按规定将补贴资金支付给申请者本人。

9. 高校毕业生如何办理就业登记和失业登记？离校后未就业如何获得相应的就业指导和服务？

在法定劳动年龄内、有劳动能力和就业要求、处于无业状态的城镇常住人员，可以到常住地的公共就业服务机构进行失业登记。各地公共就业服务机构要为登记失业的各类人员提供均等化的政策咨询、职业指导、职业介绍等公共就业服务和普惠性就业政策，并逐步使外来劳动者与当地户籍人口享有同等的就业扶持政策。将"就业失业登记证"调整为"就业创业证"，免费发放，作为劳动者享受公共就业服务及就业扶持政策的凭证。有条件的地方可积极推动社会保障卡在就业领域的应用。

References 参考文献

[1] 谢守成, 郎东鹏. 大学生职业生涯发展与规划 [M], 武汉: 华中师范大学出版社, 2009.

[2] 张莎, 巧用求职决策平衡单 [J], 成才与就业, 2012 (3).

[3] 闫庆斌, 李军. 大学生职业规划与就业创业指导 [M]. 北京: 中央民族大学出版社, 2015.

[4] 王裕清. 大学生职业规划与就业创业指导 [M]. 北京: 北京邮电大学出版社, 2014.

[5] 彭涛. 高职生职业生涯规划与就业指导 [M]. 北京: 中央民族大学出版社, 2016.

[6] 杨克欣. 大学生职业发展与就业创业指导 [M]. 天津: 南开大学出版社, 2013.

[7] 张艳. 大学生职业指导实训教程 [M]. 北京: 高等教育出版社, 2008.

[8] 李花, 陈斌. 大学生就业指导与创业教程 [M]. 天津: 南开大学出版社, 2014.

[9] 曹广辉. 职业生涯规划与择业 [M]. 北京: 高等教育出版社, 2008.

[10] 丰艳, 姜媛媛, 李海涛. 大学生就业指导 [M]. 北京: 电子工业出版社, 2012.

[11] 姚书志. 大学生就业指导 [M]. 西安: 西北大学出版社, 2010.

[12] 舒红群, 舒星. 大学生职业生涯规划与就业指导 [M]. 北京: 北京理工大学出版社, 2015.

[13] 程龙泉. 职业能力培养与就业指导 [M]. 北京: 北京理工大学出版社, 2017.

[14] 马震炜. 浅谈职业生涯规划中的活出自我与活在当下 [J]. 科技信息, 2008 (29): 241, 257.